Lois Bourne:
Erfahrungen einer Hexe

Aus dem Englischen von Dita Stafski

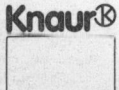

Für
David und Gyll, Mark und Jan,
Adam und Rosalind
und zum Gedenken an Sam.

Esoterik

Herausgegeben von Gerhard Riemann

Das Negativbild der Hexe ist ebenso tief verwurzelt wie weit verbreitet und somit durchaus interkulturell vertreten. So schreibt Hans Biedermann zu diesem Stichwort in »Knaurs Lexikon der Symbole« u. a.: »Die Tiefenpsychologie im Sinne von C. G. Jung sieht die Hexengestalt als imaginäre Verkörperung der ›dunklen Seite der Anima, des weiblichen Aspekts im Manne‹, dargestellt etwa durch die schwarze Göttin Kali in der indischen Mythologie oder durch die Hexe Rangda in indonesischen dramatischen Vorführungen. Zu solchen Fehlentwicklungen soll in erster Linie eine gestörte Mutterbeziehung des heranwachsenden Mannes führen. Zu den charakteristischen Symbolen des gefürchteten Hexenwesens gehören Nachtvögel, in die sich Hexen verwandeln können, Kröten, Schlangen, schwarze Katzen, dann einerseits ihre verführerische Schönheit, aber andererseits abstoßende Häßlichkeit, nicht selten auch ihre Nacktheit bei Ritualen, die sie unter Vorsitz des Teufels auf einsamen Bergen zelebrieren sollen...« Wenn man Lois Bournes Buch liest, erkennt man sofort, daß ihre Realität und ihr Wirken mit obiger, dem Aberglauben entstammenden Überlieferung nichts zu tun haben. Lois Bourne hat Tausenden um Hilfe Suchenden helfen können. Sie ist eine gute, weise Frau mit besonderen Gaben.

Lois Bourne ist verheiratet, hat zwei erwachsene Söhne und lebt in St. Albans in Hertfordshire, das oft in geschichtlicher Verbindung mit der Hexerei erwähnt wird. Neben ihren Vorlesungen und ihrer psychologischen Arbeit hat sie einige Hobbys: das Sammeln von Antiquitäten, klassische Musik, ihren Garten und ausgedehnte Spaziergänge.

Von Lois Bourne ist außerdem erschienen:

Autobiographie einer Hexe (Band 4173)

Deutsche Erstausgabe Dezember 1990
© 1990 Droemersche Verlagsanstalt Th. Knaur Nachf., München
Titel der Originalausgabe »Conversations With A Witch«
© 1989 Lois Bourne
Originalverlag Robert Hale, London
Umschlaggestaltung Peter F. Strauss
Satz Ludwig Auer, Donauwörth
Druck und Bindung Ebner Ulm
Printed in Germany   5   4   3   2   1
ISBN 3-426-04248-7

»Ich bin, was immer war, ist oder sein wird,
und kein Mensch hat je meinen Schleier gelüftet.«

INSCHRIFT ÜBER DEM PORTAL DES ISISTEMPELS

»Nicht an Hexenkraft zu glauben ist die größte aller
Ketzereien.«

MALLEUS MALEFICARUM, 1486

»Hört, o Länder, das Lob der Königin Nana:
Preiset die Schöpferin,
erhöht die Erhabene,
verherrlicht die Ruhmreiche,
und scharet euch um die mächtige Herrin.«

SUMER, 19. VORCHRISTLICHES JAHRHUNDERT

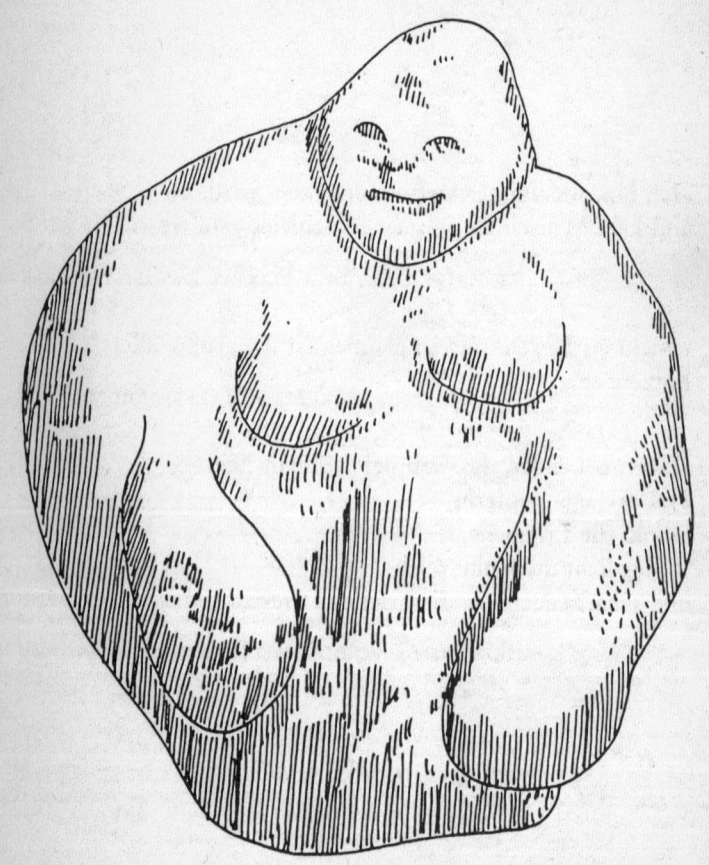

Die Kreidegöttin

Inhalt

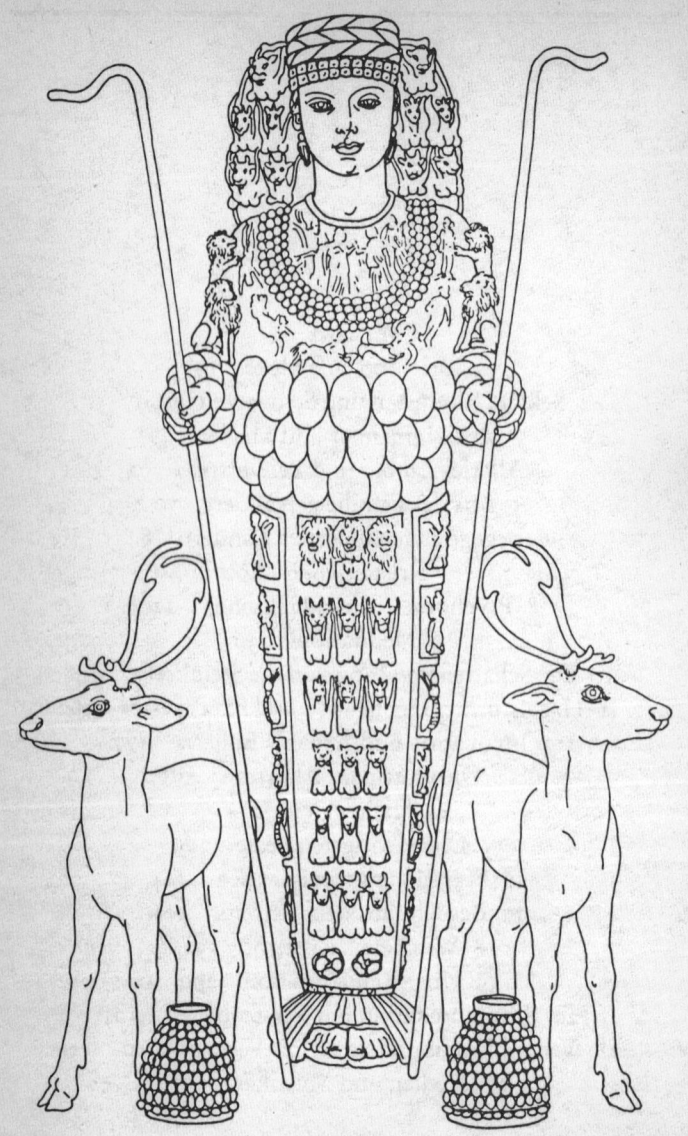

Die Artemis aus Ephesos

Vorwort

Der Biologe John Randall bemerkte, daß

»...wir alle in uns selbst – als Ergebnis einer jahrelangen, praktischen Erfahrung – ein Modell von der Welt besitzen, das unserm Alltag perfekt angepaßt ist. Dementsprechend leben wir in einem einheitlichen, dreidimensionalen Raum, dessen Gegenstände einer gewissen Ordnung gehorchen, indem sie auf ihren Formen und Positionen beharren und sich in einer gesetzmäßig festgelegten linearen Sequenz von der Vergangenheit durch die Gegenwart und in die Zukunft bewegen, solange nicht eine von außen kommende Kraft direkt auf sie einwirkt.

Unser ganzes Denken ist von diesem Modell so unausweichlich vorprogrammiert, daß wir für jedes neu eintretende Ereignis sofort nach Erklärungen suchen, die es mit unserem Weltbild in Einklang bringen. Gelingt uns das nicht, werden wir aller Wahrscheinlichkeit nach den neuen Tatbestand entweder bekämpfen, verdrängen oder schlechthin ignorieren.

Mit bizarren Fakten kann ein derart geordnetes Denken

noch viel weniger anfangen – es wird jede Beschäftigung mit ihnen von vornherein ablehnen, und je bizarrer sie sind, desto heftiger ist diese Reaktion.

Man könnte sich vorstellen, daß Hexerei und paranormale Erfahrungen zu dieser Kategorie gehören – doch Tausende von Leserbriefen, deren Absender stärkstes Interesse an meinem ersten Buch AUTOBIOGRAPHIE EINER HEXE bekundet haben, sprechen eindeutig gegen solche Vermutungen. Es gibt in der Tat ein ständig wachsendes Bewußtsein von der Bedeutung parapsychischer Phänomene im Zuge der Suche nach alternativen Antworten auf Fragen, die die Menschen schon immer bewegt haben – zumindest, seit unsere frühesten Ahnen zum logischen Denken fähig waren. Dies zeigt sich an dem Verlangen so vieler Leute, ihr eigenes spirituelles Potential zu erforschen.

Mit diesem Buch, dem ich den Titel ERFAHRUNGEN EINER HEXE gegeben habe, hoffe ich, die meisten Zuschriften meiner Leser beantwortet zu haben. Zumindest könnten meine hier geschilderten Erfahrungen Ansporn zu weiteren Überlegungen und Spekulationen geben. Das Buch umfaßt sehr unterschiedliche Themen, die sich aber stets auf meine spirituellen und parapsychischen Wahrnehmungen beziehen. Darüberhinaus geht es auch auf gewisse Fragen nach meinem Familienleben sowie eventuellen Widersprüchen zwischen meinen magischen und meinen familiären Aktivitäten ein.

Meine Suche nach der tieferen Wahrheit in all den verschiedenen Religionen hat mich auf Wege und zu Erfahrungen geführt, die nicht unbedingt mit dem Hexenwesen – oder der »Alten Religion«, wie es zuweilen genannt wird – in Verbindung stehen. Durch diese vielfältigen Wanderungen und Begegnungen bin ich auf manche Weisheiten gestoßen und habe die Genugtuung erfahren, selbst in den männlich-orientierten Glaubensrichtungen Elemente der frühzeitlichen *Magna Mater* zu entdecken.

Der russische Autor Maxim Gorki sagte einmal, daß »das Leben für gewöhnlich nichts Fantastisches« in sich birgt. »Alles, was mysteriös erscheint, hat seine ganz eindeutige Basis in der Wirklichkeit...«, und Gautama Buddha (563–483 v. Chr.) hob gegenüber seinen Jüngern immer wieder hervor, daß sie nicht unbedingt den Worten anderer glauben sollten, nur weil diese über eine besondere Autorität verfügten; statt dessen sollten sie sich eine persönliche Meinung bilden – aufgrund eigener Studien, Untersuchungen und Bewertungen.

Mir sind die Beobachtungen anderer Menschen und alle Gelegenheiten, aus denen ich lernen kann, willkommen. Ich würde es begrüßen, wenn jedem an mich gerichteten Brief, der beantwortet werden soll, ein bereits adressierter und frankierter Umschlag beigefügt wäre (gegebenenfalls mit internationalem Antwortcoupon).

Nicht zuletzt danke ich Judy Billson für die Illustrationen zu diesem Buch.

I

Briefe an eine Hexe

Nach einem heftigen Läuten meiner Türglocke sah ich mich eines Abends plötzlich den strengen und undurchdringlichen Mienen zweier Polizisten gegenüber, deren einer mich nicht gerade freundlich anredete: »Mrs. Bourne – habe ich recht? Kriminalpolizei – es geht um die Aufklärung eines Mordes. Können wir Ihnen ein paar ganz persönliche Fragen stellen?« Mir schien für ein paar Sekunden das Herz stillzustehen, dann vermutete ich, hier könne es sich nur um einen schlechten Scherz handeln. »Sie meinen das doch nicht im Ernst?« entgegnete ich.

»Leider ja«, beharrte der unbeugsame Gesetzeshüter, und mir blieb keine andere Wahl, als die beiden einzulassen.

Nach einer ungehemmt leidenschaftlichen Begrüßung und begeistertem Abschnüffeln durch mein Hündchen (was auf keinerlei Gegenliebe stieß) wurde mir die Geschichte einer jungen Frau dargelegt, die man im Norden Englands ermordet aufgefunden hatte. Unter ihren Besitzgegenständen befand sich offensichtlich entweder ein Brief von mir oder auch nur meine Anschrift in ihrem Adreßbuch. Kurz und gut – den Polizisten ging es darum, die Art meiner Beziehung zu dieser Frau in Erfahrung zu bringen, doch weder ihr offizieller noch einer ihrer angenommenen Namen sagte mir irgend etwas. Auch ihre Fotografie brachte keine einzige Saite meines Gedächtnisses in Schwingung, bis mir einfiel, daß ich erst kürzlich während eines Urlaubs im Lake-Distrikt ein »Crimewatch« betiteltes Programm auf dem Bildschirm verfolgt hatte, das eine Nachstellung dieses Mordfalls miteinbeschloß, und nun erinnerte ich mich plötzlich an diese Sache. Kein Zweifel, daß ich in schwersten Verdacht geraten war, aber ich empfand die feindselige Haltung der Beamten mir gegenüber dennoch als reichlich entnervend.

Mir war inzwischen klar, daß die Ermordete wohl zu jenen Tausenden von Leuten gehört haben mußte, die mir seit der Veröffentlichung meines ersten Buches geschrieben und der ich geantwortet hatte. Vielleicht hatte sie meinen Brief oder meine Adresse aufbewahrt, um sich später noch einmal an mich zu wenden. Als ich diese Überlegungen den beiden Polizisten enthüllte, begannen sich deren Gesichter und die Atmosphäre im Raum merklich zu entspannen. Ihre Mienen verzogen sich fast zu einem Lächeln, und auf recht onkelhafte Art fragten sie mich, ob ich den Brief dieser Frau noch besäße. Leider mußte ich verneinen, denn zu jener Zeit pflegte ich noch alle Korrespondenz zu vernichten, sobald ich sie beantwortet hatte. So konnte ich den beiden keine weitere Hilfe mehr geben trotz wiederholter Anstrengungen meines Erinnerungsvermögens. Sie verfaßten ein Protokoll, lasen es mir vor, und ich mußte unterschreiben. Nach einem kurzen, zwanglosen Geplauder, das mit der Sache selbst nichts mehr zu tun hatte, machten sie sich wieder auf den Weg.

Ich habe es damals sehr bedauert, daß ich all die Zuschriften an mich nicht aufgehoben hatte. Vielleicht hätte der Brief der Ermordeten irgendeinen Hinweis auf einen gestörten Liebhaber oder einen Feind, der als Täter in Frage kam, gegeben und ich zu seiner Identifizierung beitragen können – wobei mir stets ein Mann vorschwebte. Für mich bedeutete dieses Ereignis zumindest eine Verschärfung meines Verantwortungsgefühls gegenüber jenen Menschen, die sich nach der Lektüre meines Buches auch noch die Mühe machen, mir zu schreiben.

Die Gründe dafür sind höchst unterschiedlich. Warum schreibt man einer Hexe? Und was ist eine Hexe? Das Klischee einer verrunzelten Alten, die sich murmelnd über einen Kessel beugt und ihren knöchernen Zeigefinger erhebt, ist wahrscheinlich der erste Gedanke, der uns dabei in den Sinn kommt. Aber nichts könnte der Wahrheit ferner sein – weder heute noch in früheren Zeiten. Die moderne Hexe hat mit der beliebten Märchenfigur wenig gemeinsam – sie ist Ratgeberin und Helferin in allen Lebenslagen, sie stärkt die Schwachen, tröstet die Traurigen und gibt den Verzweifelten neuen Lebensmut. Sie ist Sozialarbeiterin, Samariterin – und zugleich eine Art »Briefkastentante« für alle Ratsuchenden. Am meisten sind noch immer ihre hellseherischen Talente gefragt (»Wird mein Rechtsstreit erfolgreich sein?« – »Kann die Magie ein Unheil abwenden, das Kristallkugel und Tarotkarten angekündigt haben?« – »Soll sich eine enttäuschte oder gelangweilte Ehefrau in die Arme eines Liebhabers flüchten?« Antwort: »Nein, denn dort werden Sie sich bald ebenso langweilen. Sorgen Sie lieber dafür, daß Ihre eigene Ehe den ›Zauber‹ wiederbekommt, den sie einmal hatte...«).

Und die mutigen Männer, die mir auf schriftlichem Wege ihre Potenzschwierigkeiten schildern – wissen sie nicht, daß es auch Ärzte und Sexualtherapeuten gibt, die ihnen mit einem Medikament oft viel leichter zu helfen vermögen; Magie ist eine anstrengende Sache, mit der wir arbeiten, wenn alle anderen Mittel versagen.

Am meisten fühlen sich jene älteren Damen zu uns hingezogen, die ihre Jugend auf dem Lande verbracht haben und sich noch an die ehemaligen weisen Dorffrauen erinnern. Eine von ihnen schrieb mir einen etwas seltsamen Brief, in dem sie sich bitterlich über ihren Nachbarn beklagte, der angeblich sein Haus zu einer Werkstatt gemacht hatte und Nacht für Nacht einen Zementmischer laufen ließ. Die arme Frau, die kaum noch zu schlafen vermochte, hatte schon die örtliche Polizei und die Umweltbehörde alarmiert, doch ohne Erfolg, denn die Nachforschungen hatten ergeben, daß das Anwesen unbenutzt und auch kein Zementmischer darin zu finden war. Ein zu Rate gezogener Anwalt riet der Frau, die Wohnung zu wechseln. Offensichtlich existierten ihre Wahrnehmungen nur in der Einbildung, aber sie ließ sich davon nicht abbringen, und auch ich konnte mit bestem Willen einen Zementmischer, der nicht existent war, nicht hinwegzaubern.

So gibt es zuweilen die unmöglichsten Bitten. Männer wünschen sich häufig einen Talisman, der ihnen gesteigerte Potenz oder Erfolg bei den Frauen garantiert. Doch mein Mitgefühl gilt eher den Menschen, die unter ganz akuten körperlichen oder seelischen Schmerzen leiden. Oft sind es so viele, daß meine eigenen Kräfte nicht ausreichen und ich die Briefschreiber an andere Heiler verweisen muß.

Hexen scheinen überdies eine Art letzte Zuflucht für jene zu sein, die sich in einer von Technologie und Fortschritt geprägten Welt nicht mehr zurechtfinden und niemand haben, der ihnen zuhört und auf ihre Probleme eingeht. Familien sind oft auseinandergerissen, ihre Mitglieder leben weit voneinander getrennt, und eine Hexe mit ihrem uralten magischen Wissen, ihren zauberischen Sprüchen und all den sie umgebenden Mysterien spricht einen Urinstinkt in uns an, eine Sehnsucht nach der Kontinuität einstiger Weiträumigkeit und Stille. Sie ist das letzte Bindeglied zur Mutter Natur und den alten Göttern, die die Geschicke der Menschheit in Händen halten und möglicherweise durch die Vermittlerfunktion einer Hexe zum Eingreifen bewegt werden können.

Aber so groß sind die Unterschiede in den Nöten damaliger und heutiger Menschen sicherlich nicht. Zwar werde ich als Hexe nicht mehr gebraucht, um für einen kräftigen Hoferben oder gute Ernten und reiche Vermehrung des Viehbestands zu sorgen, doch wie eh und je ist auch heute noch meine Hilfe zur Lösung zwischenmenschlicher Schwierigkeiten gefragt. Das Bedürfnis nach dauerhaften Bindungen, Liebe und Freundschaft ist nach wie vor überwältigend groß, und die moderne Wissenschaft kann noch lange nicht – wenn überhaupt – all diese seelisch-körperlichen Leiden kurieren. Deshalb ist die Hexe aufgrund ihrer Macht und übersinnlichen Fähigkeiten so häufig die letzte Hoffnung und Adressatin verzweifelter Rufe nach Heilung und Schmerzerleichterung.

Angst und Sorge sind Teil der menschlichen Existenz; ein jeder hat seine Schwierigkeiten, doch nicht immer den Mut und die entsprechende Kraft, damit fertig zu werden und gleichzeitig spirituelle Reife zu erlangen. Wenn sie weise genug ist, wird eine Hexe versuchen, die Eigeninitiative des Hilfesuchenden zu stärken und ihm die Fähigkeit zu selbständigen Lösungen seiner Probleme zu vermitteln. Sie wird ihm Wege und Möglichkeiten aufzeigen, die er beschreiten kann, und ihm Geduld und Ausdauer im Sinne einer Maxime des Sokrates ans Herz legen: »Wenn wir Menschen all unser Unglück zu einem einzigen Haufen auftürmten, von dem jeder einzelne einen gleich großen Teil abtragen müßte, würde gar mancher mit seinem bisherigen Anteil zufrieden sein und schnellstens davoneilen.«

Hexenweisheit ist im Grunde gesunder Menschenverstand

und ein Wissen von dem, was möglich und was nicht möglich ist. Manche Leute scheinen mich tatsächlich für allmächtig zu halten – so, als ob ich nur mit den Augen zu zwinkern und den Zauberstab schwenken müßte, um all ihre Probleme im Nu aus der Welt zu schaffen.

Neulich bat mich ein Mann, ihm einen Job zu besorgen. Er schrieb mir, daß er seit sechs Jahren arbeitslos sei und in einer armseligen Kellerwohnung sein Dasein friste. Die Mieter über ihm ließen ständig die Badewanne und das Spülbecken überlaufen, so daß das Wasser an seinen Wänden herunterlief. Er wünschte, ich könnte ihnen diese Unsitte austreiben. Er war so allein und gottverlassen und fragte mich, ob ich ihm nicht eine Freundin herbeizaubern könnte und noch mehr dergleichen: Um sie auszuführen, brauchte er zunächst einen Anzug und dann eine bessere Wohnung, denn so wie die Dinge lagen, konnte er kein Mädchen bei sich empfangen und hatte auch keinerlei Geld, um ihr irgend etwas zu bieten. Von seinen Eltern war überhaupt nichts zu erwarten. Sein Vater war ständig betrunken, und seine Mutter verspielte den letzten Pfennig beim Bingo. Kurz und gut: Der Mann wollte, daß ich ihm all seine Probleme mit einem Schlag aus der Welt schaffte. Der Brief war so einmalig, daß ich ihn meinem Mann vorlesen mußte. »Was würdest du an seiner Stelle tun?« fragte ich ihn. »Zunächst einmal mir die Kehle durchschneiden!«

Das war keine Antwort, wie ich sie brauchte; ich hatte mir schon ausgedacht, was ich dem Unglücklichen sagen würde. Falls er ein bißchen mehr Rückgrat zeigte, statt seinen Wunschträumen nachzuhängen, wäre er halbwegs in der Lage, sich aus dem Sumpf zu befreien. Ich würde ihm ein paar Ratschläge für die Jobsuche geben, und sobald er über ein Einkommen verfügte, könnte er sich nach einer besseren Unterkunft umsehen. Der veränderte Lebensstil, so wollte ich schreiben, würde sein Selbstgefühl stärken und es ihm leichter machen, eine Freundin zu finden.

In einem anderen Fall ging es um einen Mann, dessen Frau sich während eines Auslandsurlaubs verliebt und nach ihrer Rückkehr erklärt hatte, sich von ihm und ihren zwei minderjährigen Kindern trennen zu wollen, was sie auch tat. Der Ehemann schrieb mir, daß er und seine Kinder völlig verzweifelt seien, und bat mich, seine Frau kraft meiner Magie zur Rückkehr zu bewegen, andernfalls würde er sich das Leben nehmen.

Ich nahm seine Drohung sehr ernst und meditierte lange über diesen heiklen Fall. Es ist mir von jeher sehr unangenehm, mich in Konflikte einzumischen, über die nur die beiden Betroffenen Bescheid wissen. Auch hatte ich kein Recht, über den freien Willen einer Frau zu verfügen, die aufgrund ihres Alters wissen mußte, was sie tat und wo für sie die Erfüllung ihres Daseins lag. Das versuchte ich ihrem Mann klarzumachen, selbst wenn mich sein Zustand mit größter Besorgnis erfüllte.

Daß er sich gegen meinen Rat sperrte, war vorauszusehen, und auf seine nächste Selbstmorddrohung reagierte ich sehr resolut. Ich schrieb ihm, daß ich es ablehne, mich von ihm durch psychischen Terror erpressen zu lassen, aber aufgrund einer hellseherischen Vision ihm jetzt schon prophezeie, daß seine Scheidung nicht aufzuhalten sei, er jedoch nach 18 Monaten eine neue Bekanntschaft machen werde, die schließlich zu einer zweiten Ehe führe. Diese Nachricht schien ihn ein wenig milder zu stimmen, und er versprach mir, Bescheid zu geben, falls sich meine Prophezeiung erfüllte. Nach zwei Jahren erreichte mich eine entsprechende Mitteilung und – was könnte typischer für solch einen Opportunisten sein – zugleich die flehende Bitte nach einer magischen Absegnung seines jungen Glücks. Leichten Herzens konnte ich ihm diesmal den Wunsch erfüllen.

Immer wieder überrascht mich die erstaunliche Selbstentsagung so mancher Ehefrau. Von einer Vierzigjährigen erfuhr ich, daß ihr Mann schon seit etlichen Jahren mit einer anderen Frau in einer nahegelegenen Stadt zusammenlebte. Zwar sorgte er weiterhin für ihren Unterhalt – allerdings unter der Vereinbarung, daß sie jedem neugierigen Nachbarn die Story, ihr Mann sei aus beruflichen Gründen für längere Zeit verzogen, auftischen mußte. Seinen herangewachsenen Kindern blieb die Wahrheit nicht lange verborgen, aber auch sie konnten sich keine Lösung vorstellen.

Sehr ähnlich verhielt es sich mit einem weiteren berufstätigen Ehemann, der sich mit seiner Geliebten eine gemeinsame Wohnung eingerichtet hatte. Von Zeit zu Zeit besuchte er seine Frau, um ihr stets zu versichern, wie sehr er sie schätze und daß er zu ihr zurückkehren werde, sobald seine sexuellen Bedürfnisse durch die Geliebte nicht mehr vollauf befriedigt würden. Immer wieder klammern sich Frauen an den naiven Glauben, daß ihre Ehen noch zu retten seien, wenn sie nur die Tür offenhielten, um dem abtrünnigen Partner eines Tages eine problemlose Rückkehr zu ermöglichen. Und ich sollte ihnen helfen, diesen Prozeß zu beschleunigen, obgleich mich mein Instinkt eines Besseren belehrte.

Wenn ich es nur wollte, könnte ich mich dank meiner parapsychischen Eigenschaften zu einer begehrten Immobilienmaklerin entwickeln. An entsprechenden Aufträgen hat es mir bisher nicht gefehlt, nur kann ich für derlei Aktivitäten keine Begeisterung aufbringen, selbst wenn ich es zuweilen aus freundschaftlicher Gefälligkeit versucht habe. Einer meiner Freunde mußte auf schnellstem Wege sein Haus verkaufen, um einem Konkurrenten beim Erwerb eines anderen Anwesens zuvorzukommen. Durch meine Hilfe gelang es ihm, sein Haus innerhalb von zwei Tagen zu verkaufen, und so konnte er das begehrte Objekt noch zum ursprünglich vereinbarten Preis erstehen. Doch will ich mir diese Art von Hexerei nicht zur Gewohnheit machen, da sie keinerlei Reiz für mich hat.

Eines der ungewöhnlichsten Anliegen wurde mir von einer Frau vorgetragen, die auf der Suche nach ihren Ahnen war. Sie hatte bereits sämtliche Vorfahren ermittelt außer der Ururgroßmutter ihres Mannes und fragte mich, ob ich ihr helfen könnte. In diesem Fall mußte ich passen, da sich keinerlei Ansatzpunkte ergaben.

Eine weitere höchst seltsame Bitte erreichte mich von einer älteren Dame, deren Sohn Armeeoffizier war. Sie hatte auch eine reizende Schwiegertochter – nur konnte sie sich partout nicht mit dem ordinären Klang ihrer Stimme und ihres Lachens befreunden, das nach ihrer Meinung die Aufmerksamkeit der ganzen Umgebung auf sie zog. Das Vertrauen, das die alte Dame in mich setzte, amüsierte mich einerseits, überraschte mich aber nicht, denn offensichtlich war es von Kindermärchen geprägt, in denen Hexen auch die unmöglichsten Dinge bewirken können.

Nicht weniger unmöglich erschien mir das Ansinnen einer anderen Frau, die mir ihr Leben als komplettes Chaos beschrieb. Sie fühlte sich permanent überfordert und konnte weder ihrer Halbtagsarbeit noch ihren Kindern und den übrigen Anforderungen im Haushalt gerecht werden und bat mich, durch eine magische Beschwörung mehr Systematik in ihr Dasein zu bringen.

Eine endlose Anzahl von Frauen erhofft sich von mir Unterstützung beim Durchhalten einer Diät. Sie unterbreiten mir eine Menge von Gründen, die es ihnen unmöglich machen, ihre Eßgewohnheiten unter Kontrolle zu halten, und hoffen auf eine Zauberformel, um ihre Schwierigkeiten quasi im Handumdrehen loszuwerden.

Verwunderlich ist es, daß mich nur selten Briefe von psychisch Erkrankten erreichen, doch hin und wieder höre ich von Personen, die sich in ganz bestimmten Vorstellungen verrannt haben. Ein 20 Seiten umfassendes Schreiben kam von einer Frau, die mir ganz normal und vernünftig erschien, wäre sie nicht von der seltsamen Idee besessen gewesen, daß sich in einer ihr nahegelegenen Einrichtung der Royal Air Force ihr zukünftiger, doch bisher noch unbekannter Ehemann befände. Verschiedene Medien hatten ihr angeblich von einer gleichlautenden Botschaft eines verstorbenen Familienmitglieds berichtet, und der Geist ihres zukünftigen Schwiegervaters hätte ihr diese Information über ähnliche Kanäle bestätigt. Die Schwierigkeit bestand einzig darin, daß sie so gut wie nichts über ihren Zukünftigen wußte. Sie vertraute jedoch den Prophezeiungen, da andere aus gleicher Quelle sich bereits erfüllt hätten. Nun also war ich an der Reihe, die geheimnisvolle Identität eines Unbekannten herauszufinden!

Zu den immer wiederkehrenden Anliegen meiner Briefschreiber gehört die Bitte, bei Familienstreitigkeiten als Vermittler zu dienen. Meist sind es Söhne oder Töchter, die den eigenen Eltern irrationales Verhalten vorwerfen – oder auch umgekehrt – und deshalb völlig auseinandergeraten. Nöte und menschliche Tragödien jeglicher Art landen in meinem Briefkasten.

So erhalte ich weit mehr Anfragen und Hilferufe, als ich vernünftigerweise beantworten kann. Jede einzelne berührt mich zutiefst, und ich verspüre ein großes Verlangen, all diesen Menschen Frieden und Glück zu bringen, doch schon aus rein physischen Gründen ist dies nicht möglich. Ich muß arbeiten, essen und schlafen wie jeder andere, und wollte ich all die von mir erwarteten magischen Rituale ausführen, könnte ich nichts anderes mehr tun.

Die Ergebnisse meines Wirkens – da, wo mir Kraft und Zeit zur Verfügung standen – machen mich unendlich glücklich. Ich erinnere mich zum Beispiel an die Geschichte eines Mannes, der sehr, sehr einsam war. Er und seine Frau waren schon seit vielen Jahren geschieden, und der Mann verfügte nur über ein möbliertes Zimmer. Doch er hatte einen verheirateten Sohn und zwei Enkelkinder, die weit weg von ihm in einer anderen Stadt wohnten. Er sah sie nie, weil er – so lautete sein Geständnis – einstmals in eine undurchsichtige finanzielle Angelegenheit verwickelt gewesen war und gewissen Geschäftspartnern noch Geld schuldete. Aufgrund dieses Sachverhalts drohten sie ihm, eines seiner Enkelkinder zu kidnappen, und natürlich fühlte er sich verpflichtet, Sohn und Schwiegertochter davon in Kenntnis zu setzen. Für letztere galt er seither als *Persona ingrata*, und diese Frau untersagte ihm, seine Enkel je wiederzusehen. Der unerträgliche Zustand währte etliche Jahre, bis der alte Mann sich in seiner Not an mich wandte. Er stellte mir ein Foto seiner Enkelkinder zur Verfügung, mit dessen Hilfe ich einen speziellen magischen Zauber zur Wiederversöhnung ausführte. Zehn Tage später teilte er mir aufgeregt mit, daß er »wie aus heiterem Himmel« einen Anruf erhalten hätte. Es war sein Sohn, der ihn einlud, übers Wochenende zu kommen.

Beim Einkaufen traf ich einmal rein zufällig einen Mann, den ich vor einigen Jahren von einer Warze auf seinem Finger befreit hatte. Er wollte mir unbedingt seinen überschwenglichen Dank dafür aussprechen. Mir erschien die Sache recht unbedeutend, für ihn aber gehörte sie zu den ausschlaggebenden Erlebnissen seines Lebens. »Sie haben Ihren Daumen daraufgelegt und irgend etwas Unverständliches gemurmelt, und nach ein paar Tagen war die Warze tatsächlich verschwunden! Ich war so perplex, denn ich konnte mir gar nicht vorstellen, daß Ihnen so etwas gelingen würde. Und als ich Ihnen meine Zweifel äußerte, haben Sie nur geantwortet: ›Es spielt überhaupt keine Rolle, ob Sie daran glauben oder nicht; wichtig ist nur, daß ich davon überzeugt bin.‹«

Unglauben auf seiten einer Person, für die ich mich einsetze, ist niemals ein Hindernis für erfolgreiche Magie, obgleich deren Vertrauen sehr hilfreich sein kann.

Einmal schrieb mir ein Mann, der mehrere Warzen an einem sehr intimen Körperteil hatte. Er war sehr beunruhigt, da es nach neuesten Forschungsergebnissen – zumindest bei Frauen – einen Zusammenhang zwischen Warzen im Genitalbereich und Gebärmutterkrebs geben soll. Ich hätte diesem Mann wirklich gerne geholfen, doch weil zur Heilung eine direkte Berührung der befallenen Stellen unerläßlich ist, hielt ich dieses Mal eine Warzenbesprechung für höchst unangebracht.

Viele Leute, die über längere Zeit nur von Mißgeschick verfolgt sind, äußern mir ihre Ängste und fürchten, einem bösen Fluch ausgesetzt zu sein. Oft erhalte ich Schilderungen von Lebensläufen, in denen ein Verhängnis das andere jagt und die Menschen nicht mehr ein noch aus wissen. Nun ist es zwar möglich, die Wirksamkeit von Verwünschungen aufzuheben, und in den wenigen Fällen, wo das Unheil nachweislich durch einen Fluch ausgelöst wurde, tue ich auch mein Bestes. In der Regel vermag ich jedoch – dank meines paranormalen Wahrnehmungsvermögens – zu erkennen, daß es sich, wie so oft, um eine Art ungünstiger Daseinsphase handelt, unter der wir alle hin und wieder zu leiden haben, und ich versuche, durch Hinweise auf ihr mögliches Ende den Betroffenen wieder Mut zu machen.

Einigermaßen erschreckend ist hingegen die hohe Anzahl jener Fälle, wo Menschen in ihrer häuslichen Umgebung von bösartigen Spukerscheinungen heimgesucht werden. Eine Frau berichtete mir von einem Poltergeist-Phänomen, wobei Töpfe und Pfannen durch die Luft wirbelten und an den Wänden sich Schriftzeichen zeigten. Sie selbst wurde physisch von einem Vogel attackiert, der offenbar aus dem Nichts auftauchte, der Frau ins Gesicht pickte und ihr Blut aussaugte. Der Ehemann, der sich selbst als absoluter Skeptiker bezeichnete, gab zu, daß solche Dinge passiert wären. Er war buchstäblich hilflos gegenüber den Tatbeständen, während seine Frau sich am Rande eines Nervenzusammenbruchs befand. Beide hatten alle nur denkbaren Institutionen – mit Ausnahme der Feuerwehr – um Hilfe ersucht.

Eine andere Frau schrieb mir, daß in ihrem in Küstennähe gelegenen Haus Gespenster umgingen. Aus der Chronik dieses mehrhundertjährigen Gebäudes ging hervor, daß es einstmals gewissen Schmugglern als Unterschlupf gedient hatte. In periodischen Abständen – meistens zur Zeit des zunehmenden Mondes – konnte man eine gespenstische Gestalt und das Gestampfe schwerer Fußtritte auf dem zum Keller führenden Korridor wahrnehmen. Ein Hellseher hatte der Frau gesagt, daß es sich um einen Schmuggler handle, der auf der Suche nach seinem unrechtmäßig erworbenen Gold sei. Eine erste Untersuchung der Örtlichkeit hatte jedoch keinerlei Schätze ans Tageslicht gebracht. Nun sollte ich mit meinen Mitteln herausfinden, ob es der Mühe wert sei, den Kellerboden aufzustemmen. Offenbar war der Frau mehr an dem Goldschatz als an der Verbannung der Geistererscheinung gelegen!

Ein Kunde des Büros, in dem ich meinen Arbeitsplatz hatte, erzählte mir von einem fast märchenhaften Spukerlebnis. Er bewohnt ein modernes Haus und hat gemeinsam mit seiner Familie schon mehrmals die überirdische Erscheinung eines jungen Mädchens in einem langen, weißen, altmodischen Kleid gesehen. Zuweilen pflegt sie sogar Kinderlieder zu singen, wobei sich manchmal ein Schaukelstuhl ganz von selbst in Bewegung setzt. Dieser Mann hat eine Spiritualistin zur Tante, die am liebsten eine Séance in dem Haus veranstalten würde, um die Identität des Mädchens aufzudecken. Doch er und seine Familie sind dagegen. Sie fürchten, daß dies zu einem jähen Abbruch des Spukerlebnisses führen könnte!

Geistererscheinungen sind weitaus häufiger, als generell angenommen wird. Bei meinen Vorträgen über Hexenwesen und Hexenmagie werde ich ständig von Zuhörern angesprochen, die darauf brennen, mir ihre diesbezüglichen Erlebnisse zu schildern. Eine Frau, die über viele Jahre hinweg ihre kranke (und inzwischen verstorbene) Mutter gepflegt hatte, erzählte mir, daß sie jedesmal, wenn sie deren einstiges Schlafzimmer betrat, eine Delle im Kopfkissen oder gar ein zerwühltes Bett vorgefunden hätte. Auch wären regelmäßig Teile der Bettwäsche aus dem Kleiderschrank verschwunden, die dann nach einiger Zeit fein säuberlich zusammengelegt wieder im Schlafzimmer der Mutter auftauchten.

Eine australische Freundin – erst kürzlich verwitwet – schrieb mir, daß sie eines Abends, als sie ganz friedlich im Wohnzimmer saß, die Haustür sich öffnen hörte und ihren verstorbenen Mann durch den Korridor hereinkommen sah. »Bist du es, Peter?« fragte sie und vergaß ganz, daß er bereits tot war. Sie erhob sich sogar, um ihm entgegenzugehen, bis sie sich ihrer Situation bewußt wurde und natürlich niemanden in der Eingangshalle entdecken konnte.

Dieselbe Freundin erzählte mir von einem weiteren Erlebnis anläßlich ihres Besuches bei ihrer verheirateten Tochter in Tasmanien. Für australische Verhältnisse war deren Haus ziemlich alt. Es hatte einst einem Arzt gehört. Aus irgendeinem Grunde wachte meine Freundin einmal mitten in der Nacht auf und hörte eine männliche Stimme fragen: »Haben Sie Schmerzen? Legen Sie sich doch bitte auf die Couch, damit ich Sie untersuchen kann!«

Zunächst hatte sie die Stimme für die ihres Schwiegersohnes gehalten, obwohl sich ihr Nachtquartier in einem von der übrigen Wohnung abgetrennten Flügel des Gebäudes befand. Als sie ihn fragte, ob er während der Nacht herumgewandert sei, verneinte er. Aus Nachforschungen ergab sich schließlich, daß die Arztpraxis des früheren Hausbesitzers sich in ebendiesem Teil des Hauses befunden hatte. Meine Freundin war offenbar sehr empfänglich für Emanationen aus der Vergangenheit.

Diese eigenartigen Spukerscheinungen werden hauptsächlich in älteren Gebäuden beobachtet, wobei natürlicher Stein – aber auch Holz und Ziegelstein – besonders aufnahmefähig für psychische Energien sind. Von Zeit zu Zeit werden sie zur Überraschung so mancher sogenannter Sensitiver wieder freigegeben. Die parapsychische Forschung vertritt die Meinung, daß bei besonders starken Emotionen wie Angst, Schmerz, Trauer – und natürlich auch großer Freude – Energien abgegeben und von der Umgebung absorbiert werden. So erklären sich die gruseligen Gefühle, die uns in alten Häusern und in der Nähe antiker Denkmäler zuweilen befallen.

Die Tochter einer meiner Freundinnen, die gerade einen Wohnungswechsel hinter sich hatte, klagte fortan über ein ständiges und unheimliches Gefühl, als ob sie beobachtet würde. Trotz eingeschalteter Zentralheizung erwies sich ihre Küche als eiskalt; Haushaltsgegenstände verschwanden urplötzlich und tauchten an unmöglichen Orten wieder auf – so zum Beispiel eine Teekanne im Badezimmer; der Sportwagen ihrer kleinen Tochter stand auf der Straße statt im Hausflur.

Die junge Mutter war von diesen seltsamen Vorkommnissen sehr beunruhigt und fragte sich, ob hier Gespenster ihr Unwesen trieben und ob deshalb vielleicht ihr Töchterchen so häufig in der Nacht laut weinend aufwachte.

Schließlich wurde ich um Hilfe gebeten und ein möglicher Exorzismus in Erwägung gezogen. Nun bin ich zwar eine Hexe, aber als solche keine berufsmäßige Geisterbeschwörerin. Und wenn auch in unseren Ritualen eine diesbezügliche Anweisung enthalten ist, habe ich sie nur selten praktiziert. Schon rein zeitlich ist es mir nicht möglich, von einem Ort zum andern zu eilen, um an den verschiedensten Plätzen exorzistische Rituale auszuführen. Werde ich dennoch darum gebeten, habe ich meine eigenen Methoden, und wenn diese versagen, verweise ich die Leute an professionelle Exorzisten. Im obengenannten Fall stimmte ich bereitwillig ein, zumal der Ort des Geschehens sich in meiner näheren Umgebung befand, und traf sogleich alle notwendigen Vereinbarungen mit meiner Freundin, bevor ich die Wohnung der Tochter aufsuchte.

Das Gebäude selbst – ein moderner Häuserblock – war nicht älter als zehn Jahre. Als ich die drei Treppen erklommen hatte, umfing mich schon an der geöffneten Wohnungstür ein frostiger Hauch – und das an einem warmen Sommerabend! Ich spürte sofort die Präsenz eines fremden Wesens und betrat einen Raum nach dem andern, um in aller Ruhe ein Gefühl für das Ambiente dieses Ortes entwickeln zu können. Bald wurde es mir klar, daß die Quelle der eisigen Ausstrahlung in der Küche zu suchen sei, und bat Mutter und Tochter, mich hier allein zu lassen. Mit gemischten Gefühlen setzte ich mich auf einen Stuhl in der Mitte des Raumes, schloß meine Augen und begann zu meditieren. Nach etwa zehn Minuten fühlte ich einen kalten Luftzug rund um meine Beine, ignorierte ihn jedoch und hielt meine Augen fest geschlossen. Ich spürte, wie mir die kalte Luft über meine Hände und schließlich um die Stirne strich. Mein Gesicht fröstelte, und meine Haare bewegten sich in dem kühlen Hauch. Es schien, als ob der Stuhl unter mir in sanfte Schwingungen geriet. Nun war es an der Zeit, die Präsenz eines Geistwesens für erwiesen zu halten. Ich öffnete meine Augen, richtete meinen Kopf auf und rief laut und unvermittelt in die Stille hinein: »Wer bist du?« Sofort setzte die Vibration meines Stuhls aus, und der kalte Luftstrom brach ab.

Inzwischen war die Dämmerung hereingebrochen. Es war kein Licht in der Küche außer der spärlichen Helligkeit, die von einem verblassenden Himmel durch das Fenster hereindrang. Ich spähte angestrengt in die immer dunkler werdenden Winkel des Raums auf der Suche nach einer sich endlich manifestierenden Gestalt, an die ich meine Worte zu richten hätte – und plötzlich nahm ich eine kaum erkennbare Bewegung in einer bestimmten Blickrichtung wahr. Noch zögerte das Geistwesen, sich mir offen zu zeigen, und gab nur einen vagen Hinweis auf seine Anwesenheit.

Mit meinem inneren Auge erspürte ich, daß der Geist ein sehr alter Mann war – wahrscheinlich ein ehemaliger Inhaber dieser Wohnung, der sich nicht damit abfinden konnte, daß andere Leute in Besitz genommen hatten, was er immer noch als sein Zuhause betrachtete. Er meinte es nicht wirklich böse, er wollte nur hier allein sein. Sein erdgebundener Geist war völlig verwirrt, und ich mußte ihm erklären, daß er längst die Grenzen des Irdischen überschritten hatte, daß er sich nun in der nächsten Sphäre seiner Existenz befand und daß hier für ihn kein Platz mehr sei. Ich redete ihm zu, sich einer höheren Hilfe und Führung anzuvertrauen, und versicherte ihn meiner Fürbitte. Dann sprach ich die uralten Worte der Geisterbeschwörung, und als deren herrliches Latein zum Klingen kam, bemerkte ich, wie für eine kurze Sekunde ein vibrierendes Licht erstrahlte und mitsamt seinem dunklen Schatten verschwand. Für ein paar Minuten verweilte ich noch im stillen Gebet für den Seelenfrieden des alten Mannes auf meinem Platz und spürte, wie die Temperatur des Raumes allmählich wieder auf normale Werte anstieg.

Meine Freundin und deren Tochter, die ich so lange hatte warten lassen, konnten vor Neugier kaum das Ergebnis meiner Bemühungen abwarten. Es gab fortan keinen Geist mehr, der sein Unwesen in dieser Wohnung trieb. Für mich war es interessant zu erfahren, daß spätere Nachforschungen meine damaligen Wahrnehmungen bestätigten. Bei dem Vormieter hatte es sich tatsächlich um einen alten Mann gehandelt, dessen Leiche nach einem plötzlichen Tod in der Küche aufgefunden worden war.

2

Sekten, Satanisten und
Schwarze Hexen

Ich erhalte viele Briefe von Frauen, die eine feste Beziehung zu einem Mann haben und gleichzeitig in ständiger Furcht leben, den Freund zu verlieren. Sie erwarten von mir einen speziellen Zauber, der den Mann an sie bindet oder – falls sich Zeichen einer Krise andeuten – eine Beschwörung, die das anfängliche Glück wiederherstellen soll. Da Hexen einem ziemlich strengen Ehrenkodex unterworfen sind, ist es ihnen nicht erlaubt, sich allzusehr in die freie Entscheidung eines Menschen einzumischen. Der »Bindungszauber« oder die Beschwörung des Glücks sind niemals von langer Dauer; eines Tages verlieren sie ihre Kraft und müssen erneuert werden. Allen törichten Wünschen nachzukommen, hieße, mich zu ständig wiederkehrenden Leistungen gegenüber ein und derselben Person zu verpflichten – und dazu bin ich keineswegs bereit, ganz abgesehen von der Tatsache, daß ich es für höchst unmoralisch erachte, einen Mann durch magische Mittel zur Treue gegenüber einer Frau zu bewegen, die er nicht liebt. Ich muß oft Entscheidungen treffen, ohne die Fakten zu kennen, und ich muß all die Folgen bedenken, die sie im Leben eines Menschen bewirken könnten.
Jede magische Handlung stellt enorme Anforderungen an

Geist, Wille und Konzentrationsfähigkeit – ganz abgesehen von den physischen und emotionalen Energien, die einer Hexe abverlangt werden, und etliche der an mich gerichteten Ansinnen rechtfertigen meines Erachtens keineswegs einen derartigen Aufwand. Als typisches Beispiel möchte ich hier das Ersuchen einer 25jährigen jungen Frau anführen, die mit ihrem Freund in einer kaum komfortabel zu nennenden Wohnung zusammenlebte. Da dieser neben seiner normalen Berufstätigkeit eine Abendschule besuchte, war seine Freundin fast ständig sich selbst überlassen – um so mehr, als er auch noch Zeit für seine alten Bekannten beanspruchte. Von einem Zusammenleben war kaum noch die Rede, und für die junge Frau war dieser Zustand so unerträglich geworden, daß sie den Freund verließ. Schließlich kamen beide überein, sich zweimal pro Woche auf rein freundschaftlicher Basis zu treffen. Sie schrieb mir, daß sie ihn immer noch liebe und gerne wieder mit ihm zusammenleben wolle. Sogar ihre gemeinsamen Freunde versicherten ihr, daß auch er sie noch liebe. Aus all diesen Gründen sollte ich ihr einen Zauber erwirken, der sein Verlangen nach ihr so unwiderstehlich machen würde, daß ihm alle anderen Interessen als nebensächlich erschienen.

Ich verweigerte ihr diesen Dienst. Ich hatte das Gefühl, daß die Situation dadurch nur noch schlimmer würde, weil die Erfüllung ihrer Bitte voraussetzte, daß er all seine Ambitionen zugunsten ihrer recht selbstbezogenen Bedürfnisse aufgeben müßte. Selbst wenn ich ihrem Wunsch nachgekommen wäre, würde sie bald nicht mehr in dieser bescheidenen Wohnung bleiben wollen, und ihre nächste Bitte wäre schon vorprogrammiert. Statt dessen gab ich ihr einige Ratschläge. Wahrscheinlich habe ich sie sehr enttäuscht. Meiner Meinung nach bedurfte es hier keiner Magie, sondern einer klärenden Aussprache über die jeweiligen Absichten und Zukunftspläne im Hinblick auf ein mögliches Zusammenleben. Jeder Mensch sollte sein Leben selbst in die Hand nehmen und nicht erwarten, daß eine Hexe ihm alle Schwierigkeiten aus dem Weg räumt.

So viele Pärchen – ob verheiratet oder nicht – sind einfach nicht in der Lage, ihre gemeinsamen Probleme zu meistern. Ich erhalte lange Briefe von Frauen, in denen sie mir Punkt für Punkt ihre Unzufriedenheit mit dem, was der jeweilige Partner tut oder nicht tut, aufzählen. Und immer wieder soll ich den Ehemann dahingehend beeinflussen, daß er die Wünsche seiner Frau mehr respektiert. Manchmal frage ich mich, weshalb Leute, die so schlecht zusammenpassen, überhaupt heiraten.

Freilich haben manche Frauen durchaus gerechtfertigte Klagen. Ich erinnere mich an einen Fall, wo der Streit sich an einem undicht gewordenen Hausdach entzündete. Anstatt ein paar Dachziegel auszuwechseln, hatte der betreffende Ehemann ein wackeliges Provisorium im gemeinsamen Schlafzimmer unter der Decke angebracht, um den hereindringenden Regen aufzufangen. In einer sehr regenreichen Nacht lief der über ihrem Ehebett hängende Eimer über, so daß die beiden im Schlaf völlig durchnäßt wurden. Und immer noch weigerte sich dieser Mann, die fehlenden Dachziegel zu ersetzen! Ich weiß wirklich nicht, ob ich über solche Geschichten weinen oder lachen soll.

Es gibt in der Tat auch sehr traurige Begegnungen. Einmal erschien ein 15jähriger Junge bei mir, der ein großes Interesse an Magie und Hexerei zu erkennen gab und bereits eine Menge einschlägiger Literatur gelesen hatte. Normalerweise pflege ich diese Art von Neugier bei jungen Leuten nicht gerade zu ermutigen. Aber der Junge kam immer wieder –

und das im Winter und ohne warme Jacke. Und jedesmal war er so ausgehungert, daß meine mütterlichen Instinkte sich angesprochen fühlten und ich vollauf damit beschäftigt war, ihm Essen zu bringen und es ihm warm und behaglich zu machen. Er hat mir wirklich sehr leid getan, obgleich es mir allzubald klar wurde, daß er nicht nur über eine lebhafte Fantasie verfügte, sondern auch ein ziemlich gerissener Lügner war. Die Geschichten, die er mir auftischte – und stets ging es um seine angeblichen Erfahrungen mit dem Übernatürlichen – waren zumindest für einen Menschen in seinem zarten Alter ausgesprochen skurril. Er erzählte mir, daß er in der Schule deswegen permanent Schwierigkeiten hätte und schon des öfteren wegen seines schlechten Betragens bestraft worden war. Mehrfach hatte er versucht, jüngere Mitschüler in etwas hineinzuziehen, was er »okkulte Übungen« nannte. Selbst mit der Polizei seines Dorfes hatte er schon zu tun gehabt, und sie hätten ihm geraten, »keinen Ärger zu machen«. Auch seine Mutter würde ihn für schwer erziehbar halten.

Das war nur allzu wahr. Denn als ich diese Frau, die von ihrem Mann geschieden war, anrief, bestätigte sie mir seine Schwierigkeiten mit Schule und Polizei und sagte, daß er ein durch und durch verdorbenes und unverbesserliches Kind sei und sie sich große Sorgen um seine Zukunft mache. Er hätte sie selbst schon bestohlen und würde Familie und Nachbarn nur Kummer und Sorgen bereiten. Ihrer Meinung nach sei er von einem bösen Geist besessen. Ich fragte sie, ob er nicht in einer heilpädagogischen Anstalt besser aufgehoben wäre. Aber selbst das hatten sie bereits ohne Erfolg versucht.

Und trotzdem war er ein vergnügliches und vertrauenerweckendes Kind, wenn ich auch einsehen mußte, daß seine Interessen sich fast ausschließlich auf Satanismus und Schwarze

Magie beschränkten. Ich hatte ihn darauf hingewiesen, daß er sich auf einem gefährlichen Pfad befände und daß derartige Bestrebungen ihn letztlich zur Selbstzerstörung führen würden. Doch er ließ sich nicht davon abbringen. Ich hatte gehofft, einen gewissen Einfluß auf ihn ausüben zu können. Schließlich hörte er auf, mich zu besuchen, und schrieb mir, daß er keinerlei Interesse an natürlicher oder Weißer Magie habe und jetzt auf der Suche nach einer Gruppe mit satanistischen Intentionen sei, um sein Wissen zu erweitern. Von da an verschwand er aus meinem Leben. Jahre später entdeckte ich in einem ziemlich schäbigen Okkultistenmagazin ein Inserat, welches zur Teilnahme an satanistischen Aktivitäten aufrief. Es war mit seinem vollen Namen unterzeichnet und enthielt den ausdrücklichen Hinweis: »Nur für ernsthafte Interessenten.«

Die unvermeidliche Frage an mich lautet dann stets: »Warum haben Sie denn nicht Ihre magischen Fähigkeiten genutzt, um den Jungen von seinem gefährlichen Weg abzubringen?« Nach so vielen Gesprächen mit ihm war mir klar geworden, welch tiefsitzender Groll sein Verhältnis zur übrigen Welt bestimmte. Vielleicht hätte ihm eine psychiatrische Behandlung geholfen. Seine spezielle Situation ließ es mir nicht ratsam erscheinen, ihn irgendeiner Art von magischem Einfluß zu unterwerfen. Und wieder erhebt sich die Frage nach dem freien Willen. Es muß den Menschen erlaubt sein, ihre eigenen Entscheidungen zu treffen und aus ihren Fehlern zu lernen, denn darum geht es doch für uns alle in unserem Leben: aus unseren Erfahrungen zu lernen. Ambrose Bierce umschreibt dies auf seine schalkhaft-zynische Art als »die Weisheit, die uns befähigt, in der Torheit jene unerwünschte, alte Bekannte wiederzuerkennen, die wir schon einmal umarmt haben«, und in einem blassen und eher mühseligen Vergleich bringt Joel Frad Bink den Begriff Weisheit auf einen poetischen Nenner:

> Dem Wandrer, der durch Nacht und Nebel irrt,
> sich rettungslos im tiefen Sumpf verliert,
> enthüllt Erfahrung gleich dem Morgenschein
> den falschen Pfad im nachhinein.

Ich hatte zwei Freunde – genauer gesagt ein Ehepaar –, die sich sehr intensiv auf parapsychischer Ebene und auch als Geistheiler betätigten. Karen und Peter waren bei ihren Nachbarn als sehr hilfreich und mitfühlend bekannt und immer verfügbar, wenn sie gebraucht wurden. Mein Mann und ich und auch viele andere Freunde kamen häufig mit ihnen zusammen. Eines Tages – ich glaube, wir hatten uns eine ganze Weile nicht mehr gesehen – griff ich zum Telefonhörer, um mit Karen zu sprechen. Da erfuhr ich, daß sie ihre heilerischen und parapsychischen Aktivitäten völlig aufgegeben hatte und einer christlichen Sekte beigetreten war. Ausgelöst wurde dieser Entschluß durch eine Vision, in welcher ihr Christus erschienen war und gesagt hatte: »Bin ich umsonst für dich gestorben?« Er wies sie an, auf all ihre parapsychischen Ambitionen und diesbezüglichen Freundschaften zu verzichten.
Ich wußte, daß Karen streng katholisch erzogen und von daher – mehr oder weniger bewußt – einem ständigen inneren Konflikt ausgesetzt war. So kam diese Christusvision nicht von ungefähr. Abgesehen von geringfügigen Momenten spiritueller Überheblichkeit war nichts Unaufrichtiges an ihr, und ich respektierte ihre Entscheidung. Was bei mir ein gewisses Erstaunen hervorrief, war die Tatsache, daß auch Peter dieser Sekte beigetreten war. Ich hatte ihn stets als einen ausgezeichneten Geistheiler betrachtet, auch wenn er manchmal ein wenig zu sehr auf seine Talente pochte.

Einige Wochen nach diesem Telefongespräch erschien Karen völlig aufgelöst und laut schluchzend an meiner Haustür. Nach und nach erfuhr ich, daß Peter jene Sekte, der sich beide angeschlossen hatten, wieder verlassen und sich einer fundamentalistisch orientierten Gruppe zugewandt hatte. Seine Persönlichkeit erfuhr binnen weniger Tage eine höchst seltsame Veränderung. Seine ganze Freizeit verbrachte er zu Hause mit dem Anhören von Hymnen auf Schallplatten, wobei er mit seinen Armen herumfuchtelte und »Hallelujah« schrie. Selbst bei seiner Firma, für die er als Vertreter in Verkaufsausstellungen arbeitete, versuchte er, die an den Waren interessierten Kunden für seine religiösen Ideen zu gewinnen. Diese Situation hatte ein Stadium erreicht, daß sein Chef sich gezwungen fühlte, Karen anzurufen und ihr zu sagen: »Reden Sie mit Ihrem Mann, tun Sie irgend etwas!« Peter wurde ihr gegenüber gewalttätig und aggressiv, so daß sie sich vor ihm zu fürchten begann. Sie weigerte sich, mit ihm zu schlafen, und schloß sich jede Nacht in ihr eigenes Zimmer ein. Das brachte ihn noch mehr in Wut und veranlaßte ihn, mit Fäusten gegen ihre Tür zu hämmern und biblische Gebote über die ehelichen Pflichten eines Weibes gegenüber ihrem angetrauten Gatten vorzutragen.

Während sie mir diese Dinge berichtete, wurde es plötzlich ganz still im Raum, und über ihrem Kopf bemerkte ich eine Erscheinung. Ich sah Karen blutüberströmt auf einem Bett liegen, und Peter stand über ihr mit einem wilden, besessenen Gesichtsausdruck und drohte ihr mit einem Messer... Karen hielt mitten im Satz inne und sagte: »Was ist los mit dir, Lois, ist dir nicht gut? Du bist bleich wie ein Gespenst!« Ich sah sie ein wenig verwirrt an, stotterte irgend etwas und versuchte, mich wieder zu fassen. Ich kämpfte mit mir selbst – einerseits wollte ich ihr meine Vision nicht verschweigen, andrerseits fürchtete ich, daß sie wegen ihres momentanen Zustandes auf derartige Bilder sehr hysterisch reagieren könnte.

Ich holte tief Atem und sagte: »Karen, ich habe dir sehr aufmerksam zugehört – verzeih mir, wenn ich das Gefühl habe, daß du dich in einer sehr großen Gefahr befindest.« Ich betonte noch einmal meine Besorgtheit und schlug ihr vor, die eigene Wohnung nicht mehr zu betreten und statt dessen für einige Tage bei Freunden unterzuschlüpfen. Sie wies mich darauf hin, daß sie doch einen Hund und drei Katzen hätte und ohne geeignete Vorkehrungen nicht einfach von zu Hause wegbleiben könne. Meine Ängste wurden zur Qual, als sich die Tür hinter ihr schloß. Sollte ich sie nicht doch anrufen und von meiner Vision in Kenntnis setzen, aber gleichzeitig riskieren, daß diese Nachricht sich gegenteilig auswirken und mich zum ungewollten Verursacher ihres endgültigen Zusammenbruchs machen würde? Eine andere Stimme in mir sagte: »Und wenn du es ihr nicht erzählst, könntest du möglicherweise zur Mitschuldigen an ihrem Tod werden!«

Aber falls diese Vision eine reine Ausgeburt meiner persönlichen Ängste und Einbildungskraft wäre, wie war es dann noch zu rechtfertigen, sie damit zu belasten? Schließlich bin ich nicht für Leben und Tod anderer Leute verantwortlich. Ich habe meine Pflicht getan, habe ihr gesagt, daß sie sich in Gefahr befindet, und dafür müßte sie auch selbst ein Gespür haben, falls sie sich ein wenig von ihren eigenen Vorahnungen leiten läßt.

Zwei Tage später erreichte mich ein Brief von ihr, in dem sie mir mitteilte, daß sie sich von Peter getrennt und zur Scheidung entschlossen habe. Vorübergehend hätte sie bei Freunden Zuflucht gefunden. Was sie letztendlich dazu bewegt hatte, ihren Mann zu verlassen, war eine Vision, die ihr noch am Abend desselben Tages, an dem sie mich besucht hatte, erschienen war. Sie hatte sich selbst blutüberströmt auf ihrem Bett liegen sehen, und Peter stand über ihr mit einem Messer in der Hand!

Die unverkennbare Lehre aus der Abfolge dieser Ereignisse war, daß meine Vision dazu dienen sollte, Karen zu warnen. Da ich ihr nicht den vollen Umfang meiner Vorahnung übermittelt hatte, wurde sie selbst durch eine ebensolche Erscheinung gewarnt. Sie handelte danach und entzog sich der Gefahr. Wer aber setzte diese Visionen in Gang? In der parapsychischen Literatur finden wir unzählige Berichte vergleichbarer Phänomene und können nur vermuten, daß sie aus der jenseitigen Welt kommen, wo ein höheres Wesen von den Schwierigkeiten einer Person mit übersinnlichen Qualitäten Impulse erhält und sich einschaltet.

Eine andere Möglichkeit wäre, daß Karen im Bewußtsein der Bedrohung durch Peter eine so starke Furcht in ihrem Unterbewußtsein entwickelt und sich diese zu einer Metapher materialisiert hätte, welche sich mir im Moment ihrer emotionalen Entladung mitgeteilt hat. Natürlich läßt sich meine Vision auch als Produkt purer Imagination oder, anders ausgedrückt, als Manifestation meines übertriebenen Mitgefühls beim Anhören ihrer Schilderung von Peters veränderter Persönlichkeit erklären. Indem ich davor zurückschreckte, ihr diese Vision zu vermitteln, könnte sich deren Qualität so verstärkt haben, daß sie ihr auf telepathischem Weg ins Bewußtsein drang.

Zu den kleinen Frustrationen meines Lebens als Hexe gehört die Tatsache, daß ich nur selten ein Feedback auf meine Bemühungen erhalte – bzw. nur dann, wenn mein Zauber seine Wirkung verfehlt hat. So kann ich fast davon ausgehen, daß sich mein Engagement in den meisten Fällen zu lohnen scheint.

Eines Tages, als ich gerade dabei war, meine Haare zu waschen, klingelte es an meiner Wohnungstür. Es war eine Frau, die mich ein wenig schüchtern um eine Unterredung bat. Ungeladenen Besuchern begegne ich stets mit frostiger Miene – um so mehr, wenn mein Kopf in ein Handtuch gehüllt ist. Und ich muß wohl einen niederschmetternden Eindruck auf die arme Frau gemacht haben, denn sie brach sofort in Tränen aus. In Anbetracht meines Mißbehagens gegenüber ungebetenen Gästen stelle ich mir manchmal vor, wieviel Mut manche Menschen aufbringen müssen, um unangemeldet bei mir vorzusprechen. Ich jedenfalls würde es nicht wagen, unter diesen Umständen an meiner eigenen Tür anzuklopfen!

Die Frau berichtete, daß sie ein Exemplar meines Buches AUTOBIOGRAPHIE EINER HEXE in einem französischen Hotel entdeckt hatte und nunmehr der Meinung war, daß niemand anders als ich ihr helfen könnte. Sie erzählte mir, daß sie und ihr Mann völlig verzweifelt über das unmögliche Verhalten ihres einzigen Sohnes seien, der – wie ich der Geschichte entnehmen mußte – ein reichlich verwöhnter Bursche war. Die Eltern hatten ihm bislang so ziemlich alles gegeben, was mit Geld zu bezahlen ist und sogar einen Laden eingerichtet, um ihm eine Existenzmöglichkeit zu bieten. Da der Vater aus Dänemark war, hatte der Junge seinen Urlaub bei den dortigen Verwandten verbracht und sich dabei in eine junge Dänin verliebt. Das Verhältnis blieb nicht ohne Folgen, ein Kind wurde geboren, aber der Junge weigerte sich, es als das seine anzuerkennen.

Offenbar gibt es in Dänemark ein Gesetz, nach welchem ein uneheliches Kind gesetzlich besser gestellt ist, sobald der leibliche Vater sich als sein Erzeuger bekennt. Meine Besucherin zeigte mir eine Fotografie des Mädchens mit ihrem Baby. Diese junge Mutter war eine sehr hübsche Frau, und das Baby sah so entzückend aus, daß ich die Gefühle der Großmutter leicht nachvollziehen konnte. Sie konnte ihre Tränen kaum zurückhalten, als sie mir erklärte: »Wir wollen ja nur, daß mein Sohn seine Vaterschaft vor dem Gesetz anerkennt.« Und sie gestand mir, daß dieser erbärmliche Mensch nunmehr mit einer höchst unschicklichen Person zusammenlebte, die sie mit rüden Briefen traktierte und von Hausarbeit nicht viel hielte. »Mütter, Mütter«, dachte ich, »sie gleichen sich doch überall in der Welt!«

Die beiden Eheleute waren sehr gütige Menschen, denen sehr viel am Wohl ihres Enkelkindes und seiner reizenden Mutter gelegen war, und in diesem Fall fühlte ich mich – ob zu Recht oder Unrecht – sehr wohl autorisiert, in die freie Entscheidung eines Menschen einzugreifen; der Sohn hatte zudem seinen Eltern insgeheim eingestanden, daß er der Vater des Kindes war. Ich mußte ihn nur dazu bringen, daß er sich auch vor dem Gesetz dazu bekannte.

Gelegentlich erhalte ich auch Briefe von Frauen, die mich nach einer unglücklichen Liebesaffäre förmlich beknien, ihren abtrünnigen Galan für seine Untreue zu bestrafen – mit Versöhnung haben sie nichts im Sinn. Sie wollen Schwarze Magie, die – wenn nicht den Tod – so doch zumindest irgendein Unheil bewirken soll. Betrogene Frauen, aber auch Männer, stellen zuweilen höchst primitive Gelüste zur Schau, und es ist sicherlich etwas Wahres daran, daß die weibliche Spielart der Spezies Mensch in ihrem Rachegebaren durchweg gefährlicher ist als der Mann. Leuten, die derartiges von mir erwarten, erkläre ich kurz und bündig, daß ich keine Schwarze Magie praktiziere und ihnen auch niemanden, der so etwas täte, empfehlen kann.

Die Leser meines vorigen Buches werden sich zweifellos jener bemerkenswerten und herausragenden Persönlichkeit, nämlich meiner Freundin Sonja, erinnern, die – wie aus Briefen und Gesprächen ersichtlich – so reges Interesse hervorgerufen und auch Anlaß zu Meinungsäußerungen gegeben hat. Ich nenne Sonja manchmal »meine unheilverkündende Hexenschwester mit den finsteren Neigungen«; sie gibt offen zu, eine Schwarze Hexe zu sein und wird in ihrem Dorf in den Fens an der Ostküste Englands mit Respekt und Ehrfurcht behandelt. Ihre Kräfte sind innerhalb der bäuerlichen Gemeinde, in der sie eine wunderschöne alte Kate, genannt »Broomsticks« – »Besenstiele« – bewohnt, wohl bekannt und dokumentiert. Sie teilt dieses Anwesen mit einer Schar ungezählter Katzen, deren Pfoten mit zusätzlichen Krallen bestückt sind! Ihre Ansichten sind meist sehr extrem, sie verachtet unverhohlen die Mehrheit der Menschen, die sie reichlich zynisch zu »bloßen Sterblichen« degradiert. In ihren Augen sind diese zu nichts anderem fähig, als – getrieben von Gier und purem Eigennutz – den wundervollen Planeten Erde auszuplündern und zu zerstören, und deshalb sind sie gerade noch gut genug für den kosmischen Komposthaufen.

Sie kennt keine Gewissensbisse, wenn sie ihre Schwarze Magie zuweilen gegen Leute anwendet, von denen sie hereingelegt oder gereizt worden ist, und das geschieht dann mit Hilfe ihres Hausgeistes Willie. »Meinen Freunden geht es gut, nicht aber meinen Feinden«, sagt sie fast drohend, aber gleichzeitig weist sie darauf hin, daß es richtiger wäre, in ihr nicht nur die »schwarzen« Seiten wahrzunehmen, sondern zu erkennen, daß Hexen weder »schwarz« noch »weiß« sind – im Grunde also neutral. Jeder, der noch über ein bißchen Verstand verfügt, wird es wohlweislich unterlassen, sich mit ihnen anzulegen. Sie schrieb einmal:

»Tatsächlich bewirke ich hin und wieder sehr viel Gutes – nicht, daß ich die Menschheit auch nur im geringsten lieben würde. Doch weiß ich, daß diejenigen, die in meine Einflußsphäre gelangen, dies nicht von ungefähr tun. Sie sind für mich da, und ich bin für sie da. Meine Freunde bedeuten mir sehr viel und sind mir nahezu unentbehrlich. Aus meiner Beziehung zu ihnen empfange ich psychische Energien, deshalb bin ich so wählerisch in bezug auf Freundschaften, und außerdem fühle ich mich für sie verantwortlich. Ich glaube zutiefst an Reinkarnation und Karma, und weiß, daß ich all den Menschen, die mir wirklich etwas bedeuten, wieder und wieder in verschiedenen Erdenleben begegnen werde, bis sich der Sinn, der unsrer Beziehung zugrunde liegt, erfüllt hat. Ich tue, was mir wichtig erscheint, und rede, wie ich fühle. Mir ist es egal, was die übrige Menschheit von mir denkt. Meine Aufgabe ist es, auf dem von mir gewählten Pfad mein eigenes Potential zu verwirklichen, und die anderen sind die Opfer.«

Sie zitierte mit unverkennbarer Boshaftigkeit zwei Zeilen aus einem Gedicht von Emerson:

Die mich außer acht lassen, sind schlecht beraten,
und fliehen sie mich, holt mein Flug sie ein.

und die zwei nächsten Zeilen lauten:

Ich bin der Zweifler und der Zweifel zugleich,
ich bin die Hymne, die der Brahmane singt.

Ich habe Sonja einmal gefragt, wann sie sich zum erstenmal ihrer Fähigkeiten bewußt geworden sei, und sie sagte, daß sie etwa zehn Jahre alt gewesen wäre, als einer ihrer Schullehrer sie völlig grundlos einer sträflichen Handlung bezichtigt hätte, woraufhin sie denselben mit einem so durchbohrenden Blick angesehen hätte, daß er prompt die Schulhaustreppe hinunterfiel. Daß sie der geheime Verursacher war, kam ihr damals noch nicht in den Sinn. Erst hinterher erinnerte sie sich an die seltsame Energie, die dabei wie ein Stromstoß ihren Körper durchzuckte.

Als sie etwa 15 Jahre alt war, begann sie sich leidenschaftlich für Freud, Jung und Adler und alles, was mit dem Übersinnlichen zu tun hatte, zu interessieren, und noch etwas später befaßte sie sich ernsthaft mit dem Hexenwesen. Es wurde ihr immer klarer, daß dessen Wurzeln im Keltentum zu suchen waren. Sie fing an, ihre eigenen Kräfte zu erproben, und mit gemischten Gefühlen entdeckte sie, daß sie tatsächlich die Macht hatte, ungewöhnliche Dinge geschehen zu lassen. Mit 30 Jahren war sie dann völlig davon besessen.

Schon vorher – in ihrem 25. Lebensjahr – war sie zu einer Hochzeitsfeier eingeladen und dort – nach reichlichem Champagnergenuß – in eine Debatte über merkwürdige Vorgänge auf dem örtlichen Friedhof verwickelt worden. Nach Meinung ihres Gesprächspartners, eines sehr skeptischen Polizeiinspektors, sollte ein »Haufen angetörnter Hippies« deren Urheber sein. Aber mit Schwarzer Magie – wie manche Leute vermuten – hätte die Sache überhaupt nichts zu tun, da ohnehin alles, was über Hexerei erzählt würde, blanker Unsinn sei und von keinem ernstzunehmenden Menschen wirklich geglaubt würde. Der Polizist verstieg sich schließlich in eine wenig schmeichelhafte Kritik gewisser Leute, die – wie er sagte – sich selbst etwas vormachen, indem sie sich im Besitz übernatürlicher Kräfte glauben, und verneinte geradezu kategorisch die Existenz von Hexen – schwarzen wie weißen.

Sonja fixierte ihn mit ihren grünen, obgleich schon etwas

glasigen Augen und sagte: »Okay, ich bin eine Hexe, und das kann ich beweisen. Nennen Sie mir ihren größten Wunsch – etwas, was Ihnen bisher nicht erfüllt wurde!«

Er sah sie amüsiert an und erwiderte: »Natürlich eine Beförderung! Mein unmittelbarer Vorgesetzter wird frühestens in sechs Jahren befördert, und ich bin erst an der Reihe, wenn er mir den Stuhl freimacht.« Sonja fragte ihn, ob sein Kollege eventuell vorhabe, sich versetzen zu lassen oder aus dem Amt zu scheiden. Und die Antwort war: »Daran ist überhaupt nicht zu denken – es sei denn aufgrund eines plötzlichen Todes. Immerhin ist er nicht viel älter als 40 und dazu noch kerngesund.«

Nach relativ kurzer Zeit erfuhr Sonja, daß der Inspektor tatsächlich um einen Rang höher aufgerückt und sein Vorgänger einer plötzlichen Herzattacke erlegen sei. Es betrübte sie ziemlich, denn das war es nicht, was sie eigentlich beabsichtigt hatte. Von dem Polizisten berichtete sie, daß er auf einmal sehr bestrebt war, ihr nicht mehr über den Weg zu laufen.

Während eines zweijährigen Aufenthaltes als Frau eines britischen Armeeangehörigen in Deutschland, wo sie in einem Offizierskasino an der Bar aushalf, wurde sie von einem walisischen Soldaten auf reichlich höhnische Art angesprochen. »Die Leute sagen, du stündest im Ruf, eine Hexe zu sein. Ich halte dieses abergläubische Gerede für einen absoluten Quatsch.« Eine von Sonjas Freundinnen, die in der Nähe stand, empfahl ihm, mit solchen Bemerkungen vorsichtig zu sein; es gäbe sogar innerhalb des Regiments genügend Beweise für Sonjas Fähigkeiten, und er habe allen Grund, sie ernst zu nehmen. »Dann soll sie mir's auch mal beweisen«, spottete er. Der Waliser war gerade im Begriff, an diesem Wochenende seinen Heimaturlaub anzutreten. Sonja prophezeite ihm, daß es gar nicht so leicht sein werde, erst mal aus

Deutschland herauszukommen, und wenn er sich dann endlich auf britischem Boden befände, würde sie dafür sorgen, daß er seinen Zweifel an ihren Fähigkeiten noch bitter bereue. Da ich Sonja sehr genau kenne, kann ich mir nur allzugut ihr damaliges unheilverkündendes Auftreten – drastisch untermalt von dem schaurigen Tonfall ihrer Stimme – vorstellen, insgesamt eine durchaus angemessene Drohung nach einer derartigen Provokation.

Es war Winter und die Maschine des Soldaten war wegen Nebel auf dem Flughafen für 36 Stunden am Abheben verhindert. Als er schließlich zu Hause angekommen war, schloß er sich einige Tage später einem Gebirgsrettungstrupp an, der ein paar vermißte Bergsteiger suchen sollte. Diese wurden zwar unversehrt aufgefunden, aber der Waliser hatte das Pech, in eine Schneewehe zu stürzen, und mußte danach mit einer doppelten Lungenentzündung für drei Wochen in ein Hospital gebracht werden. Als er schließlich wieder zu seinem Regiment in Deutschland zurückgekehrt war, fragte ihn Sonja, ob er nunmehr bereit sei, ihre Hexenkünste anzuerkennen. Aber er lachte und sagte, daß all diese unglücklichen Vorkommnisse auf reinen Zufall zurückzuführen seien.

Sonja sagte sich, daß er noch einer weiteren Lektion bedürfe, und so kam es, daß er ein Glas zerbrach, ein Splitter daraus seine Hand durchbohrte und die Wunde zu eitern begann. Doch nicht genug der Strafe: Mit dem Arm in der Schlinge rutschte der Soldat auf dem Eis aus und brach sich zwei Rippen. Notgedrungen mußte er nun endlich zugeben, daß er im Unrecht und Sonja tatsächlich eine Hexe war.

3

Medizinmänner und Magier

Eine der häufigsten Fragen, die mir immer wieder gestellt
werden, lautet: »Was passiert eigentlich beim Zaubern?« Ich
habe schon an anderer Stelle ausgeführt, daß Magie auf Resonanz beruht und die dabei eingesetzte Energie an Gedanke
und Stimme gebunden ist. Es gilt als ziemlich sicher, daß von
jedem Gedanken, jedem noch so unbestimmten Gefühl und
jeder Handlung eine Schwingung ausgeht, die sich bis in jene
astrale Ebene – die erste, die wir nach dem Tod betreten –
fortpflanzt. Auf dieser gibt es nur Gedanken und Ideen, darunter auch genaue Entsprechungen zu jedem Gegenstand und
jedem Lebewesen auf unsrer Erde – eben nur in einer anderen
Dimension. Auf der astralen Ebene sind Zeit und Raum grenzenlos, und eine Schwingung, deren Ausgangspunkt zum Beispiel New York ist, kann ohne weiteres sofort in London
wahrgenommen werden. Wenn eine Hexe sich während einer
magischen Beschwörung ihrer Stimme und ihrer Gedanken
bedient, erreichen ihre Schwingungen die jeweilige Entspre-
chung ihres Objekts auf der Astralebene, und es reagiert. Auf
diese Weise werden Menschen durch magische Beschwörung
veranlaßt, im Sinne der Hexe zu handeln, und für gewöhnlich
geschieht dies ganz unbewußt.

Wenn eine Gruppe geübter Hexen in gemeinsamer, überzeugter und entschlossener Anstrengung ihr gesamtes Denken und ihren Willen unter Anwendung bestimmter Techniken auf ein gemeinsames Ziel ausrichtet, kommt es zu einer elektrischen Entladung, die als gebündelte Energie so stark ist, daß sie Dinge verändern und Ereignisse herbeiführen kann.

Der inzwischen verstorbene T. C. Lethbridge, ehemaliger Universitätslehrer in Cambridge und Autor verschiedener Bücher über Hexen, Wünschelrutengänger usw., ist der Begründer der Resonanztheorie; er war der Meinung, daß Resonanz sich ähnlich verhalte wie Elektrizität oder Magnetismus, wobei der Impuls von einem menschlichen Körper ausgehen und dieser wie ein Radio zunächst »eingestellt werden« müsse, und ferner, daß im menschlichen Körper selbst eine bisher unerforschte Kraft – vergleichbar mit Elektrizität und Magnetismus – existiere, die eine ähnliche Wirkungsweise habe wie der Anlasser eines Kraftfahrzeugs. Genau diese Kraft ist es, die die Hexen zu nutzen verstehen, und nicht nur sie – auch die amerikanischen Indianer scheinen sie gekannt zu haben, wenn sie singend und stampfend um ein Feuer tanzten und dabei wilde Schreie ausstießen. Vielleicht war dieses Wissen allen primitiven Völkern bekannt, als unsre Welt noch jung war, doch im Zuge der Fortentwicklung unsrer Zivilisation ging es verloren, oder – anders ausgedrückt – wir ließen ganz einfach unsre Fähigkeiten, es einzusetzen und lebendig zu erhalten, verkümmern. Dasselbe gilt auch für den sogenannten sechsten Sinn.

Hexen haben die unterschiedlichsten Methoden, Magie auszuüben. Es gibt acht offizielle Wege – manche werden mehr, andere seltener beschritten, und jede Hexe praktiziert sie nach eigenem Ermessen. Gesänge, Anrufungen und Tänze dienen dazu, die Kraft zu wecken und sie auf den Weg zu schicken.

Manchmal wird auch ein Reim verfaßt, der den Zweck der Anrufung beschreibt. Während er pausenlos wiederholt wird, zentrieren sich unsre Gedanken, bis sich genügend Energie angesammelt hat, um auf das Ziel gerichtet zu werden.

Wenn es darum geht, unsre Kraft für eine bestimmte Person einzusetzen, ist es immer gut, zum Beispiel eine Haarlocke oder abgeschnittene Fingernägel, eine Fotografie oder gar eine Schriftprobe zur Hand zu haben. Persönliche Gegenstände dieser Art enthalten die ganz individuelle Vibration ihres Eigentümers. Mit ihrer Hilfe können wir sicher sein, daß die ausgesandte Kraft ihn auch wirklich erreicht.

Durch Versuche mit der Wünschelrute und dem Pendel entdeckte Lethbridge ferner, daß jeder lebendige Gegenstand seine spezifische Schwingungsrate hat. Sogar der Tod manifestiert sich durch eine besondere Vibration! Wenn ich es bei meiner Arbeit mit persönlichen Freunden zu tun habe – was zuweilen vorkommt –, bin ich auf keinen Vermittler in Form von persönlichen Gegenständen angewiesen wie meine Hexenschwestern, die diesen Bekannten oder diese Freundin vielleicht nie gesehen haben. Da ich ihn oder sie gut kenne, vermag ich sie mit Hilfe meines Gedächtnisses auf einer mentalen Ebene klar zu visualisieren. Doch die persönlichen Gegenstände verraten oft viel mehr als das, was sich uns auf einer bewußten Wahrnehmungsebene enthüllt, und derartige Informationen nützen uns sehr, indem sie uns eine Art Formulierungshilfe bei der Inkraftsetzung unserer Beschwörung geben.

Für Heilrituale gilt tiefes Meditieren als die beste Methode. Mit Hilfe unseres inneren Auges stellen wir uns die kranke Person als völlig geheilt und in blühender Gesundheit vor. Nur gelegentlich benutzen wir eine kleine Puppe, auf die wir uns anstelle des Kranken konzentrieren. Solche Puppen oder wächsernen Abbilder gehören eher zu den Hilfsmitteln der negativen Seite der Hexerei und der Schwarzen Magie – und das seit undenklichen Zeiten. Dabei werden in der Regel Nadeln oder Dornen in den Körper der Puppen getrieben, die heute eher aus Plastilin als aus Wachs hergestellt werden, da ersteres viel leichter zu formen ist, vor allem, wenn es darum geht, kleine persönliche Gegenstände des menschlichen Vorbilds mit einzuarbeiten, dessen Namen die Figur sodann erhält. Wenn wir jemanden von einer bestimmten Krankheit heilen wollen, benutzen wir solche Puppen und konzentrieren unsere ganze Aufmerksamkeit auf den entsprechenden Körperteil der Figur.

Es wird soviel Unsinn in Wort und Schrift über die Schwarze Magie verbreitet – weit mehr, als es den tatsächlichen Gegebenheiten entspricht. Es gibt eine Theorie, nach welcher die Zielperson, der all die negativen und destruktiven Gedanken einer Verwünschung gelten, sich selber ins Unglück stürzt, falls sie tatsächlich etwas Verwerfliches getan hat (aber wer ist schon berechtigt, ein derartiges Urteil zu fällen!). Das Opfer könnte zum Beispiel in einen folgenschweren Unfall verwikkelt werden, wenn Freud auch die Meinung vertrat, daß es gar keine »Unfälle« gibt und daß der größte Teil aller Verkehrsunfälle vielmehr als Folgeerscheinung eines Selbstmordtriebes zu werten sei. Wann immer ein böser Zauber auf arglistige Weise ausgeübt wird – und Arglist muß immer dafür herhalten –, und dies dennoch zu Unrecht geschieht, werden die negativen Schwingungen vom astralen Doppelgänger des Opfers unweigerlich auf solche Leute zurückgeworfen, die sich im Einklang mit den ausgesandten Schwingungen befinden – und wer vor allem könnte das sein, wenn nicht der Urheber des Fluches selbst? Und so fällt das dem Opfer zugedachte Unheil auf den Verwünschenden zurück. Andererseits nehme ich an, daß jede Schwarze Hexe, die etwas auf sich hält, rechtzeitig gelernt hat, ihre eigene Aura gegen unerwünschte Einflüsse und Bedrohungen abzuschirmen.

Die Menschen, die mich um Hilfe angehen und mir zu diesem Zwecke einen persönlichen Gegenstand (eine Haarlocke oder dergleichen) überlassen, vertrauen meiner Integrität als Weißer Hexe, denn derartige Artikel können natürlich auch für Rituale der Schwarzen Magie mißbraucht werden. Nicht nur zur Blütezeit des alten Ägypten und Mesopotamien – auch heute noch sterben auf Haiti, in Australien oder Afrika bisher völlig gesunde Menschen an einem über sie verhängten Fluch. In primitiven Gesellschaften braucht der Zauberer nur eine Verwünschung auszurufen, und sowohl das Opfer als auch die übrigen Stammesmitglieder unterwerfen sich dessen Folgen. Was für Auswirkungen muß dieser Glaube vor allem in jenen Kulturen haben, wo das Opfer bereits im Augenblick der Verwünschung als faktisch tot angesehen wird; es wird von sich aus jegliche Nahrungsaufnahme verweigern, und das verstärkt nicht nur die Kraft der Verwünschung, sondern führt zu einem noch schnelleren Ende.

Zu den Methoden rituellen Tötens gehört unter anderem das »Knochenzeigen« (»bone pointing«), wie es noch immer von den Ureinwohnern Australiens praktiziert wird. Für gewöhnlich bedarf es nicht einmal eines physischen Kontaktes mit dem ausersehenen Opfer. Das zum Zeigen benötigte Werkzeug besteht entweder aus Stein, Holz oder Knochen. Sobald ein Stammesangehöriger entdeckt, daß er dieser Art von Bedrohung (z. B. durch einen persönlichen Feind) ausgesetzt ist, ergreift ihn eine Art Wahnsinn; sein Gesicht beginnt sich zu verzerren, sein Blick wird starr und glasig, und Schaum überzieht seinen Mund. Er dreht und windet sich und stößt jammervolle Laute aus. Falls ihm nicht schleunigst mit einem

Gegenzauber durch einen Medizinmann geholfen wird, muß er binnen kürzester Zeit sterben.

Unserm westlichen Verstand muß es als unglaubhaft erscheinen, daß eine bloße Verwünschung derartige Furcht hervorrufen kann. Eine physiologische Erklärung dieses Phänomens ist durchaus vorstellbar, wenn wir wissen, daß die Folgen extremer Furcht mit denen einer Herausforderung zum Kampf gleichzusetzen sind: Die Adrenalinversorgung jener Muskelpartien, die wir zum Kampf oder zur Flucht brauchen, wird enorm heraufgesetzt. Das bewirkt eine gleichzeitige Unterversorgung anderer Körperteile, deren kleinste Blutgefäße sich vorübergehend darauf einstellen. Kurz und gut: Die Sauerstoffzufuhr, die an die roten Blutkörperchen gekoppelt ist, wird unterbrochen, die feinen Kapillaren des Sauerstoffs beraubt. Diese werden für das Blutplasma immer durchlässiger, welches nun in das sie umgebende Gewebe eindringen kann. Die Folge einer länger anhaltenden Furcht oder Kampfbereitschaft ist somit eine Reduktion des noch zirkulierenden Blutes. Parallel dazu vermindert sich der Blutdruck, und der Teufelskreis ist bereits geschlossen: Der gesunkene Blutdruck wirkt sich sehr nachteilig auf jene Körperteile aus, die für die Aufrechterhaltung der Blutzirkulation zuständig sind, und das wiederum verursacht ein weiteres Absacken des Blutdrucks. Falls dieser Vorgang nicht gestoppt wird, kann er für den Betroffenen tödlich sein.

Daß sich ein Fluch so verhängnisvoll auf die physiologischen Vorgänge auswirken kann, ist für viele Leute schon mysteriös genug. Aber noch viel unbegreiflicher sind jene Todesfälle, bei denen kein Mediziner irgendein Anzeichen für verringerten Blutdruck oder eine anomale Anhäufung roter Blutkörperchen festzustellen vermag. Es scheint somit, daß in Gesellschaften, in denen Verwünschungen fast schon zur Tagesordnung gehören, ein Mensch bereits aufgrund von Suggestion oder negativen Gedanken den Tod finden kann. Dahinter könnte sich ein psychosomatisches Phänomen verbergen, denn in der Tat gab es Fälle, wo das Knochenzeigen bereits gegen eine Person vollzogen war, der aber kurz darauf beigebracht wurde, daß es sich hier nur um einen schlechten Scherz handelte, und sofort kam es zu einer wundersamen Genesung. Die Kraft eines Fluches erweist sich nicht nur in primitiven Gesellschaften, auch in anderen Teilen der Welt ist sie durch Zeugnisse belegt. Im amerikanischen Georgia verhalf eine Hebamme an einem Freitag, den 13., des Jahres 1946 drei Kindern zum Leben und verhängte anschließend aus böswilligen Gründen, die nur ihr selbst bekannt waren, einen Fluch über diese drei unschuldigen Wesen. Das eine – so sagte sie – soll vor seinem 16., ein anderes vor seinem 21. und das dritte schließlich kurz vor seinem 23. Geburtstag sterben. Die zwei ersten Prophezeiungen erfüllten sich; ein Mädchen kam im Alter von 15 Jahren bei einem Verkehrsunfall ums Leben, das zweite wurde bei einem nächtlichen Kampf in einem Nachtklub ein paar Stunden vor seinem 21. Geburtstag erschossen. Zwei Jahre darauf erschien eine junge Frau – die dritte der drei verfluchten Kinder – an der Pforte eines Krankenhauses und bat um Aufnahme; sie befand sich in einem hysterischen Zustand und sagte, daß sie vor ihrem 23. Geburtstag sterben müsse, und bis dahin blieben ihr nurmehr drei Tage. Der untersuchende Arzt stellte fest, daß sie völlig gesund war, abgesehen von den Auswirkungen ihrer momentanen Panik, und sie durfte zur ferneren Beobachtung in der Klinik bleiben. Doch am nächsten Morgen wurde sie tot in ihrem Bett aufgefunden – als Opfer ihres Glaubens an die Macht des über sie verhängten Fluches.

Nun kann man freilich die zwei ersten Todesfälle als rein

zufällige Ereignisse betrachten; interessant wird es dann aber im dritten Fall, und man fragt sich, ob das Mädchen überlebt hätte, wäre ihr nicht die Geschichte mit dem Fluch zu Ohren gekommen, deren psychosomatischem Einfluß sie schließlich erlag.

Häufig erhalte ich Briefe von Frauen und auch Männern, die fest davon überzeugt sind, einem Fluch ausgesetzt zu sein. Doch in den meisten dieser Fälle erwies sich ihr Mißgeschick lediglich als Symptom einer ungünstigen Lebensphase. Aus ein paar vereinzelten Schilderungen glaubte ich hingegen zu erkennen, daß Schwarze Magie im Spiel war, und handelte entsprechend.

Hierzu gehörte auch der Brief einer Frau, die mir schrieb, daß sie ihr Leben lang vom Unglück verfolgt wurde. Als Tochter einer tyrannischen Mutter und eines um so schwächeren Vaters war ihre Kindheit von langen Krankheitsphasen und entsprechenden Fehlzeiten beim Schulunterricht gekennzeichnet, so daß ihre Leistungen weit hinter denen ihrer Mitschüler zurückblieben.

Um aus dem Elternhaus zu entkommen, heiratete sie bereits in sehr jungen Jahren einen Mann, der in keiner Weise zu ihr paßte, und rückblickend wurde ihr später klar, daß sie wegen mangelnder Reife den Sinn der Liebe damals gar nicht erkannt hatte. Zwei Fehlgeburten und ein hirngeschädigtes Kind, das nur ein paar Tage alt wurde, waren das Fazit ihrer Ehe, die schon nach fünf Jahren geschieden wurde – Ereignisse, die bei ihr schließlich einen Nervenzusammenbruch hervorriefen. Ihre zweite Ehe war ein ähnlicher Mißerfolg. Ihre Gebärmutter und anderen weiblichen Organe waren in ihrer Funktion gestört, und schließlich mußte sich die Frau einer Totaloperation unterziehen. Mit 47 Jahren – und nunmehr zum dritten Male verheiratet – schrieb sie mir, daß auch diese Ehe auseinanderzubrechen drohte, und bat mich, sie von dem Fluch zu befreien, der nach ihren Angaben aus einer Zeit datieren mußte, als sie sich noch im Mutterleib befand.

Ein Gespräch mit ihrer nunmehr fast 80jährigen Mutter hatte zu diesem Verdacht geführt. Die alte Frau, der sie ihr Mißgeschick geklagt hatte, enthüllte ihr eine Begebenheit, die sich im siebten Monat ihrer Schwangerschaft zugetragen hatte. Zu dieser Zeit war an ihrer Haustür eine Zigeunerin erschienen, die ihr Spitzen und allerlei Flitterkram verkaufen wollte. Doch die Mutter hatte sie grob abgewiesen, daraufhin hätte die fremde Frau ihre Hand erhoben und gesagt, daß das Kind in ihrem Leib auf Lebenszeit verdammt und von Unheil verfolgt sein sollte.

Da sie weder an Verwünschungen noch Segnungen geglaubt habe, hätte sie auch ihrer Tochter nie von dem Vorfall erzählt. Somit steht fest, daß meine Korrespondentin von dem Fluch nichts wußte und demnach auch ihr Unterbewußtsein nicht zu dessen Erfüllung hatte beitragen können.

Es ist interessant, daß Zigeunerinnen – mehr noch als Hexen – in all den erfundenen oder auch wahrheitsgetreuen Darstellungen über Verwünschungen und deren Wirkung eine so dominierende Rolle spielen. Ich habe eine Freundin italienischen Ursprungs, die – wie sie mir sagte – als Kind ziemlich altklug gewesen sei. In ihrem siebten oder achten Lebensjahr hatte sie anläßlich eines Marktbummels in Begleitung ihrer Mutter eine Zigeunerin entdeckt und, ungezogen wie sie war, derselben die Zunge gezeigt. Die fremde Frau schimpfte sie aus und murmelte etwas völlig Unverständliches vor sich hin. Daraufhin machte sie mit ihrer linken Hand ein Zeichen, das offensichtlich gegen meine Freundin gerichtet war. Ich kann nicht leugnen, daß deren Leben in der Tat aus einer Kette höchst unglücklicher Ereignisse bestand, zum Teil durch

Kriegseinwirkungen bestimmt. Mit elf Jahren hatte sie beide Eltern verloren, danach lebte sie in den verschiedensten Ländern in steter Unsicherheit, verfolgt von Katastrophen, Enttäuschungen und Krankheit. Ich weiß, daß die Fähigkeit, wirksame Verwünschungen auszusprechen, etwas sehr Reales ist, und kann nur empfehlen, Zigeunern und Hexen mit dem gebotenen Respekt entgegenzutreten.

In Griechenland und der Türkei sowie einigen östlichen Ländern existiert eine ganz natürliche Furcht vor Verwünschungen und dem sogenannten »bösen Blick«, und besonders in den erstgenannten zwei Ländern verfügt bereits jedermann über irgendein langerprobtes Gegenmittel – einschließlich der überall anzutreffenden Industrieerzeugnisse dieser Gattung. Meist sind es blaue Perlen verschiedensten Designs, in die ein Auge eingearbeitet ist. Jeder türkische Taxifahrer, der etwas auf sich hält, hat so einen Talisman in seinem Wagen hängen, und es gibt dort gewisse obligatorische Redewendungen, wenn man sein Entzücken über ein kleines Kind zum Ausdruck bringt – das Wort »Masaallah« (etwa: »Gottes Werke sind wunderbar«) darf dabei niemals fehlen. Man fürchtet nämlich, die Eifersucht böser Geister zu provozieren, und dieses Wort verleiht Schutz vor ihrer Boshaftigkeit.

Im Orient trägt man für gewöhnlich ein Amulett gegen den »bösen Blick«. Eines davon ist unter dem Namen »Hand der Fatima« überall bekannt. Fatima war eine arabische Mondgöttin, die angeblich als Tochter Mohammeds wiedergeboren war und seltsamerweise als »Mutter ihres Vaters« bezeichnet wurde. Fatima bedeutet soviel wie »Schöpferin«, sie galt auch als »Ursprung der Sonne«, »Baum der Paradieses«, und war Sinnbild für Mond und Schicksal. Ihre Entstehung ging einher mit dem Anbeginn der materiellen Welt. Und in der Tat ist sie niemand anderes als die Große Göttin selbst. Gleich ihrem westlichen Gegenstück, der Madonna der römisch-katholischen Kirche, war sie zwar sterblich, behielt aber dennoch die meisten ihrer Titel und überirdischen Kräfte.

Wo immer von Verwünschungen die Rede ist, wird zugleich auf die erhobene linke Hand als unheilbringende Gebärde hingewiesen, während die erhobene Rechte eine Segensgeste darstellt. Die Mohammedaner glauben, daß Propheten und Wahrsager ihre Eingebungen von ihren persönlichen Schutzgeistern erhalten; dabei gilt, daß Propheten, welche weiße Gewänder tragen, durch Einflüsterungen ins rechte Ohr inspiriert werden, aber schwarzgekleidete Wahrsager ihre geheimen Informationen durchs linke Ohr erfahren.

Die Kräfte der linken Hand rufen stets Schrecken und Abscheu hervor, und man verbindet sie unwillkürlich mit Düsternis, Unterwelt und dem Okkulten schlechthin. Überall stoßen wir auf die Tatsache, daß »links« mit »weiblich« gleichgesetzt wird, und daß Menschen, die über magische Fähigkeiten verfügen, generell als Linkshänder betrachtet werden. Bei den Maoris steht die rechte Hand für Männlichkeit, Aktivismus und Lebenskraft, die linke hingegen für Weiblichkeit, Passivität und Todessymbolik. Ähnliches galt für die alten Araber und gilt heute noch in Afrika, wobei rechts generell auch mit »gut« und links mit »böse« verknüpft wird. Männer werden auf ihre rechte Seite ins Grab gebettet, Frauen auf die linke. Bei manchen Stämmen ist es den Frauen verboten, mit der linken Hand das Essen zuzubereiten, bei anderen dürfen sie die Gesichter ihrer Männer nicht mit dieser »bösen« Hand berühren.

Auf indischen Darstellungen des Gottes Shiva als Ardhanarisvara ist er linksseitig durch die besondere Betonung von Schenkel, Taille und Busen als Frau, und rechtsseitig durch die Hervorhebung von Schulter, männlicher Brust und Hüfte gekennzeichnet. Aus dem alten Griechenland wissen wir dank Aristoteles von der Existenz einer sogenannten »pythagoräischen Tafel der Gegensätze«, auf welcher Begriffspaare wie rechts/links, männlich/weiblich, hell/dunkel usw. einander zugeordnet waren. Uns ist ferner bekannt, daß die klassische Antike »links« mit »unheilbringend« gleichsetzte. Anaxagoras glaubte sogar, daß der linke männliche Hoden die weiblichen Samen und der rechte die männlichen Samen erzeuge.

Der Koran, das heilige Buch des Islam, spricht von den Auserwählten Gottes, die zu seiner Rechten, und den Verdammten, die zu seiner Linken sitzen, und Tabori sagt: »Allah hat nichts Linkshändiges an sich; seine beiden Hände sind rechte Hände.« Alle Weißen Hexen bewegen sich innerhalb ihrer Kreise gemäß dem Sonnenpfad, das heißt rechtsherum oder im Uhrzeigersinn, während die Schwarze Magie sich der entgegengesetzten Richtung bedient, und alle Welt weiß, daß der Begriff »linkshändiger Pfad« nur ein anderes Wort für die Aktivitäten der Satanisten und Schwarzmagier ist. Um so bemerkenswerter erscheint es mir, wenn indische Tantriker die Verehrung von Shiva und Shakti ebenfalls als linkshändigen Pfad bezeichnen und die Mewlewi oder türkischen Derwische sich bei ihren Tänzen entgegengesetzt zum Uhrzeigersinn bewegen.

Seit etwa zehn Jahren hat das Interesse an allen Aspekten des Okkulten und Übernatürlichen einen ganz neuen Auftrieb erhalten, wahrscheinlich aufgrund der Tatsache, daß die institutionellen Religionen die spirituellen Bedürfnisse so vieler Menschen nicht mehr erfüllen, da deren Sehnsüchte nach einem aktiven Ausdruck verlangen, statt im stillen, passiven Gebet zu verharren. Im Kielwasser solcher Bestrebungen haben sich aber auch viele falsche Hexen und Hexenbünde (»Coven«) etabliert, deren Aktivitäten sich zuweilen bis ins

Widerwärtige steigern, wenn ich den bei mir eingehenden Berichten glauben darf. Ein Beispiel hierfür ist folgende Geschichte:

Ich erhielt den Brief einer Frau, die mich um eine persönliche Zusammenkunft bat, da sie mir ihr Anliegen weder schriftlich noch telefonisch unterbreiten könne. Bei unserm Treffen erfuhr ich zunächst, daß sie und ihr Mann getrennt lebten, sie selbst jedoch aufgrund ihrer Liebe zu ihm eine Aussöhnung anstrebte und glaubte, daß Magie und Hexenkunst ihr am besten dazu verhelfen könnten. Sie hatte deshalb einem Mann geschrieben, der seine diesbezüglichen Dienste in einem okkulten Magazin anbot. Daraufhin wurde ein Termin vereinbart, bei welchem ihr der Hexer sagte, daß die erwünschte Versöhnung durch ein Beschwörungsritual herbeigeführt werden könne, doch würde dies eine Menge Geld kosten, und sie müßte sich bereit erklären, mit ihm im magischen Kreis sexuell zu verkehren. In ihrer Naivität ging die Frau auf all seine Bedingungen ein, doch ein Erfolg war nicht in Sicht. Bislang war der Ehemann nicht zu ihr zurückgekehrt.

Ich hatte ihrer Geschichte erst ungläubig und schließlich mit wachsendem Unmut zugehört, und als ich sie wegen ihres törichten Verhaltens tadelte, kam es ziemlich kleinlaut von ihren Lippen: »Aber ich hatte doch keine Ahnung von echter Magie, und ich war so verzweifelt.« Diese Art zynischer Ausbeutung menschlicher Not macht mich immer wieder wütend, denn leider ist dies kein Einzelfall, und ich weiß nicht, wie ich gutgläubige Menschen vor solchen Betrügern schützen könnte außer dadurch, daß ich sie vor okkulten Geschäften jeglicher Art eindringlichst warne.

Die Erfahrungen meiner Besucherin waren – abgesehen davon, daß sie finanziell und sexuell ausgenutzt worden war – auch in anderer Hinsicht übelster Art. Ihre Schilderungen erweckten in mir den Verdacht, daß es sich hier um ein äußerst groteskes Ritual Schwarzer Magie gehandelt haben mußte. Nach allem, was ich aufgrund weiterer Fragen aus ihr herausholen konnte, hatte das besagte Zeremoniell in einem kleinen, mit dicken schwarzen Tüchern verhangenen Raum, der zum Hause des Hexers gehörte, stattgefunden. Auf dem polierten Fußboden war mit schwarzer Farbe ein kabbalistischer Kreis aufgetragen. Schwarze Wachslichter und überriechende Räucherkerzen beherrschten die Szene. Auf dem Altar war ein Tierkopf aufgespießt, der nach Aussagen der Frau dem »eines schwarzen Ziegenbocks glich«. Davor befand sich ein auf den Kopf gestelltes Kreuz. Ein ähnliches in kleinerer Ausführung hatte sich der Magier um den Hals gehängt. Nur er und die Frau waren an diesem Ritual beteiligt, vor dessen Beginn ihr gewisse Zeichen – wie sie meinte, mit Blut – auf den nackten Körper gemalt wurden. Die Sprache, die er benutzte – vermutlich handelte es sich um eine Beschwörungsformel – war der Frau unverständlich, zumindest »nicht Englisch«.

Eine andere Briefschreiberin berichtete mir von einem Coven im Norden Englands, dem sie und ihr Mann angehört hatten. Die Vorsitzende dieses kommunistisch angehauchten Bündnisses war eine ältere Frau, die sich höchst egozentrisch gebärdete.

Die meisten Hexenbündnisse innerhalb meines eigenen Bekanntenkreises sind Gruppen ohne straffe Organisationsformen; ihre Mitglieder treffen sich auf den monatlichen Hexensabbaten oder Hexenfesten, und durch ihre gemeinsamen magischen Aktivitäten sowie durch die Tatsache, daß sie Teil einer kleinen, in sich geschlossenen Gruppe sind, entsteht eine Art familiärer Zusammenhalt oder gar echte Freundschaft, und so kommen sie oft auch außerhalb der Covenaktivitäten zusammen.

Jene obenerwähnte ältere Frau verlangte hingegen absoluten Gehorsam gegenüber ihren ungewöhnlichen Forderungen, welche unter anderem eine vegetarische Ernährung sowie strikte Alkohol- und Nikotinenthaltung miteinschlossen. Der Sexualverkehr – sogar zwischen Eheleuten – wurde auf einmal monatlich beschränkt, dafür mußte mindestens einmal pro Tag gebadet – nicht geduscht – werden. Das Lesen von okkulter Literatur und Hexenbüchern war strikt untersagt. Jedes Mitglied mußte der Hexe den zehnten Teil seiner gesamten Monatseinkünfte entrichten. Private Zusammenkünfte wurden nicht gerne gesehen, und zudem mußten ihr jede Woche – per Post – detaillierte Berichte über sämtliche Aktivitäten zugestellt werden.

Und nicht genug des Unsinns – den Mitgliedern war sowohl das Fernsehen, wie Radiohören und Zeitunglesen verboten. Die Frauen durften weder ihre Haare schneiden noch Makeup anwenden, und die Männer wurden gezwungen, sich einen Bart wachsen zu lassen. All diese Anordnungen und Regeln riefen schließlich Unruhe und Widerstand unter den Mitgliedern hervor. Zwei von ihnen hatten bereits den Coven verlassen und wurden »rituell verflucht«. Auf die Frage meiner Briefschreiberin, ob solche Praktiken für Hexenbünde die Regel seien, konnte ich nur noch lachen. Ich erwiderte ihr, daß mich das Ganze eher an die Sekte der Plymouth-Brüder* erinnere als an Bestrebungen heidnischer Art, und ich fragte sie, wie sie sich mit so etwas überhaupt abfinden könnten. Ihre Antwort blieb aus, und ich nehme an, daß diese Leute sich inzwischen in alle Winde verstreut haben.

* oder Darbysten: eine 1826 gegründete Heiligungsbewegung. Anm. d. Übers.

4

Allerlei Zauber und Zeitvertreib

Immer wieder erreichen mich Briefe, deren Absender in extreme finanzielle Nöte geraten sind und mich anflehen, ihnen kraft meiner Magie einen Lottogewinn, eine Sonderdividende oder dergleichen mehr zu garantieren. Solchen Leuten muß ich leider mitteilen, daß ich meine Kräfte nur äußerst widerstrebend für derartige Zwecke einsetze, weil eine Kombination von Geld und Magie fast immer mit unkalkulierbaren Risiken einhergeht. Hexen arbeiten mit sehr urtümlichen Energien, die sich der primitivsten und unkompliziertesten Mittel bedienen. So kann mein Versuch, für eine gewisse Mrs. Jones eine Summe von 5000 englischen Pfund von den Göttern zu erwirken, dieselbe in eine höchst mißliche Lage versetzen, falls ihr das Geld als Unfallsentschädigung in Verbindung mit dem Verlust eines Beines gewährt wird. Eine Beschwörung muß zum einen sehr exakt und zum anderen auch sehr umsichtig formuliert werden – und sie darf keine Klauseln enthalten wie den Zusatz: »... und dies alles ohne Gefahr für Mrs. Jones.« Hat sie durch meine Schuld bereits Schaden erlitten, muß ich weitere Energien zugunsten ihrer Familie aufwenden, und dann ist auch mein Enthusiasmus bald verflogen. Die Götter verlangen klare und gradlinige Anweisungen, und da ich niemandem ein Leid zufügen will, lasse ich besser das Geld aus dem Spiel.

Die Probleme entstehen manchmal auch dadurch, daß die Menschen einfach nicht mit Geld umgehen können. Einem Mann, der bis vor kurzem eine hervorragende Position bekleidete – mit einem Gehalt, um das ihn mancher beneiden könnte –, zerrann buchstäblich das Geld zwischen den Fingern. Seine Frau – zermürbt durch die ständigen Versuche, ihn zu ändern – verließ ihn zusammen mit ihrer kleinen Tochter. Der Vater und Gatte war völlig verzweifelt, nachdem ihm schließlich alles – Job, Familie, Zuhause und persönliche Sicherheit – genommen war. Er hatte weder Freunde noch irgendwelche Interessen, kurzum nichts, was ihm das Leben erträglicher machte. Solchen Menschen zu helfen ist besonders schwierig, aber ich versuche zumindest, sie von ihrer Introvertiertheit zu befreien und ihnen neue Zukunftsperspektiven zu vermitteln.

Es gibt eine Methode, die ich zuweilen benutze, um die Gefahren einer mit Geldwünschen verbundenen Magie auszuschalten. Wo es mir gelingt, die generellen Daseinsbedingungen eines in Not geratenen Menschen zu verbessern, erreiche ich oft gleichzeitig und indirekt die notwendige Stabilisierung seiner Finanzen.

Eines Tages rief mich eine völlig entnervte Frau an, deren neunzigjähriger Vater ganz unmögliche Anforderungen an sie stellte. Er behandelte sie wie eine Dienstbotin, und obwohl sie mit ihrer noch jungen Familie voll ausgelastet war, mußte sie tagtäglich den Alten besuchen, für ihn kochen und ihm die Wohnung instandhalten. Wenn immer sie seinen Wünschen nicht nachkam, drohte er, sie zu enterben und sein beträchtliches Vermögen einem Neffen zu vermachen, der noch nie einen Finger für ihn gekrümmt hatte. Von dieser bloßen Vorstellung war sie derart in Panik versetzt, daß sie alles tat, um es ihm recht zu machen.

Um die Erniedrigung auf die Spitze zu treiben, verlangte er von ihr mit Monogramm versehene Taschentücher und ein Oberhemd als Geburtstagsgeschenk. Die Frau flehte mich an, einen Wandel seiner Persönlichkeit zu bewirken, und falls dies nicht möglich sei, sollte ich mit meiner Zauberkraft dafür sorgen, daß er das Zeitliche segnete, ehe er sein Testament zu ihren Ungunsten veränderte. Ich lehnte beide Begehren ab; zum ersten ist es problematisch, einen Menschen zu ändern, dessen skurrile Persönlichkeit als Produkt eines neunzigjährigen Lebens gelten muß, und zum andern bin ich nicht bereit, Schwarze Magie zu betreiben – so hoch die mir in Aussicht gestellte finanzielle Entschädigung auch sein möge. Ich schlug der Frau vor, sich gegenüber dem nichtswürdigen Alten standhaft zu erweisen und ihm mit allem Nachdruck zu sagen, daß er sich sein Testament und seinen Mammon an den Hut stecken solle. Doch dazu konnte sie sich nicht entschließen. Offensichtlich war ihr am Geld viel zuviel gelegen.

Manchmal werde ich gefragt, ob mir meine Hexerei auch üble Nachreden einbringt. Das kann ich nicht behaupten – im Gegenteil, die Menschen begegnen mir meistens mit großem Respekt und beträchtlicher Neugier. Schließlich leben wir in einer Epoche, die weit mehr von Toleranz und Aufgeklärtheit geprägt ist als das Mittelalter, in dessen Verlauf über neun Millionen Menschen – hauptsächlich Frauen – wegen angeblicher Hexerei gehängt oder verbrannt wurden. Sie haben lediglich ihre natürlichen Fähigkeiten als Hebammen, Heiler, Rutengänger oder ihre paranormalen Begabungen zu einer gewissen Perfektion entwickelt. Sie wurden eher aus politischen Gründen von den kirchlichen Autoritäten verfolgt, denen sie als Sündenböcke und zur Ablenkung von großen gesellschaftlichen Problemen höchst willkommen waren. An dieser Stelle sollte beiläufig vermerkt werden, daß es in Spanien niemals zu Hexenverfolgungen kam, die Inquisition befaßte sich nur mit Ketzern und betrachtete Hexerei einfach als geistige Verirrung!

Vor vielen Jahren kannte ich einen Hexer aristokratischer Herkunft, den seine Familie zum schwarzen Schaf erklärt hatte. Er war ein großartiger Mensch von höchster Intelligenz, der über enorme parapsychische Kräfte verfügte. Er bewohnte eine Holzhütte im Süden Englands, inmitten eines Waldes, aber er lebte durchaus nicht in Armut oder gar Elend, denn sein Häuschen war warm und behaglich und enthielt alles, was zu einem zivilisierten Leben gehört. Er war ein geschickter Handwerker und hatte einen großen Teil seiner Möbel selbst angefertigt. Ich erinnere mich besonders an einen geschnitzten und blankpolierten Tisch, der aus einem einzigen Stück Holz hergestellt war.

Er liebte die Geselligkeit, und so habe auch ich vielen Zeremonien mitten in der Wildnis beigewohnt und denke noch oft an jene milden Sommerabende, wenn der volle Mond durch die Zweige schien, der Wind in den Blättern flüsterte und die Flammen unsrer Sabbatfeuer knisterten und knackten.

In dem naheliegenden Dorf war Robert als Hexer wohlbekannt, weshalb ihm die Einwohner möglichst aus dem Wege gingen. Leute, die ihn interessierten, lud er zu sich zum Dinner ein. Auch der Dorfpfarrer war einmal dabei. Im Verlauf des Abends wurde schließlich über die Religion gesprochen. Unglücklicherweise machte der Pastor eine ziemlich abfällige Bemerkung über den Hexenglauben und die Göttin der Hexen. Robert – für sein heftiges Temperament bekannt – geriet darüber in helle Wut und begann, den Pfarrer mit Worten zu attackieren. Daß er ihn nicht auch noch physisch angriff, war nur dem rechtzeitigen Einschreiten anderer Gäste zu verdanken. »Sie haben die Göttin beleidigt«, schrie er, »verlassen Sie sofort mein Haus!« Nach allem, was man erfuhr, war der Pfarrer sehr froh, dieser Weisung zu folgen, und soll über die Felder gerannt sein, als wären tausend Höllenhunde hinter ihm her.

Am darauffolgenden Sonntag hielt er vor seiner Gemeinde eine Predigt – zunächst gegen das Hexentum generell und dann gegen Robert und dessen magisches Treiben. Als dieser später für einige Zeit verreist war, ging seine Hütte in Flammen auf – ob durch Unfall oder Brandstiftung, konnte hinterher nicht mehr festgestellt werden.

Mein Leben als Hexe besteht zum größten Teil aus Zuhören, vor allem wenn andere Leute mit ihren Sorgen und Leiden zu mir kommen. Aber es gibt darin auch sehr ergötzliche Augenblicke. Hexen lieben es, ihre Mitmenschen zuweilen zum Narren zu halten, und ich schließe mich selbst nicht aus. Vor ein paar Jahren verbrachten mein Mann und ich ein paar Urlaubstage in Kumbrien im Nordwesten Englands, wo wir mit unsern zwei Freunden Colin und Jean ein kleines Ferienhäuschen bewohnten. Im Dorf gab es eine Kneipe, und da Colin das Bier liebte, diente ihm dieser gastfreundliche Ort als allabendliche Zuflucht. Oft genügten ein paar Gläser Bier, um seine Zunge zu lösen. Schon bald überraschte er die Schar seiner Zuhörer mit der Neuigkeit, daß sich zur Zeit eine Hexe im Dorf befände. Als sie Colins Redseligkeit mit weiteren Gläsern anstachelten, kam er erst richtig in Schwung und begann, haarsträubende Geschichten über meine mutmaßlichen Kräfte und Fähigkeiten zu verbreiten. Am meisten imponierte er mit der Behauptung, daß mein Aussehen etwas Rasputinhaftes hätte und mein bloßer Blick alle Menschen in eine derartige Trance versetze, daß sie sich unweigerlich meinem Willen unterwürfen. Nur die etwas härter gesottene Gastwirtin lachte ihn aus, während die übrigen Dorfbewohner sich ihrer selbst nicht so sicher waren. Sie stimmten ihm wohlweislich zu und sagten: »Von solchen Hexenkünsten haben wir auch schon gehört.«

Als uns Colin von seiner Kneipenerfahrung berichtete, waren wir uns sofort darüber einig, an unserm letzten Abend im Dorf den leichtgläubigen Einheimischen einen kleinen Denkzettel zu verpassen, und Colin wurde auch gleich mit entsprechenden Instruktionen versehen. Er sollte wie üblich zur Kneipe gehen, sich aber mit nur einem Glas Bier begnügen und vom zweiten nicht mehr als ein Drittel trinken. Um halb zehn Uhr abends würde ich einen effektvollen Auftritt inszenieren und gleich beim Betreten der Kneipe ihn mit starren Augen fixieren; er sollte sich sodann wie gebannt von seinem Sitz erheben und, ohne nach links oder rechts zu blicken, mir stumm zur Tür folgen. Sein heißgeliebtes Bier würde er auf der Theke zurücklassen, und meine Überlegung war, daß in den Augen der Leute nur ein wirklich Hypnotisierter dazu imstande sein könne.

Als Colin diesen Teil meiner Anweisungen vernahm, gab er unüberhörbare Zeichen des Protestes von sich: »Und was geschieht mit meinem Bier?«

»Mach dich nicht lächerlich«, sagte ich, »ich werd' dir die Kosten ersetzen. Allein die Gesichter der Leute zu sehen ist das Geld reichlich wert.«

Der vereinbarte Termin rückte näher, und Colin machte sich wie üblich auf seinen Weg zur Kneipe. »Vergiß nicht, daß du höchstens ein volles Glas Bier trinken darfst!« ermahnte ich ihn, denn ich war schon bange, daß er bei weiterem Biergenuß seine Instruktionen vergessen und, statt sich vom Stuhl zu erheben, mich völlig perplex anstarren würde.

Ich hüllte mich um der Dramatik willen in ein schwarzes Gewand, und Jean schminkte mir die Augen, damit meine dunklen Pupillen noch stärker hervortraten. Pünktlich um halb zehn fuhr uns mein Mann zur Kneipe. Jean blieb im Wagen und hielt die Tür offen, um uns nach vollzogenem Spuk einen fluchtartigen Abgang zu ermöglichen. An der Gaststubentür angekommen, vernahm ich bereits das laute Stimmengewirr. Ich gab meinem Gesicht einen möglichst grimmigen, furchterregenden Ausdruck, stieß die Tür mit einem Schlag auf und schritt forsch in die Mitte des Raumes hinein.

Die Wirkung ließ keine Sekunde auf sich warten. Eine tödliche Stille breitete sich ringsum aus. Augen stierten, Münder klafften, und die Biergläser verharrten auf halbem Weg zu den Lippen. Die Gastwirtin erblaßte, holte tief Atem und ließ das Handtuch fallen, mit dem sie gerade ein Glas polierte. Mein Blick war starr auf Colin gerichtet.

Der Dummkopf hatte mir noch immer den Rücken zugekehrt und lachte über irgendeinen albernen Witz. Ich fürchtete schon, er würde mir die ganze Schau verderben, und stellte mir vor, wie ich ihn fertigmachen würde, falls er mir so etwas antat. Endlich schien ihm die aufgeladene Atmosphäre bewußt zu werden, er räusperte sich, hob seinen Kopf, und langsam – mit glasigen Augen – drehte er sich nach mir um. Er glitt von seinem Hocker und schritt – sein Bier völlig vergessend – mit automatischen Bewegungen auf mich zu. Zu seiner Ehre muß ich sagen, daß er keine Miene verzog und sehr eindrucksvoll wirkte.

Sobald er mir nah genug war, drehte ich mich auf den Absätzen um, und Colin folgte mir zur Tür hinaus. Unser Auto wartete schon, und mit einem fast hysterischen Lachen ließen wir uns auf die Wagensitze fallen. Das Gelächter hörte erst auf, als wir endlich vor unserm Ferienhaus ankamen.

Am nächsten Morgen verließen wir die Ortschaft sehr frühzeitig, und keiner ihrer Einwohner hat uns je wieder gesehen.
Es ist mehr als wahrscheinlich, daß die Ereignisse unsrcs
letzten Abends eines Tages in die Dorfchronik eingehen werden, und weitere hundert Jahre danach, wenn dicke Bücher
über das Hexentum des zwanzigsten Jahrhunderts geschrieben werden, kann man in einem von ihnen lesen: »Es wird
berichtet, daß...«

5

Aus der Familie geplaudert

Während ich eines Morgens vor dem Aufstehen wie üblich meinen Frühstückstoast mit Marmelade im Bett genoß, kam mein Mann hereinspaziert und sagte: »Weißt du überhaupt, daß dir jemand heute morgen um drei Uhr seine Aufwartung machen wollte?«

»Wer?« fragte ich zurück und hatte den Toast noch zwischen den Zähnen.

»Ich hörte plötzlich ein Läuten, schaute auf die Uhr und fragte mich, wer in aller Welt das sein könnte. Es war ein junger Mann, der einen reichlich betrunkenen Eindruck machte und auf der Türstufe hin und her schwankte. Er wollte unbedingt mit dir über den viktorianischen Paganismus oder den paganistischen Viktorianismus – so genau weiß ich das auch nicht – reden. Ich sagte ihm: ›Das geht nicht, und schon gar nicht um drei Uhr morgens‹, und warnte ihn, daß er sein Leben riskiere, falls er es wagte, dich aufzuwecken. Ich stand da in meinem Pyjama mit nackten Füßen und hatte Mühe, den Hund zurückzuhalten, der ihn unbedingt auf seine Art begrüßen wollte.«

»Hast du ihm wenigstens eine Ohrfeige verpaßt?« fragte ich beiläufig, während ich mich wieder meinem Toast zuwendete.

»Nein, aber ich sagte ihm, er sollte seinen Atem anhalten, um den Lack an der Tür nicht zu beschädigen. Doch er war sehr charmant und machte sich wieder auf den Weg, wobei er von einer Straßenseite zur andern pendelte und der Länge nach hinfiel. Ich vermute, daß er beim Aufwachen seinen nächtlichen Besuch längst vergessen hat.«

»Was für eine Frechheit«, dachte ich laut und goß mir noch einen Kaffee ein, »wenn er mich wirklich aufgeweckt hätte, wäre mir schon was eingefallen, um ihn das Fürchten zu lehren.« (Oder wie einer meiner Freunde es im nachhinein ausdrückte: Die Herrin der kosmischen Weisheit hätte ihm gehörig den Marsch geblasen!)

Daß mein Mann mit so bemerkenswerter Zurückhaltung reagiert hat, verdient meine volle Anerkennung. Manchmal ist es gar nicht so leicht, mit einer Hexe verheiratet zu sein. Dieser nächtliche Besucher war übrigens kein Fremder für mich, obwohl ich ihn selbst nie gesehen habe. Ungefähr ein Jahr vor seinem »Besuch« hatte er mir schon mal geschrieben. Damals bat er mich, ihn von seiner Spielleidenschaft zu befreien, was mir tatsächlich auch gelang. Und vor einigen Wochen erhielt ich einen weiteren Brief, der mich einigermaßen in Aufregung versetzte – nicht nur, weil darin seine generelle Weltverachtung zum Ausdruck kam. Er schrieb wörtlich, daß er bereits erfroren sein werde, noch ehe ich seine Zeilen erhalte, und eine Kopie seines Schreibens gehe an die örtliche Zeitung. Es war tiefer Winter, und ich wußte nicht, wo ich ihn hätte suchen sollen. Die Polizei, die ich gleichfalls alarmierte, verwies mich an eine Sozialarbeiterin, und diese wiederum versprach mir, sich unverzüglich in seiner Wohnung umzusehen. Als sie dort ankam, traf sie auf einen Polizisten, der – wie er sagte – durch die Presse von dem Vorfall erfahren hatte. Sie fanden auch ihn selbst – den potentiellen Selbstmörder – ein wenig verstört und reumütig. Er gestand, den Brief an mich in einem Anfall tiefer Depression geschrieben zu haben. Auch solche Dinge gehören zum Alltag einer Hexe.

Ich werde sehr häufig gefragt, ob wir Hexen uns als antichristlich verstehen. Nun, ich kann nur für mich selbst sprechen und muß dies verneinen. Ich denke, daß die Einstellung der Hexen gegenüber anderen religiösen Auffassungen sehr tolerant ist, ähnlich derjenigen der Hindus, die alle Religionen mit Flüssen vergleichen, welche letztendlich in dasselbe Meer einmünden. Sie sagen mit Recht: »Die Wege zu Gott sind so zahlreich wie die Atemzüge eines Menschen.«

Was mich persönlich betrifft, so bin ich durchaus damit einverstanden, eine katholische Schwiegertochter zu haben und zwei Enkelkinder, die im römisch-katholischen Glauben erzogen werden. Das macht mich insofern sehr glücklich, weil ihnen von früh an beigebracht wird, den femininen Aspekt des Göttlichen zu respektieren. Dennoch habe ich es mir zur Regel gemacht, mit meinen Angehörigen niemals über den Hexenglauben oder meine eigenen religiösen Vorstellungen zu diskutieren – sie können diese Auffassungen nicht teilen, und es gibt auch keinen Grund für sie, dies zu tun. Insbesondere vermeide ich dieses Gesprächsthema gegenüber meiner Schwiegertochter, die eine sehr gläubige Katholikin ist. Das würde sie nur beunruhigen, denn Hexen haben keinen guten Ruf innerhalb der christlichen Kirche. Dieselbe Zurückhaltung übe ich auch gegenüber meinen Enkelkindern, die nunmehr fünf bzw. acht Jahre alt sind. Vor ungefähr einem Jahr hat mich Adam, als seine Mutter beim Einkaufen war, hinter vorgehaltener Hand gefragt: »Oma, ist es wahr, daß du eine Hexe bist?« Irgend jemand muß es ihm erzählt haben. Daraufhin hatten wir eine sehr konspirative Unterhaltung, und ich fragte ihn, ob er meinen Zauberstab sehen wolle. Als ich ihn hervorholte, bekamen die beiden Kleinen ganz glänzende Augen und riefen »Ah!« und »Oh!«, denn Kinder nehmen Begriffe wie »Zaubern« ganz wörtlich, und sofort wurde ich gefragt, ob ich den Hund in eine Kröte verwandeln könne.

Zu Rosalinds Lieblingsbüchern gehört eins mit dem Titel DER ZAUBERER VON OOS, und sie ist ganz von der Vorstellung befangen, daß alle Hexen so böse sind wie »die böse Hexe aus dem Westen«, und teilte mir flüsternd und sehr gefühlvoll ihre Überzeugung mit: »Du kannst unmöglich eine Hexe sein, du bist doch meine Oma!« Irgendwann wird sie auch mit diesem Konflikt zurechtkommen.

Eine ganz besondere Entdeckung machte die Frau meines jüngeren Sohnes, als sie sich anläßlich eines Lehrgangs in Cambridgeshire befand. Sie war dort bei Verwandten untergebracht und erfuhr rein zufällig, daß sie eine berühmte Hexe zur Vorfahrin hat. Es handelt sich um Jane Wenham, die mit knapper Not dem Schicksal, erhängt zu werden, entging. Der Prozeß gegen die »Weise Fraue von Walkerne«, wie man sie zu nennen pflegte, fand am 4. März 1711 unter dem Vorsitz des Richters Mr. Powell aus Hertford statt und erregte nicht nur das Interesse ihres heimatlichen Distrikts, sondern wurde zum Tagesgespräch der Londoner. Schon Jahre zuvor war sie als Hexe verdächtigt worden, und als ein gewisser Matthew Gilson, den sie allem Anschein nach bedroht hatte, ein sehr merkwürdiges, wenn nicht verrücktes Verhalten an den Tag legte, ernannte ein Bauer namens Chapman diese »zornige alte Dame zur Hexe«. Meiner Meinung nach war ihre Reaktion, durch Sir Henry Chauncy, den Vertreter der örtlichen Justizbehörde, eine gerichtliche Verfügung wegen Rufmords zu erwirken, sehr töricht, denn der Beklagte wurde nur zu einer Geldstrafe von einem Schilling verurteilt. Sie selbst aber erhielt eine Lektion über Friedfertigkeit von seiten des weithin bekannten Klerikers Mr. Gardiner, die sie mit unverhohlenem Groll entgegennahm.

Bald darauf wurde sie in einem weiteren Fall schwer belastet. Anne Thorne, eine Dienstmagd des Pfarrers, war plötzlich von seltsamen Krämpfen befallen und begründete dies mit zwei Begegnungen, die sie auf einer abgelegenen Landstraße hatte. Zuerst wäre ihr eine »kleine, alte Frau in einem Reiter-kapuzenüberwurf« in die Quere gekommen, die ihr eine große, krumme Nadel in die Hand gedrückt hätte. Kurz darauf traf sie auf Jane Wenham, von der sie auf offener Straße beschimpft und beleidigt wurde, was bei ihr zu weiteren krampfartigen Anfällen führte. Die mutmaßliche Hexe wurde sofort dem Richter Sir Henry Chauncey vorgeführt, dem der Pastor von Walkerne, Mr. Francis Bragge, und der Vikar von Audley, Mr. Strutt, zur Seite standen. Ein paar Tage später legte Jane Wenham im Beisein eines Richters und dreier Geistlicher ein zögerndes Geständnis ab. Die Gerichtsverhandlung war völlig überfüllt, und in den Berichten heißt es: »Seit Menschengedenken hat es keinen derartigen Ansturm auf den Gerichtssaal gegeben.« Trotz der vorausgegangenen Untersuchungen blieb es bei einer einzigen Anklage – und die war, daß Jane Wenham einen Schutzgeist in Gestalt einer Katze unterhielt. Daneben gab es ein sonderbares Gerücht über Klumpen aus kunstvoll ineinandergefügten, kleinen Federn, die durch eine zähflüssige Masse zusammengehalten wurden, die sogenannte Teufelssalbe, mit Menschenfett als Grundsubstanz. Ein paar solche Federballen wurden angeblich in Anne Thornes Kopfkissen gefunden.

Von Anfang an widersetzte sich Richter Powell einer Verurteilung, obwohl das Beweismaterial erdrückend war. So wurde Jane Wenham der Form nach schuldig gesprochen, um kurz darauf begnadigt zu werden. Nach ihrer Entlassung wurde sie der Obhut eines Oberst Plummer von Gilston unterstellt und erhielt nach dessen Tod eine kleine Pension aus den Händen von Graf und Gräfin von Cowper. Sie lebte noch bis 1730. Ihr Fall gab Anlaß zu einer ganzen Flut kontroverser Streitschriften, und über nichts gab es heftigere Diskussionen in diesen Jahren. 1712 erschien Francis Bragges Bericht mit dem Titel: »Eine umfassende und unparteiische Darlegung der Enthüllung eines Falles von Zauberei und Hexerei, ausgeübt von Jane Wenham aus Walkerne in Hertfordshire an Anne Thorne, Anne Street etc. etc., bis zur Verhängung der Todesstrafe am 4. März 1711.« Er erreichte im gleichen Jahr nicht weniger als fünf Auflagen, worüber Mr. Bragge sehr erfreut gewesen sein muß. Im Gegenzug erschienen die Artikel: »Eine vollständige Widerlegung der Hexerei, womit sich Hexerei als pure Pfaffenlist enthüllt«, London 1712, und: »Hexerei als pure Unmöglichkeit – klare Beweise anhand von Dokumenten und Logik, daß Hexen nie existiert haben«, London 1712. Die Wahrscheinlichkeit ist, daß es sich bei Jane Wenham um ein Medium gehandelt hatte, das über hypnotische Kräfte verfügte und sich mit allerlei mysteriösen Dingen befaßte. Zweifellos war sie nach der ganzen Angelegenheit dermaßen verängstigt, daß sie sich hütete, weiterhin in derartige Dinge verwickelt zu werden.

Was mich an dieser Sache besonders interessierte, war der Hinweis auf die Verwendung von Federn, die der Ahnfrau meiner Schwiegertochter angelastet wurde. Über ein ähnliches Phänomen habe ich in meinem vorigen Buch berichtet. Auch hier ging es um einen Ball bzw. ein Kreuz aus schwarzen Federn, die als Werkzeug Schwarzer Magie in die Kopfkissen eines brasilianischen Pärchens eingearbeitet waren.

In den Jahren, als meine Schwester in einem 200 Meilen entfernten Krankenhaus lag, mußte mich mein jüngerer Sohn etwa einmal im Monat mit seinem Auto dorthin bringen. Die Reise war wegen der langen Strecke ziemlich ermüdend, und mir wäre es lieber gewesen, wenn mein Sohn den direkten Weg über die Autobahn eingeschlagen hätte, aber er zog die Landstraßen vor, was mir einmal so auf die Nerven ging, daß ich an ihm herumzunörgeln begann. Als er danach wieder zu Hause war, warnte er seine Frau: »Wenn du eines Morgens neben einem Frosch erwachst, kannst du dir denken, woher das kommt!«

Ich bin glücklich, eine friedliebende Familie zu haben, die es gelassen zur Kenntnis nimmt, daß ich nicht den Durchschnittsvorstellungen von Ehefrau, Mutter oder Großmutter entspreche, obwohl ich immer wieder zu hören bekomme, daß andere Leute mich schrecklich finden oder sich sogar vor mir fürchten.

Anders als meiner Freundin Sonja – der Hexe mit den finsteren Neigungen – behagt mir dies überhaupt nicht. Ich weiß zwar, daß ich sehr ungeduldig sein kann und ein langes Gerede über Einzelheiten nicht ertrage, oder wie eine Freundin es formulierte, als sie glaubte, mir einmal die blanke Wahrheit sagen zu müssen: »Du erträgst die Torheit anderer nicht nur mit Mißmut, sondern überhaupt nicht!«, und so vermute ich, in die Kategorie gewisser parapsychisch Begabter zu gehören, wie Colin Wilson sie in seinem Buch THE PSYCHIC DETECTIVES beschreibt, von denen einige nach seiner Erfahrung ganz besonders dominante Individuen von ausgeprägter Persönlichkeit waren. »... und hier stoßen wir auf den gemeinsamen Faktor: von Natur aus dominante Individuen, bei den Zoologen als ›Alpha-Exemplare‹ bekannt, eine Kombination, die sowohl Kriminelle als auch Künstler hervorbringt.«

Zu meinem Alltag als Hexe gehört es, daß sich zahllose Menschen an mich wenden, die mit ihren eigenen Nöten und

Sorgen nicht mehr allein fertig werden. Manche geben sich mit einem guten Rat zufrieden, andere erhoffen sich wahre Wunder von mir – insofern ich dazu bereit bin. Wäre ich weniger stark, wie könnte ich mit all den Sorgen und Nöten zurechtkommen, die mir anvertraut werden, und wie den Unglücklichen und Verlorenen helfen – ganz zu schweigen von den Anforderungen, die die magische Arbeit an mich stellt? In meinem Grimoire – einer Art Lehrbuch für Hexen – heißt es: »Die Kraft ist nicht für die Schwachen noch für die Eitlen da.«

Es wird allgemein angenommen, daß Hexen von persönlichem Mißgeschick verschont bleiben, aber wir führen kein Sonderdasein – nicht in diesem Sinne –, denn wir sind denselben Anfechtungen wie alle Sterblichen ausgesetzt und leiden genauso wie sie.

Auch bin ich nicht für Manifestationen verantwortlich, die sich rein zufällig in meinem Beisein ereignen. Hierzu ein Beispiel: Als ich eines Abends einem vorwiegend männlichen Publikum ein Referat über das Hexentum hielt, war es draußen sehr stürmisch, und während der Regen gegen die Scheiben prasselte, kam es immer häufiger zu schweren Blitz- und Donnerschlägen. Im Verlauf einer Demonstration von Beispielen außersinnlicher Wahrnehmung wurden plötzlich die Saaltüren aufgestoßen, und die Lampen begannen zu flackern, bis die Beleuchtung für einige Sekunden völlig aussetzte. Unter den Zuhörern konnte ich ein nervöses Lachen vernehmen und ein paar unterdrückte Schreie von Frauen. Die Hälfte der Anwesenden erschien wie versteinert. Die Kombination von Hexe, ASW (= außersinnliche Wahrnehmung) und orkanähnlichem Sturm machte sie glauben, daß ich dies alles bewirkt hätte.

Vor etlichen Jahren, als meine Hündin Nana noch am Leben

und mein jüngerer Sohn noch ein Teenager war, hatte dieser eine Freundin, die bei meinem Friseur in die Lehre ging. Wie es junge Mädchen so häufig tun, plauderte sie mit ihm über die Kunden, mit denen sie täglich zu tun hatte. Eines Tages gestand sie ihm: »Da ist eine große, dunkelhaarige Frau, deren Haare ich öfter waschen muß, und vor der ist mir echt bange. Sie hat immer ihren schwarzweißen Hund dabei... Sie braucht gar nichts zu sagen – es reicht mir schon, wenn sie nur so dasitzt, und gleich hab' ich so ein komisches Gefühl – verstehst du, was ich meine? Eine von meinen Kolleginnen hat gesagt, daß sie eine Hexe ist.«

Mein Sohn schaute sie ruhig an und sagte ganz trocken: »Das ist meine Mutter.« Zu Hause erzählte er mir, daß es seiner Freundin die Sprache verschlagen hätte. Ihr wäre das Kinn heruntergefallen, und ihr Gesicht wäre kreidebleich geworden. Ich konnte mich kaum noch beherrschen und brach in ein schallendes Gelächter aus. Wenig später endete die Romanze zwischen den beiden. Offensichtlich schreckte das junge Mädchen vor dem Gedanken zurück, eine Hexe zur Schwiegermutter zu haben. Ich kann das gut verstehen, falls ich ihr wirklich so furchterregend erschien.

In meinem ersten Buch berichte ich von dem Erlebnis eines mir befreundeten Pärchens, Kathy und Phillip, die ihrerseits parapsychisch begabt sind. Einst besuchten die beiden eine Kristallseherin in Leigh, Lancashire, die in der Kristallkugel das Bild von Kathys leiblichen Eltern erscheinen ließ. Hierzu muß erklärt werden, daß Kathy als Baby adoptiert worden war, davon aber selbst keine Ahnung hatte. Die Hexe sagte zu ihr: »Möchtest du einmal deine wirkliche Mutter sehen – ich spreche hier nicht von deiner Adoptivmutter, sondern der Frau, die dich geboren hat!«, und schon bewegte sie ihre Hand über der Kristallkugel hin und her. Sogleich erschien das sepiabraune Bild einer Dame, die Kathy natürlich nicht kannte, deren Ähnlichkeit mit ihr jedoch unverkennbar war. Erstaunlicherweise blieb das Abbild auch dann noch erhalten, als Kathy die Kugel in den Hausflur trug, um es dort ihrem Mann zu zeigen. Als sie ins Zimmer zurückkam, ließ die Hexe auch noch ihren leiblichen Vater erscheinen, der ihr ebenfalls ziemlich ähnlich war. Wieder trug Kathy die Kugel zu Phillip, um ihm auch noch einen Eindruck von ihrem wirklichen Vater zu vermitteln. Ich sah mich damals zu der Bemerkung veranlaßt, daß mir diese Angelegenheit etwas fragwürdig erscheinen würde, hätte ich nicht ein hundertprozentiges Vertrauen in Kathys Glaubwürdigkeit.

Interessanterweise wurde mir bald darauf eine Bestätigung dieser Geschichte zuteil. Eine aus Lancashire stammende Frau schrieb mir folgenden Brief: »Als ich aus Ihrem Buch von der Kristallseherin in Leigh erfuhr, fragte ich mich, ob es sich um dieselbe Dame handelte, die ich bereits vor mehr als 18 Jahren aufgesucht hatte und in deren Kristallkugel mir das Gesicht meines mir damals noch unbekannten Ehegatten erschienen war. Er trug eine rote Krawatte – dieselbe, die ich auch bei unsrer ersten Begegnung an ihm erblickte. Die Hexe prophezeite mir den genauen Zeitpunkt meiner Verlobung – für mich klang dies alles sehr unwahrscheinlich, und dennoch trat alles so ein, wie sie es vorausgesagt hatte.«

Ein weiterer Brief bezog sich auf jene Passage meines Buches, in der ich mein Erlebnis im Londoner Hilton-Hotel beschreibe, wohin ich wegen des von mir so verehrten Maharishi Mahesh Yogi gekommen war, um dessen Einführungsvortrag über das von ihm entwickelte Meditationskonzept zu hören, mit welchem er in jenen Jahren – noch vor der Epoche der Beatles, durch die er sehr populär wurde – innerhalb der westlichen Welt bereits Aufsehen erregte. Am Ende der Veranstaltung bildete sich ein spontaner Ansturm der Besucher in Richtung auf den berühmten Yogi, und da ich das Glück hatte, in der vordersten Reihe zu sein, stand er ganz unvermittelt vor mir. Er lächelte mich an und überreichte mir ein Sträußchen aus Wickenblüten. Dabei berührte seine Hand kurz die meine, und ich hatte das Gefühl, als ob mein ganzer Arm leicht elektrisiert wäre. Zu Hause angekommen, versorgte ich die Blumen mit Wasser. Nach drei Monaten waren sie noch immer so frisch, als hätte ich sie gerade bekommen. Interessant genug, was meine Briefschreiberin, die von den Lehren des Maharishi sehr angetan war, mir hierzu mitteilte: »... Vor einiger Zeit erfuhr ich von einem Lehrer, daß die Gaben oder die Berührung des Maharishi ein Zeichen besonderer Gunst oder Anerkennung sind. Auch andere haben schon über das Phänomen der nie welkenden Blüten berichtet. Deshalb bin ich überzeugt, daß die Gunst, die Ihnen zuteil wurde, ein gewisses Maß an Anerkennung und Zustimmung beinhaltet.«

Mein Buch scheint schon manchen Menschen auf unterschiedliche Weise geholfen zu haben. Zuweilen nimmt es fast den Platz eines Talismans ein. Die daraus resultierenden Zuschriften berühren mich ungemein – manche beschämen mich nahezu. So der Brief einer Frau, die mein Buch mit ins Krankenhaus nahm, wo sie sich einer größeren Operation unterziehen mußte. Sie schrieb mir, daß es ihr Mut machte, all die Prüfungen, die ihr abverlangt wurden, zu durchstehen, und seltsamerweise spürte sie irgendwie meine Gegenwart, die ihr großen Trost verlieh. Von anderen erfuhr ich, daß sie mein Buch immer mit sich führen und daß viele ihrer Probleme sich auf wunderbare Weise lösen.

Noch andere berichten mir, was für Träume sie haben, nachdem sie mir geschrieben hatten:

»Nachdem ein paar Nächte seit meinem Brief an Sie vergangen waren, hatte ich einen seltsamen und wundervollen Traum – er war ganz anders als das, was ich üblicherweise träume, und er schien von einem besonderen Ort auszugehen und war eine Antwort auf meinen Brief an Sie. Ich träumte von einem rot-grünen Zimmer, in welchem ein Mädchen aus Eisen vor einem Kaminfeuer saß. In dem Traum war außerdem eine Frau, die, wie mir schien, Ihre Rolle einnahm, falls Sie es nicht sogar selbst gewesen sind. Im Verlauf des Traums kam Leben in das eiserne Mädchen und mit großer Mühe begann es zu sprechen. Da wachte ich auf und hätte gar zu gerne gewußt, was sie zu sagen hatte. Aber alle Probleme, die mich noch bei meinem ersten Brief an Sie gequält haben, bedrücken mich nicht mehr, sind weggeweht, und alles ist völlig anders. Ob Sie dabei Ihre Hand im Spiel hatten, weiß ich nicht. Aber ich danke Ihnen sehr.«

In einem anderen Brief schrieb mir eine Frau: »Was mich an Ihrem Buch so beeindruckte, ist die Selbstverständlichkeit, mit der Sie Ihre ungewöhnliche Begabung akzeptieren. Was mich ferner berührte, ist Ihre Empfänglichkeit für die Wunder des Lebens und Ihr tiefer, spiritueller Friede. Ich sehne mich danach, zu erfahren, wie ich ein bißchen davon für mich selbst erlangen und jene ›spirituelle‹ Seite meines Daseins entfalten könnte, die uns das gewährt, was wir alle suchen: Frieden.«
Ein ganz ungewöhnliches Schreiben kam von einer Frau, die mir von einer sehr seltsamen Begebenheit berichtete: »Ich hatte mir Ihr Buch gekauft, aber zunächst gar nicht darin gelesen. Es lag immer auf meinem Nachttisch herum. Eines Abends ging ich zu Bett und fühlte mich sehr deprimiert und

alleine gelassen. Es war mein Hochzeitstag, aber mein Mann war vor wenigen Wochen gestorben, und an so einem Tag war das besonders schmerzlich. Ich konnte meine Tränen nicht mehr zurückhalten. Mein kleiner Hund saß bei mir auf dem Bett und sah mich bekümmert an. Plötzlich machte er einen großen Satz hinüber zum Nachttisch, schubste Ihr Buch auf den Boden, stellte sich daneben und bellte es an. Ich hob es auf und begann, darin zu lesen, und fand es so interessant und so tröstlich, daß ich es jetzt immer bei mir habe.« Dieser Brief hat mich sehr nachdenklich gemacht, denn ich kann mir das Verhalten des Hundes nur mit der Tatsache erklären, daß auch Tiere zuweilen paranormale Eigenschaften entfalten.

Vor einigen Jahren, als meine Hündin Nana noch lebte, hatten mein Mann und ich den Entschluß gefaßt, uns den zu jener Zeit neueröffneten esoterischen Laden in einer nahegelegenen Stadt anzusehen. Er befand sich in einer abgelegenen und ziemlich verwahrlosten Straße. Beim Öffnen der Ladentür fiel uns ein auf den Fußboden gemalter kabbalistischer Kreis mit allen dazugehörigen magischen Symbolen auf. Wir schritten über ihn hinweg, aber Nana blieb an der Tür stehen und knurrte ihn an, wobei sich ihre Nackenhaare sträubten. Als ich sie rief, vermied sie es, ihn mit den Pfoten zu betreten, und machte einen großen Bogen um ihn herum. Sie muß wohl irgendeinen Rest zurückgebliebener parapsychischer Energien in ihm wahrgenommen haben. Auf meine Anfrage bestätigte mir der Ladeninhaber, daß der Kreis tatsächlich für magische Zwecke benutzt wurde.

Im Zusammenhang mit magischen Aktivitäten ist es allgemein üblich und auch empfehlenswert, einen Extraraum dafür einzurichten, zumal in diesem Falle der Kreis nicht jedesmal erneuert zu werden braucht. Er besitzt die Eigenschaft eines Akkumulators für parapsychische Energien, die durch Betreten nicht unnötig zerstört werden sollten. Der Ladeninhaber war sich womöglich dieser Tatsache gar nicht bewußt, oder konnte wegen Mangels an Raum nicht anders verfügen. Jedenfalls erschien mir dieser Fußboden nicht gerade als ein geeigneter Platz für derartige Aktivitäten.

6

Begegnungen in fernen Ländern

Einer meiner besten Bekannten aus der unmittelbaren Nachbarschaft berichtete mir von einem sehr seltsamen Erlebnis, das ihm anläßlich einer Dinnerparty in einem der altportugiesischen Häuser Lissabons widerfahren war. Noch während er in ein ganz normales Gespräch zwischen den Speisenden verwickelt war, änderte sich für ihn in Sekundenschnelle die Szenerie. Statt von den Teilnehmern der Tafelrunde sah er sich plötzlich von lauter wildfremden Menschen umgeben, in denen er britische Offiziere in Uniformen aus der Zeit Napoleons zu erkennen glaubte. Und der Spuk, der ihm selbst endlos schien, wurde erst durch die eindringliche Frage eines Tischnachbarns bezüglich seines Befindens verscheucht. Denn sein rasches Erbleichen, das die Vision begleitete, war unübersehbar.

Ein andrer Freund namens John, dem ich erstmals in Rußland begegnet war, beschrieb mir eine nicht minder mysteriöse Erfahrung, die er 1973 zusammen mit einer Freundin anläßlich einer Ägyptenreise hatte. Beide beschlossen, die Cheopspyramide sowohl zu besteigen als auch die anschließende Nacht auf deren Gipfel zu verbringen. Der mühselige Aufstieg hatte sie sehr müde gemacht, so daß sie sich bald in ihren

Schlafsäcken zur Ruhe begaben. Ob Zufall oder nicht, beide wachten um drei Uhr morgens gleichzeitig auf.

Die Wüste war dunkel, und der mondlose Himmel von einer samtartigen Schwärze überzogen. Eine einzigartige Stille umgab sie von allen Seiten. In der Ferne konnten sie die Lichter von Kairo sehen. Bald jedoch bemerkten sie einen seltsamen, leuchtenden Nebel auf sie zutreiben, der – wie sie erst viel später erkannten – aus der Richtung der Stadt der Toten kam. John erzählte mir, daß der Nebel fast so transparent und strahlend wie das Morgenlicht bei Tagesanbruch gewesen sei, aber dafür war es ja noch zu früh. Die Erscheinung wirkte auf die beiden unsäglich beklemmend – um nicht zu sagen verheerend, als ob ihr Dasein auf einmal völlig sinnlos wäre, und kein Gedanke schien ihnen verlockender zu sein, als sich durch einen Sprung in die Tiefe das Leben zu nehmen. Die Angst überwältigte sie, und sie entschieden sich für einen sofortigen Abstieg. Unten angekommen, erreichten sie das arabische Camp, wo sie sich in einem schäbigen Café etwas zu essen bestellten.

Dort wurden sie von einem jungen Mann, der sie auf Englisch ansprach, bedient. Er entpuppte sich als der Sohn des Besitzers und verhehlte kaum seine Neugier über die unerwartete Ankunft ausländischer Gäste zu so früher Stunde. Er fragte sie ziemlich direkt und ein wenig besorgt aus.

Die beiden gaben zu, daß sie trotz des bestehenden Verbotes auf der Spitze der Pyramide genächtigt hätten, worauf der junge Mann sagte, daß es sehr unklug gewesen sei, sich im Bereich der Stadt der Toten schlafen zu legen und sie sich einer immensen Gefahr ausgesetzt hätten. Über die Art der Gefahr wollte er sich jedoch nicht äußern. John gab ihm etwas ungehalten zu verstehen, daß sie auf sich selber aufpassen könnten, aber der Araber sagte: »Kein Mensch kann an diesem Ort auf sich selber aufpassen.«

Sein ungewöhnlicher Eifer erschien den beiden so seltsam, daß sie schon glaubten, er wäre hauptsächlich an ihrem Geld interessiert. Das änderte sich bald, als er sie plötzlich beschwor, um ihrer Sicherheit willen das Land so schnell wie nur möglich zu verlassen. Er kritzelte ein paar arabische Zeichen auf ein Stück Papier, riß dasselbe vom Block und händigte es John mit folgenden Worten aus: »Sie dürfen diesen Zettel keinesfalls aus dem Land mitherausnehmen. Sie müssen ihn in kleine Stücke zerreißen und in das Meer werfen. Auf das Salzwasser kommt es an.«

Sie fürchteten schon, ihr Urlaubsland per Flugzeug verlassen zu müssen, da der arabisch-israelische Konflikt kurz vor dem Ausbruch stand. Doch die Flughäfen waren vom Militär gesperrt, und somit konnten die beiden zu ihrer Erleichterung per Schiff ausreisen und die Papierschnipsel anweisungsgemäß dem Meer übergeben.

Sie trennten sich vor der Abreise in Alexandria. Die junge Frau wollte nach Paris zurück, und dort war es auch, wo sie sich 18 Monate später wieder trafen und noch einmal über ihre seltsame Erfahrung nachdachten. Jetzt erst wurde ihnen richtig bewußt, daß sie ja beide gleichzeitig von jenem unerklärlichen Gefühl der Trostlosigkeit bis hin zu Selbstmordgedanken erfaßt worden waren, worüber sie bisher nie gesprochen hatten.

Sie fragten sich, ob das Erlebnis auf dem Gipfel der Pyramide am Ende irgendwelche mysteriösen Veränderungen in den sie umhüllenden Energiefeldern bewirkt haben könnte – unverkennbare Spuren, die dem jungen Araber, dessen Sinne durch die Geheimnisse und Stille der Wüste und die Nähe der uralten Gräber geschärft waren, gewiß nicht entgangen sein konnten. Und ob das Papier mit den arabischen Symbolen als Talisman gedacht war, der die schädlichen Einflüsse absorbieren und den beiden die nötige Sicherheit bis zum Verlassen des Landes gewährleisten sollte? Mußten sie deshalb den Zettel zerreißen und ins Salzwasser werfen (dessen reinigender Effekt allen Okkultisten und Magiern wohlbekannt ist)?

Während der nachfolgenden Jahre hatten John und seine Begleiterin nur eine sehr lose Beziehung zueinander, dennoch entwickelte sich zwischen ihnen ein höchst merkwürdiges Phänomen, das es bis dahin nicht gegeben hatte und sich auf hellseherisch-telepathische Weise äußerte, das heißt, jeder der beiden wurde sich durch unterschwellige Ankündigungen der wichtigsten Ereignisse im Leben des anderen bewußt – wie Heirat, Geburten etc. Als Johns Bekannte schließlich heiratete und zur Hochzeitsreise nach Ägypten fuhr, weigerte sie sich partout, die Pyramiden zu besuchen, was ihrem Mann reichlich überspannt erschien, zumal sie jegliche Begründung ablehnte.

Unter meiner Post befand sich folgender Brief einer 24jährigen Frau aus Schottland:

»... soweit meine Erinnerung zurückreicht, bin ich von Visionen jeglicher Art heimgesucht worden. Dazu gehört Hellhören und häufig auch Psychometrie. Um Ihnen ein Beispiel zu geben: Anläßlich eines kürzlichen Besuches von Edinburgh waren meine Mutter und ich in einer kleinen Totengedächtniskapelle, in der die Verzeichnisse von Kriegsgefallenen aufbewahrt werden. Bei dieser Gelegenheit versuchte ich, die Namen von Kriegskameraden meines Vaters ausfindig zu machen, der während des letzten Krieges zu den königlich-schottischen Füsilieren gehört hatte. Wir gingen in einen winzigen Vorraum, in dessen Wände die Namen toter Soldaten eingemeißelt waren. Plötzlich vernahm ich einen summenden Laut. Ich hörte ihn zuerst, und dann auch meine Mutter – jedoch ohne es uns gegenseitig einzugestehen. Schließlich wurde der Ton – es handelte sich um das Lied: ›I'm a rambler, I'm a gambler‹ – so laut, daß wir ihn nicht mehr ignorieren konnten. Dieses Lied war einst das Lieblingslied meines Vaters und seiner Kriegskameraden gewesen. Als meine Mutter und ich das Phänomen diskutierten, sahen uns zwei weitere Besucherinnen der Kapelle so verständnislos an, als ob wir verrückt wären, da sie selbst das Summen nicht wahrnehmen konnten. Ich erkundigte mich vorsichtshalber, ob sich vielleicht irgendwelche Soldaten im Schloß aufhielten, die möglicherweise dieses Lied angestimmt hatten. Aber ich konnte nichts dergleichen feststellen.

Wir verließen schnell den Vorraum, und nachdem wir auch noch in den vorliegenden Bänden über die Kriegsopfer sämtliche Namenslisten ohne Erfolg durchgesehen hatten, war ich ziemlich entmutigt und schritt weiter in den Raum hinein auf etwas zu, das sich meinen Augen als Mauer darstellte. Als ich näher hinschaute, erwies sich dieser Eindruck als Täuschung. Ich stand mitten im Raum und zu beiden Seiten gingen Leute an mir vorbei, aber ich selbst konnte mich weder vorwärts noch rückwärts bewegen.

Ich war schon nahe dabei, in Panik zu geraten, als ich plötzlich in meinem Ohr eine sanfte Stimme vernahm, die mir sagte: ›Wende dich nach links‹, und siehe da, auf einmal fand ich in dieser Richtung auf einem Regal das langgesuchte Buch. Es enthielt alle Namen und Begräbnisstätten der gefallenen königlich-schottischen Füsiliere von 1940 bis 1946. Hätte ich nicht diese Stimme gehört, wäre ich glatt daran vorbeigegangen. Ich bekam auch eine Botschaft für meinen Vater von dessen Freunden, und nur er allein konnte den Sinn dessen, was mir gesagt wurde, verstehen.«

Jedesmal, wenn ich mich in der Türkei befinde, scheint sich mein außersinnliches Wahrnehmungsvermögen beträchtlich zu steigern. Während einer meiner häufigen Reisen nach Istanbul wanderte ich einmal zusammen mit meiner türkischen Freundin Semra durch die Gegend von Eminönü, wo sich auch die Hagia Sophia (nunmehr ein Museum) befindet. Ihre Vorläuferin, die erste Sophienkirche aus dem Jahr 360, war eine frühchristliche byzantinische Basilika. Sie wurde 532 während der Hippodrom-Unruhen zerstört und in den darauffolgenden 30 Jahren unter Kaiser Justinian wieder aufgebaut. Man sagt, daß der Herrscher beim Anblick der fertiggestellten Kathedrale entzückt ausgerufen hätte: »O Salomon, du bist übertroffen!«
Im Jahr 1453 wurde sie durch Mehmed den Eroberer in eine Moschee verwandelt und ist seitdem unter dem Namen Hagia Sophia weltweit bekannt. Dem Bauwerk wurden vier Minarette hinzugefügt, und der Architekt Sinan umgab sie mit Heiligenschreinen. Da sie ursprünglich als christliche Basilika erbaut worden war, sucht man bei ihr vergeblich nach einem Innenhof für rituelle Waschungen, wie er für Moscheen so typisch ist.
So wie Mehmed durch die Umwandlung der Sophienkirche bestrebt war, den Islam zu stärken, hatte der erste Präsident der Türkei, Kemal Atatürk, den Ehrgeiz, aus ihr ein berühmtes Museum zu machen. Er ließ die riesigen, vergoldeten Scheiben mit den in sie eingravierten Korantexten von den Wänden entfernen. Später wurden die Scheiben von seinen

Nachfolgern wieder aufgehängt. Bis heute ist die Hagia Sophia ein Museum geblieben, und als solches wirkt sie, offen gesagt, ernüchternd, dennoch ist sie ein erstaunliches architektonisches Meisterwerk. Ihre enorme mittlere Kuppel ruht auf zwei Halbkuppeln, und einst war sie der Jungfrau Maria – und nicht, wie der Name besagt, einer Heiligen namens Sophia (auf deutsch: Weisheit) – geweiht.

Ich habe die Hagia Sophia schon mehrmals besucht, wobei mein Hauptinteresse den in ihr aufbewahrten Säulen aus dem Artemistempel von Ephesus galt. Dieses Mal hatte ich nichts Besonderes im Sinn. Doch als ich mit Semra durch die riesigen Bronzeportale schritt, erstarrte ich fast vor Erstaunen. Denn plötzlich befand sich vor meinen Augen das Innere einer christlichen Kathedrale! Die Vision kann höchstens ein paar Sekunden gedauert haben, aber in dieser kurzen Zeitspanne erschaute ich die gesamte Pracht ihrer einstigen Herrlichkeit mit dem goldsilbernen Thron, dem Altar, den Altartafeln, den Wandverkleidungen, über und über mit kostbaren Juwelen besetzt, die im hellen Licht flimmerten und flirrten. Meine Sinne waren vom Duft des allesdurchdringenden Weihrauchs benommen, und dann schien es mir, als ob sich drei Priester in herrlichen, bunten Talaren und mit reichverzierten Kopfbedeckungen vor dem Altar befänden, bis die Vision sich allmählich verflüchtigte und ich in die Realität der heutigen Hagia Sophia zurückfand. Ich hörte das Getrappel unzähliger Füße innerhalb der weitreichenden Absperrungen, durch die sich der Strom der Besucher voranschob. Semra gegenüber zeigte ich mich noch zurückhaltend und erzählte ihr erst später von meiner Vision, und als wir dann in der Hagia Sophia herumgingen, betrachtete ich diese zum ersten Mal mit unverhülltem Blick.

Kaum hatten wir das Gebäude verlassen, da war unser Weg

schon von unzähligen Schuhputzern (»*Boyaci*«) gesäumt, wie sie für Istanbul so typisch sind. Alle führen sie hübsch verzierte und glänzende Messingkästen mit sich, in denen sich Bürsten und Schuhcremes unterschiedlichster Farben befinden, um jedem Wunsch der Kundschaft gerecht zu werden. Einige der Boyaci sind ältere Männer – so auch der, von dem ich mir die Stiefel polieren ließ. Offensichtlich gelang es ihm nicht, sie zum Glänzen zu bringen, und als ich ihn darauf hinwies, meinte er, daß sie vom letzten Regen noch feucht seien. Immerhin war es November, und ich gab mich zufrieden.

Die Gebühr für diese Dienstleistung ist äußerst bescheiden – etwa 200 türkische Lira, und da ich gerade über keine kleinere Banknote verfügte, mußte ich mit einem Tausender bezahlen. Prompt entgegnete er mir: »Ich habe eine Frau und sieben Kinder zu Hause, aber ein Tausender findet sich nicht in meiner Hosentasche.«

Über seine Keckheit mußte ich ein wenig lachen und sagte: »Ein jeder von uns muß sehen, wie er sein Geld verdient...« – doch dann verließen mich meine Türkischkenntnisse, und ich wandte mich an Semra: »Bitte sag du ihm: Wenn er wirklich sieben Kinder hat, dann war er wohl nicht vorsichtig genug!« Semra errötete bis unter die Haare, denn einer wohlerzogenen und gutbehüteten jungen Türkin steht es nicht an, sich an einem derartigen Schlagabtausch mit fremden Männern zu beteiligen. Dennoch übersetzte sie bereitwillig meine Worte. Der Boyaci warf mir einen Blick zu und sagte lakonisch: »Meine Frau ist sehr jung, und sobald ich meine Hosen aufs Bett lege, wird sie schon schwanger!« Semra und ich brachen in ein Gelächter aus und waren uns einig, daß er diese Runde gewonnen hatte.

Auch beim Weitergehen mußten wir noch über die Gewitztheit unseres Schuhputzers lachen, als uns plötzlich drei junge Türken entgegenkamen und Semra einen von ihnen herzlich begrüßte. »Er arbeitet für meinen Vater«, erklärte sie, »und wie du siehst, ist er ein Zigeuner.« Ich nahm mir den jungen Mann ins Visier. Bekanntlicherweise sind ja die meisten Türken dunkelhaarig und schnurrbärtig, und ihre Haut ist dunkler als unsre, aber als ich die breitausladenden Backenknochen dieses Mannes und seinen etwas schwärzlichen Teint bemerkte, fragte ich mich, ob er nicht eher ein Kurde mit einem Schuß mongolischen Blutes sei.

Den Begriff »Zigeuner« assoziiere ich ganz spontan mit Handlesekunst und Teeblätterlesen, und so streckte ich auch jetzt, ohne zu überlegen, meine Handfläche aus und sagte: »Bitte lesen Sie mir aus der Hand!«

Der Kurde – falls es ein solcher war – blickte mich ziemlich überrascht an und sagte: »Aber ich kann nicht aus der Hand lesen!«

Wo hat man denn je von einem Zigeuner gehört, der sich auf diese Kunst nicht versteht? dachte ich und drehte den Spieß um: »Bitte zeigen Sie mir Ihre Hand, und ich will es für Sie tun!«

Ich weiß wirklich nicht, was über mich gekommen war, doch der Zigeuner streckte mir tatsächlich seine offene Handfläche entgegen, und irgendwie beschrieb ich ihm, was ich sah oder fühlte. Nur meine Kenntnisse der türkischen Sprache wurden der Aufgabe nicht immer gerecht, und Semra mußte für mich einspringen. Da die Visionen und Eingebungen so schnell aufeinander folgten, war es viel angemessener, sie ohne langes Nachdenken auf Englisch zu äußern, denn jede geistige Anstrengung hätte sie nur beeinträchtigt. Und Semras Übersetzung klappte vorzüglich.

Offensichtlich waren meine Aussagen über die Vergangenheit

des Kurden völlig exakt, denn er wurde sehr aufgeregt und wollte nun auch etwas über seine Zukunft erfahren. Inzwischen waren seine Freunde ungeduldig geworden und streckten mir ebenfalls ihre Hände unter die Nase. Sie riefen: »Bayan, Bayan!« (»Frau, Frau«) und ließen erkennen, daß sie jetzt an der Reihe seien.

Meine Lage wurde immer bedrängter, denn auf einmal sah ich mich von einer beträchtlichen Menschenansammlung umgeben. Es entspricht ganz der Natur der Türken, immer dabeizusein, wenn irgend etwas Besonderes los ist, und Semra und ich hatten große Mühe, uns der vielen Hände und lauten Bitten zu erwehren.

Als zu guter Letzt auch noch ein Polizist sich zum Eingreifen veranlaßt sah, fragte ich mich im stillen, was ich da bloß angerichtet hatte. Aber er erkannte bald, daß hier kein Gesetzesbruch vorlag und zog sich – wohlwollend lächelnd – wieder zurück. Zumindest hatte sein Erscheinen ein respektvolles Abklingen des allgemeinen Tumults bewirkt, und in diesem Augenblick fiel mir am Rande des Menschenauflaufs die gebeugte Gestalt eines betagten Türken auf, der mich in aller Ruhe beobachtete.

Ich schätzte sein Alter auf ungefähr 75 Jahre, sein Haar war sehr dicht, aber stahlgrau, und sein von tiefen Falten durchzogenes Gesicht von kräftiger mahagonibrauner Farbe, wie sie nur durch das ständige Einwirken der südlichen Sonne zustande kommt. Seine dunklen tiefliegenden Augen erstrahlten in eigentümlicher, jugendlicher Frische, als Semra und ich auf ihn zugingen. Während auch er sich – ein wenig schlurfend – uns näherte, huschte ein leises Lächeln über sein durchfurchtes Gesicht. Ich sprach ihn ganz schlicht mit »Merhaba baba« (»Hallo, Väterchen«) an, und er hielt mir ruhig seine rauhe, faltige und von harter Arbeit gezeichnete Hand entgegen, damit ich aus ihren Linien lese.

Sobald ich mit seinen Fingern in Berührung gekommen war, fühlte ich die Anwesenheit von etwas Heiligem, von großer Geduld und tiefem Glauben. Nur diese Eigenschaften konnten ihn befähigt haben, mit all den Schicksalsschlägen und Nöten fertig zu werden, die ein hartes Dasein wie seines ihm auferlegt hatte. Er war – wie mir schien – fast am Ziel seiner langen, beschwerlichen Reise, und sicherlich wollte er von mir keine Deutung seines abgelaufenen Lebens noch seiner Gegenwart oder gar Zukunft. Woran ihm gelegen sein konnte war allein die Bestätigung, daß Allah sich seiner erinnern würde und daß seine Bemühungen um ein gottgefälliges Leben im islamischen Sinne der Unterwerfung unter Allahs Willen nicht vergeblich gewesen waren.

Ich sprach ihn nochmals – wie Türken es lieben – mit dem zärtlichen orientalischen »Baba« an und sagte: »Allah, der ein Leben lang über dich gewacht hat und den du seit den Tagen deiner Kindheit gelobt und gepriesen hast, sieht gnädig auf dich herab. Du hast die Gesetze des Korans zu deiner Richtschnur gemacht, hast es nie versäumt, den Armen und Bedürftigen Almosen zu geben, um der Liebe Allahs willen. Dein Name ist in das Buch des Lebens geschrieben, und der Prophet Mohammed (Friede und Segen sei mit ihm) wird dich an den Toren des Paradieses willkommen heißen. Du wirst von den Wassern des Tasmin trinken und inmitten eines Gartens, der von einer fließenden Quelle gelabt wird und mit schattigen Bäumen bepflanzt ist, in einem Palast wohnen. Ist Allah nicht der Mitfühlende, der Barmherzige, und hat nicht Mohammed, sein Prophet (Friede und Segen sei mit ihm), dir all diese Dinge versprochen? Fürchte dich nicht...«

Dies und noch mehr übersetzte Semra dem Alten auf ihre einfühlsame Art. Noch während ich sprach, überkam sein Gesicht ein tiefes, verzücktes Leuchten, und seine Augen füllten sich mit Tränen der Dankbarkeit. Als ich meine Rede beendet hatte, ergriff er meine Hand, küßte sie und hob sie an seine Stirn – in der Türkei das traditionelle Zeichen für Respekt. Er murmelte: »Tesekkur, cok tesekkur ederim« (»ich danke Ihnen, ich danke Ihnen viele Male«), drehte sich langsam um und humpelte die Straße hinunter.

Ich sah ihn dahingehen, und dabei befiel mich ein warmes Gefühl der Zufriedenheit, Zufriedenheit darüber, daß es mir gelungen war, einem alten Mann Trost zu spenden. Ich sah mich zu der Überlegung veranlaßt, ob nicht mein ganzes Leben weit mehr von egozentrischen als altruistischen Motiven geprägt war und dieses heutige Gespräch vielleicht eine Wiedergutmachung so mancher Unterlassungen sein könnte. Ich war dem Zufall dankbar, der mir diese Begegnung ermöglicht hat, obgleich die Derwische lehren, daß nichts durch Zufall geschieht. Vielleicht war ich wegen des alten Türken hierhergekommen, und er wegen mir.

Während ich diesen Gedanken nachhing, beobachtete ich gleichzeitig, wie er im blassen Novembersonnenschein sich auf der langen, geraden Straße hinkend von uns entfernte. Plötzlich schien er sich zu meinem größten Erstaunen in nichts aufzulösen, aufgesogen vom späten Nachmittagslicht. Die Straße, auf der sich nur wenige Menschen befanden, war absolut übersichtlich, und es gab keinerlei Nebenstraßen, in die er hätte einbiegen können. Ich traute meinen eigenen Sinnen nicht mehr. In diesem Augenblick wandte sich Semra – genauso verdutzt wie ich – mir zu: »Wo ist er auf einmal geblieben – was ist geschehen?« Nur langsam erholte ich mich von meiner Verwirrung und sah mich um. Immer noch war ich von ausgestreckten Händen umringt, aber der Sinn stand mir nach etwas anderem. Ich entschuldigte mich höflich und ging in die Hagia Sophia zurück. Der Gedanke, daß ich – mir selbst unbewußt – einen Engel herbeigerufen hatte, ließ mich nicht los.

Auch andere, ganz normale Leute haben vergleichbare paranormale Erlebnisse, die sich meistens ganz spontan einstellen. Hinsichtlich ihres Inhalts scheinen sie keinen erkennbaren Sinn zu ergeben – es sei denn, sie sollten uns Menschen darauf aufmerksam machen, daß es mehr Dinge zwischen Himmel und Erde gibt, als uns bei oberflächlicher Betrachtung bewußt wird.

Eine meiner Briefschreiberinnen, die mich schon mehrmals um Rat ersucht hatte, erzählte mir von einem Vorfall, der bereits einige Jahre zurückliegt. Während ihr Mann sich auf einer Geschäftsreise im Ausland befand, hatte sie eines Abends mit einem befreundeten Ehepaar ein Konzert besucht. Mitten in einem Orchesterstück, an das sie sich erstaunlicherweise als Brahms Erster Symphonie erinnerte, war sie – wie sie anfangs noch glaubte – einer Halluzination ausgesetzt. Vor ihrem inneren Auge erschien ein schwarzgekleideter Mann mit einem schwarzen Tuch über der unteren Gesichtshälfte, den sie durch eine Hintertür in den Garten ihres Hauses eindringen sah. Nachdem er sich behutsam bis zum rückwärtigen Eingang ihrer Wohnung herangeschlichen hatte, öffnete er diesen mit Gewalt, durchquerte die Küche, den anschließenden Flur und erreichte über die Treppe ihr Schlafzimmer im oberen Stockwerk. Hier öffnete und durchsuchte er sämtliche Schubladen ihrer Frisierkommode, bis er diejenige fand, in der sie eine beträchtliche Anzahl kostbarer Juwelen deponiert hatte. In ihrer Vision konnte sie genau erkennen, wie der Dieb das entsprechende Schubfach auf ihr Bett plazierte und den Schmuck sorgfältig nach den wertvollsten Stücken sortierte. Da sie noch bei Tageslicht das Haus verlassen hatte, waren die Vorhänge offengeblieben. Nun sah sie, wie der Einbrecher seine Taschenlampe ausknipste und die Vorhänge schloß, um sich dann wieder mit dem Aussortieren der Juwelen zu befassen. Hier endete ihre Vision. Eine schreckliche Panik ergriff sie, doch wagte sie erst, ihren Freunden etwas zu sagen, als das Musikstück zu Ende war. Sie wollten ihr nicht glauben und versuchten, sie mit dem Argument zu beruhigen, daß dies alles nur auf Einbildung beruhe. Doch sie ließ sich nicht beruhigen und erklärte statt dessen, daß sie genau wüßte, welche Stücke der Dieb mitgenommen hätte, und außerdem hätte sie gesehen, daß ihm ein kostbarer Diamantring unter das Bett gerollt sei! Sie flehte ihre Freunde an, sie sofort nach Hause zu bringen, was diese schließlich auch taten.

Sobald sie das Haus erreicht hatten, entdeckten sie sowohl die aufgebrochene Tür als auch die zugezogenen Vorhänge und vor allem die Schublade auf ihrem Bett. Nur die wertvollsten Schmuckstücke waren abhanden gekommen, die andern achtlos zur Seite geworfen, und tatsächlich fand meine Bekannte ihren Diamantring unter dem Bett! Ferner wurde in der Nähe der Schlafzimmertür ein schwarzer Schal gefunden, der nicht ins Haus gehörte und den der Dieb in der Eile verloren haben mußte.

Derartige Visionen ereignen sich hauptsächlich im Zustand völliger Entspannung – zum Beispiel beim Anhören von Musik wie im eben geschilderten Fall. Während diese Vision sehr alarmierend war, erweisen sich andere als ziemlich belanglos oder gar unsinnig.

Die Erfahrungen meiner Nachbarin, die der jungen Frau aus Schottland und die von John waren zwar ungewöhnlich, aber von keiner besonderen Tragweite für ihr ferneres Leben, während im zuletzt geschilderten Fall nichts getan werden konnte, um ein bereits eingetretenes Geschehnis zu verhindern. Hier wurde lediglich angezeigt, was gleichzeitig mit der Vision im Gange war.

Meine Erfahrungen in der Türkei waren eher mystisch als paranormal und haben keinerlei Auswirkungen auf mein Leben gehabt, außer, daß sie mir bestätigten, was ich ohnehin wußte – nämlich daß derartige Vorgänge nicht unbedingt nur mit persönlichen Aspekten unseres Daseins in Verbindung gebracht werden können, noch als Ausdruck des Unbewußten zu definieren sind. Sie können etwas mit Leuten zu tun haben, die vielleicht nur vorübergehend unser Interesse oder Mitgefühl erregen. Von Naturwissenschaftlern oder Materialisten werden solche paranormalen Erfahrungen noch immer ignoriert, trotzdem sind sie so real wie die Hexerei und so unwiderlegbar wie deren Erfolge.

Einer meiner Freunde, dem ich sehr zugetan bin, pflegt sich in bestimmten schwierigen Situationen an mich zu wenden, und natürlich stehe ich ihm gern mit einem »bißchen Hexerei« – wie er es zu nennen liebt – zur Verfügung. Für Freunde mich einzusetzen, fällt mir besonders leicht, da das Emotionale hierbei auch eine gewisse Rolle spielt, und in Richards Fall hatte mein Einsatz immer Erfolg. Nun kann es freilich sein, daß sich seine Probleme auch ohne mein Zutun gelöst hätten – das gebe ich gern zu. Aber manchmal war es wohl doch nicht der Zufall, sondern mein »bißchen Hexerei«, was ihm so schnell zu einer Lösung seiner Probleme verhalf.

Einmal war ich mit meinen eigenen Problemen vollauf beschäftigt, als Richard erneut bei mir anklopfte und von Schwierigkeiten am Arbeitsplatz sprach. Er wünschte, daß sie sich einfach in Luft auflösten, weil er mit ihnen nicht fertig wurde, und ich sollte »ein bißchen hexen«. Ich hingegen beharrte darauf, daß er sie diesmal selbst weghexen müßte. Ich würde ihm sogar die nötigen Anweisungen geben, und falls er mir vielleicht noch den genauen Zeitpunkt seines Beschwörungszeremoniells verraten könnte, würde ich mich darauf einstellen und ihm ein wenig von meiner Kraft zufließen lassen. Bei dieser Abmachung verblieben wir.

Einige Wochen danach berichtete er mir noch ganz voll Erstaunen: »Lois, der Zauber, den ich mit deiner Hilfe in Gang gesetzt habe, hat tatsächlich hingehauen! Das Problem hat sich einfach in Luft aufgelöst!«

»Natürlich hat es hingehauen«, sagte ich wütend, »oder willst du am Ende behaupten, daß irgendeine meiner Hexereien für dich keinen Erfolg gehabt hätte? Glaubst du, ich hätte meine Zeit über 30 Jahre hinweg für nichts verschwendet?« Und Richard war wirklich so anständig, mir beschämt beizupflichten.

7

Kristallsehen

Ich erhalte eine ganze Menge Briefe von Leuten, denen ich das Kristallsehen beibringen soll. In der Regel haben sie sich bereits eine Kristallkugel gekauft und eine Weile damit experimentiert. Aber wenn sich der Erfolg nicht gleich einstellt, sind sie ziemlich entmutigt. Ich bin fest davon überzeugt, daß man die Fähigkeit zum Kristallsehen bei einiger Geduld und Entschlossenheit durchaus entwickeln kann.

Der Begriff »Kristallsehen«, engl. »Scrying«*, ist den meisten Menschen geläufig; was uns zuerst dabei einfällt, ist meist eine dunkelhäutige Zigeunerin, umgeben von einer geheimnisvollen Aura. Meist trägt sie ein grellbuntes Kopftuch, das mit winzigen Münzen behängt ist, und in der Hand die Kristallkugel; das Ganze spielt sich natürlich vor dem Hintergrund eines typischen Jahrmarktzeltes ab: »Gib mir Silbergeld, und ich will dir sagen, was die Kristallkugel dir prophezeit!«

Die Kunst des Kristallsehens ist fast so alt wie die Menschheitsgeschichte. Es gibt verschiedene verwandte Methoden, von denen einige sich bis ins 4. Jahrhundert unserer Zeitrech-

---

* »Scrying«: eine Ableitung von engl. »descry«, deutsch etwa: »erspähen« oder »Dinge aus der Entfernung wahrnehmen«. Anm. d. Übers.

nung zurückverfolgen lassen. Griechen und Römer bedienten sich noch im Mittelalter der Kristallkugel zur Zukunftsdeutung, und von den Ägyptern weiß man, daß ihre Seher sich etwas Tinte in die Hand träufelten und zunächst eine Reihe magischer Beschwörungen anstimmten, ehe Visionen zustande kamen, und diese konnten nur von einem heranwachsenden Kind gesehen werden. Aus einigen Quellen weiß man, daß die Pharaonen über eine ähnliche Technik verfügten, dank derer sie sich Erkenntnisse über die Zustände entlegener Provinzen verschafften, um Hungersnöten rechtzeitig vorbeugen zu können.

Bei verschiedenen Stämmen der karibischen Inseln galt die Konzentration einem Stück Tierleber, wobei ähnlich wie im alten Ägypten lange Beschwörungsformeln gesprochen wurden. Es konnte bis zu zwei Jahren dauern, ehe sich Visionen einstellten. Kristallsehen wurde auch von den Indianern Nordamerikas praktiziert, und offensichtlich hat sich dieser Brauch bei deren Nachkommen an der Westküste bis heute erhalten.

Während des 12. Jahrhunderts bediente man sich vor allem der spiegelnden Oberfläche des Wassers, das aus heiligen Bächen geschöpft und in Gefäße unterschiedlicher Größe gefüllt wurde. Auch Spiegel und andere glänzende Objekte wie Schwerter erwiesen sich als brauchbar. Im 14. Jahrhundert wurden fast ausschließlich Quarzkristalle oder aufpolierte Berylle verwendet. In Indien und Arabien ist Kristallsehen besonders populär, und von Touristen hören wir immer wieder erstaunliche Geschichten über die wunderbare Kunst der Divination in diesen Ländern. Die indischen Moslems benützen dazu sogenannte »magische Spiegel«, die sich nur durch ihre besondere Form von einem Kristall unterscheiden. Auch bei den Yogis ist das Kristallsehen weit verbreitet.

Die Literatur, die der gelehrte Dr. Dee – Kristallseher der Königin Elisabeth I. – zusammengetragen und niedergeschrieben hat, steht immer noch hoch im Kurs. Sein Kristall befindet sich im Britischen Museum. Auch Aristoteles soll einen Kristall angefertigt haben, der von Alexander dem Großen benützt wurde.

Menschen der verschiedensten Rassen haben unabhängig voneinander herausgefunden, daß in jeder einigermaßen klaren und tiefen spiegelnden Fläche Bilder oder Visionen erscheinen können, und diese Entdeckungen haben schließlich zu der fast weltweiten Verwendung des Kristalls, wie wir ihn heute kennen, geführt. Jedoch möchte ich klar darauf hinweisen, daß dem Kristall selbst keine besonderen Qualitäten oder magischen Eigenschaften innewohnen. Er dient lediglich als Instrument für astrale Visionen, so wie Teleskope, Mikroskope und andere optische Geräte der Beobachtung physikalischer Phänomene dienen. Glas oder Kristall garantieren dank ihrer spezifischen Atomar- und Molekularstrukturen größte Leistungsfähigkeit, doch Wasser und Tinte haben sich ebenfalls gut bewährt.

Der Oxforder Gelehrte Andrew Lang (2. Hälfte des 19. Jahrhunderts) meint, daß durch die Bemühung, die das Kristallsehen impliziert, bewußte oder unbewußte Vorstellungen des Betrachters objektiviert werden. Der berühmte arabische Historiker Ibn Chaldun, der sich bereits 500 Jahre früher mit dem Thema befaßt hatte, schrieb, daß die Hellseher oder Kristallseher ihre gesamte Wahrnehmungskraft allein auf den Gesichtssinn konzentrieren. »Sie fixieren ihren Blick auf ein einziges Objekt, das sie mit höchster Aufmerksamkeit betrachten – so lange, bis die gewünschte Sache sich ihnen tatsächlich zu erkennen gibt.«

Vor etlichen Jahren besuchte ich eine kleine Dame aus Irland, die eine große Begabung für das Kristallsehen hatte. Sie brachte eine ganz gewöhnliche weiße Puddingschüssel herbei, füllte sie mit Wasser und drückte mir einen »blauen Beutel« in die Hand (für alle, die mit dem Begriff »blauer Beutel« in unserem hochtechnisierten Zeitalter nichts mehr anfangen können, möchte ich erklären, daß dieses Ding früher benutzt wurde, um Leinen zu bleichen. Sobald es in kaltes Wasser getaucht wurde, entwich ihm eine blaue Substanz, und wenn man weißes Leinen durch diese blaue Flüssigkeit zog, konnte man das Gewebe damit aufhellen).

Ich wurde aufgefordert, den blauen Beutel kreisförmig durch das Wasser in der Puddingschüssel zu bewegen und eine halbe Minute lang meine Gedanken darauf zu konzentrieren. Dann begann für sie das eigentliche Hellsehen, wobei alles, was sie mir über meine Vergangenheit und meine augenblickliche Situation erzählte, genau den Tatsachen entsprach und ihre Prophezeiungen über meine Zukunft sich binnen sechs Monaten erfüllten.

Einige Wahrsager haben noch ganz andere Methoden entwickelt, darunter eine Variation, die fast keinen finanziellen Aufwand erfordert, denn alles, was dazu gebraucht wird, ist eine schlichte Tasse, die innen schwarz bemalt und wiederum mit Wasser gefüllt werden muß.

Der angehende Kristallseher sollte sich zunächst für eine Methode entscheiden, die ihm am attraktivsten erscheint. Manche Leute möchten unbedingt eine Kristallkugel, deren Kosten nicht unerheblich sind, falls sie aus Bergkristall besteht. Mit Glaskristall lassen sich jedoch die gleichen Ergebnisse erzielen, und der ökonomische Aufwand ist weitaus geringer. Kugeln aus Plastik kann ich allerdings nicht empfehlen. Ehrlich gesagt: Sie sind mir ein Greuel.

Aus eigener Beobachtung weiß ich, wie wichtig es ist, jeden

neuen Kristall vor Gebrauch »aufzuladen«. Zu diesem Zweck sollte man ihn in sieben aufeinanderfolgenden Nächten dem Licht des zunehmenden Mondes aussetzen. Leute, die diesem Rat folgen, werden nach meiner Erfahrung mit prompten Ergebnissen belohnt. Hellsehen oder Kristallsehen ist aufs engste mit unseren geheimsten und ureigensten Erfahrungen verknüpft, die sich auf den Mond beziehen. Nach den Vorstellungen primitiver und naturnaher Völker ist der Mond eine Art wohlwollende Persönlichkeit, deren Einwirkung auf das Wachstum nicht nur förderlich, sondern unverzichtbar ist. Die früheste Darstellung der Mondgottheit oder Mondgöttin war ein kegelförmiges Gebilde oder, genauer gesagt, eine Steinsäule. In Melanesien sind Steine Bestandteil der Mondverehrung, typisch dafür sind kreisrunde, handgemeißelte Formen, die dort häufig anzutreffen sind. Im mesopotamischen Chaldäa wurde die Große Göttin – Magna Dea, eine Mondgottheit – in Gestalt eines heiligen schwarzen Steines verehrt, in welchem man heute den Stein von Mekka zu erkennen glaubt. Aber auch Glas und Kristall sind Minerale und werden gleichfalls der Mondgöttin als einem der Aspekte der Großen Göttin zugeordnet. Wenn wir einen neuerworbenen Kristall aufladen, verstehen wir dies als Anerkennung der Göttlichkeit und der göttlichen Zusammenhänge.

Bei der praktischen Ausübung des Kristallsehens ist es unwesentlich, ob wir die Kugel in der Hand halten oder auf eine Art Sockel legen. In jedem Fall muß ein unmittelbarer Hautkontakt mit dem Glas vermieden werden, allein schon, um ein Beschlagen des Glases aufgrund feuchter Hände zu verhindern. Am besten bettet man die Kugel in ein schwarzes Tuch oder dunklen Samt.

Zuvor jedoch sollte sie in der Nähe eines Feuers oder zwischen den Handflächen aufgewärmt werden. Es ist zweckmäßig, die ersten Versuche ungestört von äußeren Beeinträchtigungen – das heißt anderen Menschen, Lärm etc. – in einem stillen Raum mit zugezogenen Vorhängen durchzuführen. Es muß gerade noch so viel Licht eindringen können, daß der Kristall deutlich sichtbar ist. Am besten ist es, wenn das Licht von hinten über die Schulter auf die Kugel fällt und zwischen ihr und den Augen derselbe Abstand wie beim Lesen eines Buches besteht.

Entspannung und Passivität sind genauso wichtig wie die Ausschaltung aller Sinnesreize, soweit dies nur möglich ist. Die Augen sollten für ungefähr fünf Minuten geschlossen bleiben, um ein Höchstmaß an innerer Ruhe zu gewinnen. Dann erst können wir uns auf die Kristallkugel – oder richtiger gesagt: auf ihre Mitte – konzentrieren. Es kommt sehr darauf an, in die Kugel hineinzublicken, ohne dabei in ein krampfhaftes Starren zu verfallen. Unsere Gedanken sammeln sich in dem, was wir sehen möchten. Wir befinden uns in einem Zustand der Erwartung und lassen die Bilder einfach kommen. Darüber vergessen wir es fast, mit den Augen zu blinken, und machen auch keine bewußten Anstrengungen, sie offenzuhalten. Es gibt nur die Kugel und das, was wir zu sehen erwarten, und in diesem Bewußtsein wird buchstäblich nichts existieren, was unsern Blick oder Geist davon ablenken könnte.

Unser erster Versuch sollte nicht länger als ungefähr zehn Minuten dauern, und möglicherweise werden wir anfangs kaum Erfolge verzeichnen. Doch ein angehender Kristallseher läßt sich davon nicht entmutigen. Die Sitzungen sollten täglich – und zweckmäßigerweise zur selben Stunde – stattfinden. Nach einer gewissen Zeit werden sich auch die Augenlidmuskeln an die neue Beanspruchung gewöhnen, so daß sich das Blinken schließlich über immer längere Phasen hinweg (bis etwa zu einer halben Stunde) vermeiden läßt.

Mit dem Erreichen dieser Fertigkeit werden wir an einem Punkt anlangen, wo sich der Kristall mit einem milchigen Nebel überzieht – man nennt dieses Stadium das »Einwölken«. Es ist das erste Anzeichen von herannahenden Visionen. Manche Leute kommen nicht weiter als bis zum »Einwölken«, während andere dann ein dunkles Rot im Mittelpunkt des Kristalls wahrnehmen, das in schneller Abfolge in die übrigen Farben des Regenbogens übergeht, wobei sich immer neue Kreise im Zentrum des Geschehens bilden, die nach außen hin abwandern – vergleichbar mit der konzentrischen Wellenbewegung auf der Oberfläche eines ruhenden Wassers, in das ein Stein hineingeworfen wurde.

Nach traditionellem Verständnis werden den einzelnen Farben bestimmte Bedeutungen zugeschrieben. Weiß ist ein gutes und Schwarz ein böses Omen, was ohnehin klar ist. Grün und Blau kündigen freudige Ereignisse an, während Rot, Gelb und Orange bevorstehendes Unheil anzeigen. Aufsteigende Wolken sind als positive Antwort an jede dem Kristall gestellte Frage anzusehen, und sich senkende Wolken bedeuten »nein«. Die Vision eines Erdballs inmitten des Kristalls weist auf eine baldige Reise, die eines Totenschädels auf einen Sterbefall hin, kann aber auch Weisheit bedeuten. Ein Stern kann Erfolg verheißen oder als Warnung gelten, ein Auge kann Glück, aber auch Unglück bringen, und ein Vogel verkündet eine Botschaft oder eine mögliche Wiedergeburt.

Sobald die Fähigkeit, »Wolken« zu sehen, sich eingestellt hat, ist der Zeitpunkt zur Weiterentwicklung des bisher Erreichten gekommen, der mit einem einfachen Experiment beginnt. Während der Blick weiterhin auf das Zentrum der Kristallkugel gerichtet bleibt, versucht der Übende zehn Minuten lang tief und langsam zu atmen. In einer darauffolgenden Pause von etwa fünf Minuten notiert er alles, worüber er etwas zu

sehen wünscht, auf einem Stück Papier, das er danach um-
dreht und nicht mehr beachtet. Nun beginnt er von neuem,
sich ganz auf das Kristallsehen zu konzentrieren. Am Ende
der Sitzung sollte er sämtliche Wahrnehmungen schriftlich
festhalten, denn wie unsre Träume sind auch die Visionen
beim Kristallsehen schnell vergessen.

All diese Versuche haben noch den Nebeneffekt, die in vielen
Menschen latent vorhandene Fähigkeit zur Telepathie zu för-
dern. Einige Visionen sind vielleicht lediglich Tagträume, die
wir in den Kristall hineinprojizieren, andere sind Erzeugnisse
unsres Erinnerungsvermögens an vergessen geglaubte Ereignisse, da die Konzentration auf den Kristall die Verbindung
zwischen dem Bewußten und Unbewußten in uns neu belebt.
Aber viele Visionen sind in der Tat Hinweise auf zukünftige
Ereignisse, und sie können so zahlreich, so verschiedenartig
und mysteriös sein, daß dem Sehenden ihr prophetischer Charakter erst dann bewußt wird, wenn das angekündigte Ereignis eingetreten ist und er sich natürlich an die Vision erinnert.
Es gibt auch keine festen Regeln, um Erschautes zu interpretieren. Da ergeht es uns wie mit der Deutung von Träumen,
die nur im Zusammenhang mit dem gesamten Leben, der
Gefühlswelt und der inneren Einstellung oder Geisteshaltung
einer Person zu erklären sind. Zuweilen erscheinen Botschaften in Form von Geschriebenem, das heißt lesbaren Informationen, inmitten der Kugel, und ich habe schon mehrmals die
Umrisse und Gesichter verstorbener Verwandter im Kristall
gesehen.

Manche Bilder sind sehr klein, andere füllen die ganze Kugel
aus. Die kleinen beziehen sich meistens auf nebensächliche
Ereignisse. Visionen, die auf der linken Seite erscheinen, verweisen auf Vergangenes, die in der Mitte auf Gegenwärtiges,
und die Bilder im rechten Teil auf Zukünftiges.

Allmählich – und als Folge eines längeren und regelmäßigen Umgangs mit der Kugel – wird diese schließlich von der persönlichen Aura und den spezifischen Schwingungen ihres Besitzers durchdrungen und wird somit zu einem echten magischen Werkzeug. Man sollte sie daher niemals wahllos an andere Personen aushändigen und nach jedem Gebrauch darauf achten, daß sie vom Licht abgeschirmt bleibt. Am zweckmäßigsten hüllt man sie in ein Stück schwarzen Samt. Es wäre gut, sie von Zeit zu Zeit mit warmem Seifenwasser zu behandeln, um alle Spuren der Ausdünstungen unsrer Hände zu beseitigen, und danach mit einem weichen Tuch abzutrocknen. Das Polieren ist dann ohnehin wieder Teil des magischen Rituals vor erneutem Gebrauch.

Je nach Grad der erreichten Fähigkeiten wird es dem angehenden Kristallseher eines Tages möglich sein, die Kugel für andere Menschen zu befragen. Dabei sollte er sich an folgendes Ritual halten: Zunächst wird der Kristall aus der Umhüllung befreit und mit dem Samt leicht blank gerieben. Er wird von der linken Hand gehalten, mit der rechten vollzieht der Ausführende sieben kreisförmige Bewegungen über der Kugel, während er sich in Gedanken darauf konzentriert, daß die Befragung stellvertretend für eine andere Person geschieht. Doch dies sind vorerst rein psychologische Vorkehrungen, die zur Einstimmung dienen.

Nun wird die Kugel dem Besucher übergeben, für den die Sitzung anberaumt wurde. Er wird angewiesen, sie ganz leicht zwischen den Händen zu halten und sich mit geschlossenen Augen auf sein Anliegen zu konzentrieren, um es auf mentalem Wege in den Kristall zu projizieren. Wenn keine bestimmten Fragen gestellt werden, sollten alle Lebensumstände, Hoffnungen und Ängste als Gegenstand einer fünf- bis zehnminütigen Meditation ins Bewußtsein heraufgeholt

werden. Dann wird der Kristall in die Hände des Kristallsehers zurückgelegt, der noch ein weiteres Mal, wenn nötig, mit
dem Samt darüberstreicht, und das Lesen kann beginnen.

Eine andere Art von Divination, deren sich Hexen häufig
bedienen, ist die Verwendung des »magischen Spiegels«. Wem
die Herstellung zuviel Mühe macht, kann ihn als Fertigpro-
dukt in einem Esoterikladen kaufen, doch für einen selbst-
konstruierten spricht neben der Befriedigung am eigenen
Werk der unschätzbare Vorteil, daß schon während der Arbeit die persönlichen Schwingungen des Bastlers in das Werk-
stück übergehen.

Ein konkaver Spiegel entspricht am meisten den Erwartungen
eines Okkultisten, und vielleicht findet er irgendwo ein altes
Uhrenglas mit der gewünschten Wölbung. Zuerst muß es
gründlich gereinigt und poliert, dann auf der Außenseite dreimal mit schwarzer Farbe gelackt werden, wobei jede einzelne
Schicht gut durchgetrocknet sein muß, bevor die nächste aufgetragen wird. Ein Rahmen ist nicht unbedingt erforderlich,
aber der nunmehr funktionsfähige Spiegel sollte unbedingt in
ein weiches, schwarzes Tuch (auch hier ist Samt zu empfehlen) eingeschlagen und in einem Kästchen entsprechender
Größe aufbewahrt werden, solange er nicht in Gebrauch ist.

Dieser »magische Spiegel« ist hauptsächlich für den ganz persönlichen Gebrauch gedacht, für welchen dieselben Instruktionen – besonders hinsichtlich des Lichteinfalls – gelten wie
für die Kristallkugel. Er läßt sich bequem in den Händen
halten oder auch aufstellen. Zweckmäßig hierfür wären zum
Beispiel im Handel erhältliche Tellerständer, wie sie zum
Ausstellen von dekorativem Porzellan häufig verwendet werden. Auch eine Wand kann als Stütze dienen, so daß der
Kristallseher beim Hellsehen die Hände frei hat.

Um gute Visionen zu erhalten, gibt es sehr kuriose Ratschläge aus historischer Zeit. So wird zum Beispiel dem Kristallseher empfohlen, sich ein Getränk auch Beifuß oder Zichorie zuzubereiten, das aufgrund seiner tonischen Eigenschaften die hellseherischen Kräfte fördert.

Diese Kräuter werden dem Tierkreiszeichen Waage zugeordnet. Es wird ferner darauf hingewiesen, daß die Tage des zunehmenden Mondes für das Kristallsehen besonders günstig seien, da – wie schon erwähnt – Mond und Kristall durch eine Affinität miteinander verknüpft sind. Auch würden die im Kristall erschauten Visionen je nach dem mentalen und psychischen Temperament des Kristallsehers sehr verschieden ausfallen, man müßte zwischen einer positiven und einer passiven Geisteshaltung unterscheiden. Die Vertreter der ersteren würden vergangene und zukünftige Ereignisse eher in Form von Symbolen erkennen, während die andern deutlich umrissene Bilder solcher Personen und Ereignisse wahrnehmen könnten.

Die neuesten Modelle von Glas- oder Kristallkugeln haben an einer Stelle eine kleine, abgeflachte Kreisfläche, wodurch störende Lichtbrechungen abgeschwächt werden. Die Fähigkeit zur Visualisation spielt beim Kristallsehen eine sehr wichtige Rolle, und zum Einüben empfehle ich dem Anfänger, sich auf der Kugel irgendeine Figur aus der Erinnerung – eine Katze, einen Hund, einen Baum etc. – vorzustellen. Kann er diese zu seiner eigenen Zufriedenheit hervorbringen, so hat er bereits eine erste, unsichtbare, mentale Barriere überwunden. Die Lichtpunkte, die als Reflexion von der polierten Fläche ausgesandt werden, erregen die Aufmerksamkeit des Kristallsehers, sein Blick wird auf sie fixiert, bis sein Sehnerv allmählich ermüdet. Schließlich reagiert dieser nicht mehr auf äußere Eindrücke, nimmt lediglich die Reflexe wahr, die vom Hirn kommen, und genau diese werden nun in die Glaskugel projiziert, wobei der Eindruck entsteht, als ob die Visionen aus dem Kristall kämen. Da deren Qualität von der Sensibilität des Sehnervs abhängig ist, können die Ergebnisse sehr verschieden sein. Die Erfahrung bestätigt, daß vor dem Eintreten einer Vision zuweilen die Kugel insgesamt zu verschwinden scheint und sich ein Nebel vor dem Auge des Kristallsehers bildet.

Einer mexikanischen Legende zufolge besaß deren Gott Tezcatlipoca (»rauchender Spiegel«) einen magischen Spiegel, in dem er alles erblicken konnte, was in der Welt vor sich ging; seine göttliche Herrschaft sei durch viele Visionen und Vorahnungen, die sich durch Klopfgeräusche angekündigt hätten, inspiriert worden. Von einer magischen Steinkugel hingegen ist in dem orphischen Gedicht »Lithika« die Rede; sie wurde als »sideritisch« (= von einem Eisensteinmeteorit stammend) oder auch »ophitisch« (vom griechischen Wort *ophis* = die Schlange) bezeichnet und soll schwarz, rund und sehr schwer gewesen sein. Helenos, der trojanische Wahrsager, hat sich laut Überlieferung ihrer bedient, als er den Untergang seiner Heimatstadt prophezeite. Dazu mußte er 21 Tage lang fasten, wickelte darauf den Stein in ein weiches Tuch und brachte ihm pausenlos Opfer dar, bis endlich durch die Magie seiner Gebete »die kostbare Substanz von einer lebenden Seele erwärmt wurde«.

In seiner Biographie des Kaisers Didius Julianus (133–193) spricht Spartianus von einer sehr ungewöhnlichen Variante des Hellsehens, wobei man auf den Köpfen von Knaben Spiegel befestigte und ihnen zudem noch die Augen verband. Trotzdem »sahen« sie dann Formen und Zeichen in den Spiegeln. Einer dieser jugendlichen Hellseher soll die bevorstehende Machtergreifung des Gegenkaisers Septimus Severus (146–211) prophezeit haben.

Die frühen Hebräer pflegten die Zukunft aus Silberbechern zu lesen, wie aus der Geschichte von Joseph und seinen Brüdern hervorgeht. In Genesis 44, 1–5, lesen wir, daß Joseph in dem Getreidesack des Benjamin einen Silberbecher versteckte, um einen Vorwand zu haben, ihn und seine Brüder wieder zurückzuholen. Er schickte ihnen einen Boten nach, der sie mit folgenden Worten zur Rede stellte: »Ihr habt den Becher mitgenommen, aus dem mein Herr trinkt und aus dem er die Zukunft voraussagt!«

Der arabische Autor Haly Abu Gefar berichtet von der goldenen Kugel eines Zoroaster-Anhängers, der ein Magier war. Die Kugel soll mit himmlischen Symbolen verziert und einem Saphir geschmückt gewesen sein. Einer der Magier befestigte sie an einem Riemen aus Ochsenleder und schwang sie im Kreis herum, gleichzeitig rezitierte er verschiedene Zaubersprüche und Beschwörungen, bis er in eine hypnotische Trance verfiel. In diesem Zustand hatte er allerlei Visionen und konnte den Menschen, die zu ihm kamen, die Zukunft deuten.

In einer kanonischen Überlieferung der von St. Patrick und den Bischöfen Auxilius und Issernanus im Jahre 450 einberufenen Synode ist eine Verfügung enthalten, nach der jeder Christ, der an Lamien (Hexen) glaubte, die im Spiegel erscheinen, mit dem Kirchenbann belegt werden sollte und widerrufen mußte, falls er in den Schoß der Kirche zurückkehren wollte. Kristall- oder Spiegelvisionen, die dem Hellseher Informationen zukommen ließen, waren nach Ansicht dieser Kirchenmänner reines Teufelswerk.

Andrew Lang schrieb – wie er es nannte – von »hypnagogischen Visionen«. Er meinte damit die Bilder, die zuweilen kurz vor dem Einschlafen erscheinen, wenn wir die Augen bereits geschlossen haben. Er sagte, daß er dabei Gesichter erkennen könne, die ihm durchweg fremd waren. Nur einmal habe er sich selbst im Profil gesehen, aber auch Landschaften und unbeseelte Figuren, die aus den kleinen, bei geschlossenen Lidern sichtbaren Lichtpunkten entstehen, und er vermutete, daß die Visionen der Kristallseher auf ähnliche Weise entstünden.

Eine sehr zutreffende Analyse des Kristallsehens ist uns von dem persischen Autor Ibn Chaldun (1332–1406) erhalten geblieben:

»Einige Leute glauben, daß das wahrgenommene Bild sich auf der Oberfläche des Spiegels befinde, aber sie täuschen sich. Zwar fixiert der Hellsehende zunächst diese Oberfläche, dann aber schiebt sich eine Nebelschicht – wie ein Vorhang – zwischen Spiegel und Auge. Auf diesem Vorhang entwickeln sich Formen, wie er sie zu sehen wünscht, und aus diesen entnimmt er Hinweise – entweder positiv oder negativ –, die die Angelegenheit des Fragestellers betreffen. Danach beschreibt der Kristallseher seine Wahrnehmungen, ohne etwas hinzuzufügen. In diesem Zustand kann man nicht von realen Erscheinungen sprechen; es handelt sich um eine ganz andere Art von Wahrnehmung, die in dem Sehenden selbst entstanden ist und sich nicht in seinem Auge, sondern in seiner Seele geformt hat.«

Der persische Poet Dschami (1414–1492) spricht in seinem Gedicht »Salomon und Absalom« ebenfalls von einem magischen Spiegel. In diesem Gedicht wird beschrieben, wie der weise Perser Vizyr einen Spiegel konstruierte, der die gesamte Wirklichkeit der Welt reflektierte, und wie der Shah in ihm »das Antlitz seines Verlangens« erblickte.

Das Zepter der schottischen Krönungsinsignien ist mit einer Kristallkugel, die einen Durchmesser von gut sechs Zentimeter hat, verziert, und der Amtsstab mit einem großen Beryll. Solche Steine wurden in der Vergangenheit als Amulette angesehen und schon von den Druiden verwendet. Von Sir Walter Scott wissen wir, daß sie zu seinen Lebzeiten bei schottischen Hochländern als »Steine der Kraft« bekannt waren.

Im 12. Jahrhundert wurden zum Wahrsagen sowohl Kristalle als auch Spiegel benutzt. John of Salisbury berichtet, daß er als Junge von einem Priester in die Kunst des Hellsehens eingeführt wurde, wobei ihm der Geistliche die Fingernägel mit geweihtem Öl oder auch Salbe blankrieb und ihn aufforderte, sie so lange anzuschauen, bis sich irgendeine Figur darauf zu erkennen gab.

Viele der frühen Berichte bestätigen aber auch, daß Visionen allein durch eine Erwartungshaltung, durch Hoffnungen oder Ängste ausgelöst werden können. Manche Vision ist nur scheinbar prophetisch, selbst wenn die Wahrnehmungen im Kristall sich früher oder später als Realität erweisen; oft ist es der Wahrsager selbst, der mehr oder weniger bewußt durch sein eigenes Verhalten die Dinge im Sinne der Prophezeiung vorantreibt. Falls sie positiv war, wird er um so größere Anstrengungen machen. War sie jedoch negativ, könnte Verzweiflung oder Lethargie die Folge sein, denn was kommen muß, muß ja kommen ... und ich möchte dies als Warnung an jeden angehenden Kristallseher verstanden wissen!

Eine sehr merkwürdige Geschichte ist uns aus den Tagen der Französischen Revolution überliefert, die General Marlières Hinrichtung betrifft. Kurz bevor der Zeitpunkt seiner Gerichtsverhandlung nahte, traf er einen Oberst der französischen Armee, der ein eifriger Anhänger des Kristallsehens war, und verständlicherweise war Marlière sehr begierig, auf diesem Weg etwas Genaueres über sein zukünftiges Geschick zu erfahren. Der Oberst gab sich sehr zögernd, da er ohnehin das Schlimmste für den Beschuldigten befürchtete. Schließlich willigte er ein, und ein unwissendes Kind wurde zum Medium bestimmt. Im Kristall gab sich ein Mann in der Uniform eines Nationalgardisten zu erkennen und ein anderer, den das Kind als General bezeichnete. Beide schienen miteinander zu disputieren. Schließlich kündigte das Kind die Enthauptung des Generals an. Was an der Vision zunächst rätselhaft blieb, war die seltsame Bekleidung des Scharfrichters, die normalerweise keinerlei Ähnlichkeit mit der eines Gardisten hat.

General Marlière wurde unter Anklage gestellt, für schuldig befunden und guillotiniert. Am Tag der Hinrichtung erschien – wie aus der Geschichte hervorgeht – Samson, der amtlich bestellte Henker, aus Gründen der persönlichen Eitelkeit tatsächlich in der Uniform eines Nationalgardisten. Dieser Vorfall war so einmalig, daß außer dem Kind keiner der beim Kristallsehen Anwesenden ihn jemals hätte voraussehen können.

Die Armenier schätzten es, stille Wasseroberflächen von Brunnenbecken zum Hellsehen zu benützen, und der Seher wurde demnach *Hornaiogh* (»Brunnenseher«) genannt. In Konstantinopel (dem heutigen Istanbul) soll eine Araberin gelebt haben, die wegen ihrer exakten Vorhersagen so berühmt war, daß Armenier und andere Bewohner der türkischen Hauptstadt in allerlei prekären Situationen ihre Dienste in Anspruch nahmen. Für gewöhnlich mußte ein Kind aus den betroffenen Familien die Rolle des Hellsehers übernehmen, und nur notfalls tat sie es selbst.

Ein weiteres Beispiel handelt von einer Amerikanerin, die sich nicht mehr an die Adresse einer Freundin erinnern konnte und ihren Brief mit dem Absender bereits vernichtet hatte.

Doch auf Befragen ihrer Kristallkugel erschien binnen weniger Minuten eine Reihe grauer Buchstaben auf weißem Grund, in denen sie die gesuchte Anschrift wiedererkannte. Sie schrieb ihrer Freundin, und als sie deren Antwort erhielt, fand sie den Absender in grauen Lettern auf weißem Papier gedruckt – genauso, wie der Kristall es ihr offenbart hatte. Wieder einmal wurde hier durch Konzentration auf die Kugel ein im Unterbewußten gespeichertes, visuelles Bild neu belebt und konnte sich im Kristall objektivieren. Sicherlich war auch ein wenig Selbsthypnose dabei im Spiel.

Kristallkugeln werden häufig in alten Gräbern oder Urnen gefunden, wie die aus der Grabstätte Childerich I. (436–481), des Vaters von Chlodwig I.; ein weiteres Exemplar – jedoch mit einem reingoldenen Aufhänger zum Durchfädeln der Halskette – wurde 1853 im französischen Arras gefunden, und eine ganze Reihe ähnlicher Stücke wurden aus verschiedenen angelsächsischen Gräbern wie in Chatham, auf der Isle of Wight, in Barham bei Canterbury, in Fairford/Gloustershire und in Kent ans Tageslicht gebracht.

Eine besondere Berühmtheit – was seine magischen Kräfte betrifft – ist der sogenannte Currahmorekristall, heute im Besitz des irischen Marquis von Waterford. Er besteht aus reinem Bergkristall, und gemäß der Legende soll er von einem Adeligen namens Le Poers aus dem Heiligen Land mitgebracht worden und ursprünglich im Besitz des Kreuzfahrers Gottfried von Bouillon (1058–1100) gewesen sein. Er ist ein wenig größer als eine normale Orange, und ein Ring aus Silber zieht sich um seine Mitte. Er soll die Kraft haben, eine ganze Rinderherde von ihren Krankheiten zu befreien, ohne daß die Tiere direkt mit ihm in Berührung kommen. Er wird lediglich in einen Fluß gelegt, durch den das Vieh mehrmals hindurchgetrieben werden muß.

Natürlich haben die meisten Hexen ihren eigenen und ganz persönlichen Kristall, während das Hellsehen innerhalb eines Covens normalerweise mit Hilfe eines magischen schwarzen Kessels erfolgt, der mit Wasser gefüllt ist. Die Symbole, die dabei auf seiner Oberfläche erscheinen, haben ganz bestimmte, traditionelle Bedeutungen, wie sie auch für das Kristallsehen gelten. Für einen angehenden Hellseher mag es sehr hilfreich sein, ein wenig mehr darüber zu erfahren. Hier einige Beispiele:

Gegenstand	Bedeutung
Adler	Kraft und Energie
Ameise	zusätzliche Arbeit
Antenne	Neuigkeiten aus weiter Ferne; heimliche Briefe
Auge	Beendigung eines Rechtsstreits
Auto	Abreise oder Reisen
Axt	Verkehrsunfall
Bein	sinnliche Leidenschaft
Bett	längere Krankheit
Biene	Profit aus beruflicher Aktivität
Blatt	Haarausfall
Blume (einzelne)	Freude, Festlichkeiten
Blumen (mehrere)	kurzlebiges Glück
Buch	Erfolge beim Lernen
Ehering (einer)	Heiratswunsch
Eheringe (zwei)	Auflösung einer Verlobung
Elefant	Erfolg und Reichtum
Ente	Klatsch und dummes Gerede

Fenster	Warnung vor Dieben
Guillotine	Tod
Hecke oder Zaun	komplizierte Angelegenheiten, die Aufmerksamkeit erfordern
Huhn	frivole Frau, Weibertratsch
Katze	Verrat
Kavalier	ein neuer Liebhaber (nur für die Frau)
Kerze	langanhaltendes Glück
Kleeblatt	unerwarteter Gewinn
Kreis	Geburt, Schwangerschaft
Kreuz	Schmerz, Krankheit
Lamm	riesiges Glück
Löwe	Mut ist gefragt
Mund	Lügen
Nagel	ein Feind gibt sich zu erkennen
Ochse	Profit, Sieg über einen Feind
Ohr	Ratschläge – beachte sie nicht!
Pferd	familiärer Undank
Pilz	Blutkrankheit
Rasiermesser	Vorsicht am Platze!
Ratte	Ruin, Niedergang
Ring	ein kleines Geschenk
Schirm	Protektion durch Freunde
Schlange	bedeutsame Hindernisse
Schwalbe	Rückkehr eines geliebten Menschen
Schwert	Gefahr von seiten eines Mannes
Stab oder Stock	plötzliche Eingebung
Teller (Platte oder Pokal)	Gewinn beim Spiel
Vase	zukünftige Liebe
Waagschalen	ein Rechtsstreit
Zähne	mißgünstige Mitmenschen

Eine Art Kristallsehen war es schließlich auch, mit dessen Hilfe der gegenwärtige Dalai Lama gefunden wurde. Jeder dieser obersten tibetischen Priester – so sagt man – ist eine Reinkarnation seines Vorgängers, und als der 13. Dalai Lama starb, begann unverzüglich die Suche nach seiner Reinkarnation. Es gab Hinweise, daß er im tibetischen Osten zu finden sei, und da der See Lhamoi Latso bei Chokhorgyal im Ruf steht, Visionen von zukünftigen Ereignissen auslösen zu können, reiste der Regent 90 Meilen bis zu diesem See. Er verbrachte etliche Tage am See in tiefster Meditation, bis er in innerer Schau ein großes Kloster mit grün-goldenem Dach erblickte und nahe dabei ein Wohnhaus mit türkisfarbenen Platten. Seine Vision erwies sich bis ins kleinste Detail als korrekt. Denn der Junge, dem es bestimmt war, der nächste Dalai Lama zu werden, wurde tatsächlich in einem so beschaffenen Haus, das er mit Eltern und Geschwistern bewohnte, gefunden.

8

Psychometrie und Hellsehen

Viele der Briefe, die mich erreichen, zeugen von dem tiefen Verlangen ihrer Verfasser, in den Besitz übersinnlicher und spiritueller Kräfte zu kommen. Manche geben mir eine ausführliche Schilderung ihrer eigenen paranormalen Erfahrungen und ihrer Empfindungen. Schließlich bitten sie mich, zu beurteilen, ob sie eventuell die Voraussetzungen zu einem Hexendasein erfüllten. Andere, die kein Interesse an derlei praktischen Aktivitäten haben, fragen mich zumindest, wie sie parapsychische Fähigkeiten erlangen könnten.

Ich habe schon an andrer Stelle erklärt, daß es nicht von Wunsch und Wille abhängig ist, eine Hexe zu werden, so wie man zum Beispiel ein Christ oder Freimaurer werden kann. Zur Hexe wird man geboren, aber nicht erkoren, und manch eine geborene Hexe hat den sehnlichsten Wunsch, es nicht sein zu müssen. Zu diesen gehöre ich nicht. Andrerseits verfügen geborene Hexen keineswegs automatisch über paranormale Fähigkeiten – diese sind eine weitere Zugabe. Eine Hexe erkennt man an ihrem Vermögen, mit magischen Mitteln Veränderungen zu bewirken, sie ist eine Person mit undefinierbaren psychischen und physischen Kräften, die sie so einsetzen und handhaben kann, daß sich Ereignisse und Umstände ihres eigenen Lebens oder des Lebens anderer Menschen zum Guten oder Bösen wenden.

Auch meine Freundin Sonja ist eine Hexe – obgleich mit finsteren Tendenzen; sie bestreitet energisch, irgendwelche sogenannten parapsychischen Fähigkeiten zu besitzen, und sagt, daß sie mit ihrer Hexerei schon genug zu tun habe, um sich auch noch mit Dingen wie Hellsehen, Kristallsehen oder Psychometrie zu befassen. Im übrigen ist sie eine ausgezeichnete Astrologin und behauptet, daß sie beim Interpretieren eines Kosmogramms tiefe mentale Einblicke in Zusammenhänge erhält, die auf der jeweiligen Sternkarte nur angedeutet sind. Ich bin fest davon überzeugt, daß sie in der Tat über jenen sechsten Sinn verfügt, der der gesamten Menschheit zu eigen – aber in manchen Individuen viel stärker als in anderen ausgeprägt ist.

Unsre Urahnen hätten ohne ihn wohl kaum in der Unwirtlichkeit ihrer damaligen Umgebung überleben können. Er offenbarte ihnen, wo sich die besten Jagdgründe befanden oder Feinde auf sie lauerten. Doch nach und nach mit der weiteren Entwicklung der Menschheit verkümmerte er, weil er nicht länger gebraucht wurde. Spuren davon sind in den meisten von uns noch erhalten, und mit viel Geduld und ständiger Übung könnten wir unsre außersinnliche Wahrnehmung wieder verfeinern. Die einfachste Methode ist Psychometrie oder »Objektlesen«. Es gehört nicht mehr dazu, als einen Gegenstand – ob Ring, Brosche oder eine Fotografie – in die Hand zu nehmen. Auf diese Weise kann ein Objektleser die erstaunlichsten Informationen – auch kleinste Einzelheiten – von Personen und ihren Umständen erspüren, mit denen der jeweilige Gegenstand verknüpft ist.

Das Prinzip der Psychometrie beruht auf der Erkenntnis, daß es eine außerstoffliche Beziehung zwischen Dingen gibt, die zuvor miteinander verbunden waren, und der Objektleser die entsprechende Verbindung auf mentaler und emotionaler Basis wiederherstellt, indem er einen materiellen Gegenstand benützt, der mit der fraglichen Person, Zeit oder Szene – so weit diese auch entfernt sein mögen – etwas zu tun hat. Dem liegt eine Theorie zugrunde, nach welcher zwischen Gegenständen wie Fingerringen, Halsketten, Brillen, Armbanduhren etc. und ihren Trägern gewisse elektromagnetische Schwingungen bestehen (die Beispiele lassen sich beliebig auf Haare, Kleider, Schriftproben, Fotografien etc. erweitern). In der Aura all dieser Objekte sind starke emotionale Elemente enthalten, die sich dem Objektleser auf paranormalem Wege mitteilen und ihm Informationen über die Lebensumstände, Gewohnheiten, psychosomatische Verfassung etc. der Trägerperson zukommen lassen.

Einem geübten Objektleser enthüllt sich sogar die gesamte Geschichte und frühere Umwelt des Gegenstandes selbst: Aus einer Gewehrkugel kann er – um ein Beispiel zu nennen – den Verlauf eines historischen Gemetzels erkennen oder aus einem Bruchstück eines antiken Gefäßes deren Besitzer und Hersteller sowie den frühhistorischen Charakter der Landschaft, der diese Scherbe entstammte.

Im engeren Sinne befaßt sich Psychometrie in der Hauptsache mit vergangenen und gegenwärtigen Situationen – nach meiner persönlichen Erfahrung kann sie aber ebensogut ein Tor in die Zukunft sein. Die ständige Beschäftigung mit ihr führt schließlich zur Entfaltung der verschiedensten paranormalen Fähigkeiten – des Hellsehens, Hellhörens und Vorherwissens, das heißt, es wird möglich, auch zukünftige Ereignisse im Leben eines Menschen mit ihrer Hilfe zu erkennen. Je mehr das denkende Bewußtsein in den Hintergrund tritt, desto günstiger sind die Voraussetzungen für das Objektlesen. Bei einigen Objektlesern wurden sogar tranceähnliche Zustände und Elemente von Selbsthypnose beobachtet.

Ich rate jedem Anfänger, es zunächst mit Objekten ihm unbekannter Personen zu versuchen, da die mögliche Vertrautheit mit den Lebensumständen ihrer Besitzer der psychometrischen Wahrnehmung eher hinderlich ist. Die zum Objektlesen bestimmten Artikel sollten zumindest ein Jahr lang im Besitz derselben Person gewesen und in dieser Zeit möglichst oft von ihr benutzt worden sein. Jede Einwirkung durch andere Menschen – selbst eine testamentarische Überschreibung des Gegenstands – kann seine Schwingungen verzerren. Auf diese Tatsachen weise ich vor jeder psychometrischen Sitzung hin. Es könnte ja sein, daß der mir ausgehändigte Artikel bis vor kurzem im Besitz eines nunmehr Verstorbenen war und sich meine Wahrnehmungen in diesem Fall auf dessen Lebensumstände beziehen.

Für mich ist es sehr hilfreich, mit geschlossenen Augen zu arbeiten, weil mich dies von allen äußeren Einflüssen abschneidet. Zunächst halte ich den Gegenstand für ein paar Minuten in meinen Händen und führe ihn dann an die Stirn. Bei einem geübten Objektleser tritt nach einiger Zeit ein Wärmegefühl im Bereich des Solarplexus ein – ein sicheres Zeichen, daß die Schwingungen des Objekts sich im Einklang mit dem eigenen Körper befinden. Bald darauf werden die ersten Visionen erscheinen – doch so flüchtig und fragmentarisch, daß es unbedingt nötig ist, sie und die sie begleitenden Gefühle sofort zu beschreiben, noch ehe sie durch andere ersetzt werden. Das sollte in einer ganz simplen und leichtverständlichen Sprache erfolgen, auch wenn dies zuweilen absurd oder lächerlich klingen mag. Dabei sind keine Zwischenfragen des Zuhörers erlaubt, weil dadurch die Wahrnehmungen und die feinen »Drähte« zur Aura des Objekts unterbrochen würden.

Die größte Barriere bei derlei hellseherischen Aktivitäten ist bekanntlicherweise der Intellekt, und ihn auszuschalten – das heißt, die ankommenden Visionen und Empfindungen jeglicher Verstandesanalyse zu entziehen – wird dem Anfänger zunächst noch sehr schwer fallen. Doch ist es wichtig, jeden Impuls des Wachbewußtseins zu ignorieren und allein dem Unbewußten das Feld zu überlassen. Wenn ein Objektleser sich endlich gedrängt fühlt, wie ein Kind und ohne jegliche Hemmung zu sprechen, hat er mit Sicherheit jenen Punkt erreicht, an dem seine außersinnlichen Wahrnehmungen in volle Funktion getreten sind.

Während meiner langen Praxis bin ich immer wieder auf ein Phänomen gestoßen, das sowohl kurios als auch beachtenswert ist. Im Verlauf einer Lesung kann es passieren, daß mir ohne ersichtlichen Grund das Bild eines bestimmten Menschen oder einer Situation vor Augen tritt, das nicht im geringsten etwas mit dem mir vorliegenden Gegenstand oder dessen Besitzer zu tun hat. Um ein Beispiel zu nennen: Mitten in einer Lesung für eine junge Frau erblickte ich plötzlich ein Fragezeichen vor meinem inneren Auge und sagte zu ihr: »Mir scheint, Sie haben eine wichtige Entscheidung zu treffen«, und sie nickte. Daraufhin erschien mir das Bild einer Freundin, der erst kürzlich wegen einer Geschwulst die Gebärmutter entfernt werden mußte, und ich dachte: »Warum muß ich auf einmal an Marion denken?« – bis mir klar wurde, daß dieses flüchtige Bild eine Art Schlüsselfunktion hinsichtlich der Problematik meiner Klientin haben mußte, und schon hörte ich mich fragen: »Sie haben doch eine Geschwulst und wissen nicht, ob Sie sich für eine Operation entscheiden sollten?« Damit war ich auf der richtigen Spur, denn die junge Frau bestätigte mir meine Aussage.

Was ich hiermit ausdrücken möchte, ist, daß während einer

Objektlesung keine der mentalen Wahrnehmungen und körperlichen Sensationen ignoriert werden sollte. Bei einem diesbezüglichen Erfahrungsaustausch mit einer guten Bekannten erzählte mir diese von einem starken Schmerz, den sie während einer Objektlesung in der rechten Kreuzbeingegend empfunden hätte. Sofort erklärte sie ihrer Klientin: »Sie haben eine Blinddarmreizung und sollten unbedingt einen Arzt aufsuchen.« Auch hier deckte sich die psychometrische Wahrnehmung mit dem tatsächlichen Befund.

Häufig haben Visionen Symbolcharakter. Deshalb muß der Anfänger lernen, diese festzuhalten, das heißt, eine eigene Symbolschrift entwickeln, was erst nach vielen Versuchen und etlichen Fehldeutungen gelingt.

Ein aus den Schienen springender Zug muß nicht immer auf ein bevorstehendes Eisenbahnunglück hinweisen. Ein dahineilendes Fahrzeug steht in der Regel für sexuelle oder emotionale Energie und könnte eine Veränderung in dem entsprechenden Daseinsbereich ankündigen oder schlichtweg zum Ausdruck bringen, daß der Besitzer des mitgebrachten Artikels sehr gefährlich lebt und auf eine Katastrophe zusteuert. Zur richtigen Deutung all dieser gegebenen Möglichkeiten muß sich der Objektleser an den oft sehr differenzierten Gefühlen orientieren, die seine Visionen begleiten.

Der sommerliche Anblick eines sanft dahinströmenden Gewässers, auf dem mein Klient sich fast mühelos dahintreiben läßt und kaum die Paddel betätigt, ist für mich ein sicherer Hinweis, daß er einem ruhigen Lebensabschnitt entgegensieht, geprägt von Zufriedenheit und Wohlbefinden. Zu einer ganz anderen Deutung müßte mich die Vision eines riesigen und wellengepeitschten Ozeans führen, dessen Gewalten ein kleines, ziellos umhertreibendes Boot ausgesetzt ist. Ein solches Bild läßt nur den einzigen Rückschluß zu, daß mein

Klient seiner Schwierigkeiten nicht Herr wird oder sich ihnen sogar kampflos ergibt.

Objektleser lassen sich manchmal mit Leuten vergleichen, denen ein Wort oder ein Name entfallen ist und die sich vergeblich den Kopf zerbrechen; anderen kommt eine Assoziation zu Hilfe, ohne daß sie sich anstrengen müssen. Als ich einer jungen Afrikanerin eine Objektlesung gab, kam mir der Begriff »königlich« in den Sinn. Ein wenig verwundert, fragte ich das Mädchen: »Bist du eine Prinzessin?« Die Antwort war, daß ihr verstorbener Vater sie stets als seine »Prinzessin« bezeichnet hatte und dieser Kosename auch von den andern Familienmitgliedern benutzt wurde.

In der psychometrischen Praxis lassen sich Namen generell schlecht identifizieren, manchmal sind nur ein paar Buchstaben des Vor- oder Nachnamens zu erkennen. Ähnlich ist es mit Ereignissen, die der Vergangenheit angehören. Oft sind es nur einzelne Elemente, die an die Oberfläche gelangen, oder merkwürdige Andeutungen eines Namens. Einmal klang mir während einer Objektlesung das alte Liedchen »Daisy, Daisy, give me your answer do...« im Ohr; der Name meiner Klientin war Hazel, und ich sagte ihr, daß ich ständig dieses Lied hören würde, worauf sie mir erzählte, daß ihr Vater es ihr früher oft vorgesungen hätte, als er noch am Leben war, und daß er sie »Daisy« genannt hätte...

Wie schon erwähnt, kann die ständige Ausübung von Psychometrie der Entfaltung weiterer parapsychischer Fähigkeiten sehr dienlich sein, vor allem des Hellhörens, wobei sich mit der Zeit ganz konkrete Stimmen vernehmen lassen. Zwischen Psychometrie und Hellhören gibt es im Grunde keine klare Trennungslinie – das eine geht auf ganz natürliche Weise ins andere über.

Wie sich herausgestellt hat, lassen sich psychometrische Lesungen auch mit verhüllten Gegenständen durchführen. Es gibt Medien, die Objekte korrekt beschreiben, auch wenn sich diese in undurchsichtigen, versiegelten Umschlägen befinden – und nicht nur die Objekte, auch die dazugehörigen Personen und Ereignisse. Von Gerald Croiset, der durch seine besonderen Fähigkeiten auf diesem Gebiet berühmt wurde, wird erzählt, daß er Visionen von einem Papst, einem Ritter und einem Mönch hatte, als man ihm ein verschlossenes Kuvert in die Hand legte. Er wußte nicht, daß es ein mittelalterliches Dokument enthielt. Selbst Bruchstücke eines Gegenstands erfüllen den gleichen Zweck. Den Beweis hierzu erbrachte ein Journalist namens William T. Stead, nicht minder bekannt für seine parapsychologischen Experimente. Aus ein paar unbeschriebenen Randstücken von Briefdokumenten konnte er die Namen berühmter Leute identifizieren, die diese Briefe verfaßt hatten.

Es wird vermutet, daß die psychometrischen Energien eines Objekts zu einem gewissen Teil von dem Material bestimmt werden, aus dem es gemacht wurde. Dabei erweisen sich tierische und pflanzliche Produkte als besonders ausstrahlungsfähig im Vergleich zu anorganischen Stoffen wie zum Beispiel Metall. Bei einem der Versuche konnte Kartonpapier mehr Punkte erzielen als Aluminiumfolie.

Die Theorie, nach welcher Objekte auf ähnliche Weise wie das Unbewußte im Menschen gewisse Energien, die von Menschen, Ereignissen und Umweltfaktoren ausgehen, zu speichern vermögen, könnte auch manche Geistererscheinungen erklären, bei denen es sich um reine Gedankenformen früherer, traumatischer Ereignisse handelt, das heißt um Energien, die in vergangenen Zeiten an bestimmten Orten, in Häusern etc. freigesetzt wurden. Mit anderen Worten: Auch Häuser haben ein Erinnerungsvermögen, das alles einbezieht, was sich an Ort und Stelle zugetragen hat – insbesondere emotionale Vorgänge.

Einmal gab ich in psychometrischer Absicht einer Freundin einen kleinen Steinbrocken aus dem zerfallenen Tempel der Artemis im heute türkischen Ephesos. Mit erstaunlicher Genauigkeit konnte sie mir daraus den gegenwärtigen Zustand des Bauwerks und seiner Umgebung beschreiben und stimmte sich anschließend in die Vergangenheit dieses Ortes ein, wobei sie mir von vielen Einzelheiten des einst so prunkvollen Bauwerks berichtete – seinen prächtigen Säulen und seiner Säulenvorhalle, seiner Überfülle an goldenen und silbernen Opfergaben aus der Hand der Gläubigen, die damals eigens nach Ephesos kamen, um die Große Göttin der antiken Welt zu verehren. Meine Freundin beschrieb mir ferner die berühmte Statue der Artemis und erzählte mir auch von der ungewöhnlichen Tatsache ihrer ständigen Verhülltheit (was historisch erwiesen ist).

Bei einer anderen Gelegenheit war ich selbst in der Rolle der Objektleserin, wobei ich einer jungen Frau eine genaue Schilderung ihrer Vergangenheit und Ausblicke in ihr zukünftiges Leben gab. Plötzlich überkam mich das Gefühl ungeheurer Glückseligkeit und Zufriedenheit, und ich sagte ihr ganz impulsiv: »Ich fühle, daß sich all Ihre Träume in kürzester Zeit erfüllen werden. Alles, was Sie sich gewünscht haben, wird Ihnen schon bald gehören!« Sie sah mich nur mit einem gezwungenen Lächeln an und glaubte mir nicht.

Es verging ein Jahr, bevor ich ihr auf einem Fest wieder begegnete. Sie sprach mich gleich wegen meiner Prophezeiungen an und berichtete: »Als ich es damals meinem Mann erzählte, konnten wir beide darüber nur lachen. Aber 14 Tage danach geschah es: Mein Mann gelangte unvermutet in den Besitz einer größeren Geldsumme als Abfindung für seine

Entlassung. Damit konnten wir uns ein Haus in Glastonbury kaufen, wo ich schon immer wohnen wollte. Ich konnte sogar meine Arbeit aufgeben und an die Gründung einer Familie denken. Inzwischen bin ich schwanger geworden. Könnten Sie mir verraten, ob es ein Junge oder ein Mädchen wird?« Ich sagte ihr, daß sie Zwillinge bekommen würde, ein richtiges Pärchen. Als ich sie nach einem weiteren Jahr wiedersah, zeigte sie mir ihre zwei Babys – einen Jungen und ein Mädchen!

Einmal wurde ich auf der Straße von einer mir fremd erscheinenden Frau angehalten. »Sie kennen mich wahrscheinlich nicht mehr«, sagte sie, »doch vor einem Jahr haben Sie mir eine Lesung gegeben und dabei von einem vollbeladenen Möbelwagen gesprochen, den Sie vor meinem Haus stehen sahen, und sagten, daß ich bald in einem fremden Land und einem weißen Haus auf einem Hügel wohnen würde. Nachdem mein Mann eine andere Arbeit bekam, sind wir tatsächlich umgezogen und leben nun in Frankreich in einem weißen Haus auf einem Hügel!«

Umzüge und ähnliche Veränderungen im Leben spielen in psychometrischen Visionen eine große Rolle, zumindest nach meiner Erfahrung. Ich erinnere mich an eine Lesung für die Frau eines BBC-Produzenten, wo ich ebenfalls einen Möbelwagen vor deren Haus stehen sah und mich ein seltsames Gefühl überkam, als ob die Vision mit einer Gefahr für die Frau verbunden wäre. Ich konnte aber keine näheren Hinweise erhalten. Inzwischen hat sich herausgestellt, daß meine Klientin von ihrem Mann verlassen wurde. Hier diente der Möbelwagen offensichtlich als ein Symbol des Verlassenwerdens.

Zuweilen läßt sich Psychometrie auch ohne Objekt praktizieren, denn manchmal gelingen mir ganz spontane Visionen durch bloßes Händehalten oder andere Körperkontakte, wobei Emotionen und Mitgefühl für die Nöte eines anderen einen wesentlichen Ausschlag geben.

Eine meiner Freundinnen hat eine sehr hübsche Tochter, für die ihr während eines Türkeibesuchs im großen Istanbuler Bazar hundert Kamele geboten wurden! Diese junge Frau – ich will sie hier »Mary« nennen – hat in London einen sehr verantwortungsvollen und aufregenden Job, natürlich eine eigene Wohnung und weiß ihre Unabhängigkeit zu schätzen. Sie ist jetzt in ihrem 34. Lebensjahr, hat viele Freundinnen und Freunde und führt ein sehr bewegtes Leben. In einem meiner Gespräche mit ihrer Mutter erfuhr ich, daß Marys Bruder kürzlich geheiratet und Mary selbst das Wochenende nach dieser Hochzeit bei ihr verbracht hatte. Die Tochter wäre sehr bedrückt gewesen, sagte die Mutter, und hätte ihr unter Tränen gestanden, daß ihr das Leben als Single auf einmal so sinnlos erschiene und daß sie am liebsten heiraten würde. Aber unter all ihren Freunden und Bekannten sei keiner, den sie sich als Ehemann vorstellen könne. Meine Freundin war selber dem Weinen nahe, als sie mir diese Geschichte erzählte. Voller Sympathie legte ich ihr meine Hand auf den Arm und hatte eine plötzliche Vision.

»Sei nicht traurig«, sagte ich, »denn Mary wird schon sehr bald verheiratet sein, und es wird alles sehr schnell gehen, und außerdem sehe ich eine ›2‹, und der Mann, den sie heiraten wird, ist sehr groß und schlank und hat ein bißchen fremdes Blut in den Adern.« Meine Freundin ging sehr getröstet von mir und sagte, sie hoffe nur, daß alles so kommen würde.

Zwei Wochen später war Weihnachten, und ich kam gerade mit meinem Hund am Haus meiner Freundin vorbei, als ich Mary, die über die Feiertage zu Hause war, die Treppen hinunter- und mir entgegenstürmen sah. Sie strahlte übers ganze Gesicht und rief mir aufgeregt zu: »Lois, was glaubst du, was...« – ich fiel ihr ins Wort und sagte: »Du wirst heiraten!« – »Ja, sagte sie, »und alles ist genauso gekommen, wie du es prophezeit hast. Und groß und schlank ist er, und sein Vater ist ein Russe. Ich bin so glücklich und lade dich jetzt schon zur Hochzeit ein!«

Kurz nach der Verlobung erschien in einer Londoner Abendzeitung ein Artikel unter der Überschrift »Liebe auf den ersten Blick«, der unter anderem die Geschichte von Mary und ihrem Verlobten beschrieb. Verfaßt hatte ihn eine Journalistin, die mit Marys Mutter befreundet war. »Auch du bist darin erwähnt«, sagte sie, als sie mir den Artikel zu lesen gab. Und auch Marys Aussage war wörtlich wiedergegeben: »Eine Hexe, die mit Mami befreundet ist, hat alles vorausgesagt.«

Aus psychometrischen Experimenten läßt sich ganz deutlich erkennen, daß Entfernungen zwischen Objektleser und dem Ort des Geschehens in keiner Weise die Aussage beeinträchtigen und daß es auch keine zeitlichen Barrieren gibt. Der Objektleser kann sogar Impressionen empfangen, die sich auf die ferne Zukunft beziehen. Im Jahr 1946 entwickelte W.H. C. Tenhaeff einen Test, der unter dem Namen »Stuhlexperiment« bekannt wurde und an dem auch Gerard Croiset beteiligt war. Er bestand aus zwei separaten Demonstrationen, zwischen denen ein Abstand von mehreren Wochen lag. Bei der ersten mußte Croiset eine imaginäre Person mit all ihren Eigenschaften und schicksalhaften Erfahrungen beschreiben, die an einem bestimmten Tag einen gewissen Platz in einem Vortragssaal einnehmen würde. Dies war allein vom Zufall abhängig. Einige Wochen später wurde die Person, die den Platz einnahm, einer Befragung unterzogen, wobei sich die Korrektheit von Croisets Visionen erweisen mußte. Diese so berühmt gewordenen Experimente wurden während eines

Zeitraums von zwanzig Jahren viele Male wiederholt und in zahlreichen europäischen Großstädten durchgeführt.

Eine meiner Briefpartnerinnen erzählte mir eine Geschichte, die sich in Guatemala, der Heimat der Großmutter ihres Mannes, ereignet hatte. Die alte Dame war mit der Familie in die Berge gereist, um dort in einem Ferienhaus ihren Urlaub zu verbringen. Plötzlich wurde sie von einem heftigen Fieber befallen, das zu einem Delirium führte. In diesem Zustand verließ sie mehrmals ihr Bett und unternahm wiederholte Versuche, den Fußboden der Veranda aufzureißen. Sie war fest davon überzeugt, daß sich darunter ein spanischer Goldschatz befände. Ihre Angehörigen, die dieses seltsame Gebaren dem Fieberwahn zuschrieben, konnten sie schließlich überreden, ins Bett zurückzukehren. Nachdem die Familie den Urlaubsort wieder verlassen hatte, begann der Vermieter des Hauses, dem der Vorfall zu Ohren gekommen war, den Boden unter der Veranda aufzugraben, und wurde tatsächlich fündig. Es ist zu vermuten, daß die alte Dame infolge ihres hohen Fiebers auf unerklärliche Weise hellseherische Fähigkeiten entwickelt hatte.

Eine schottische Dame, die mir in einem Brief ihre Träume interpretierte, erzählte mir anschließend von einem Kindheitserlebnis anläßlich eines Besuches bei ihrer Großmutter. Diese hätte eines Abends das Licht ausgeknipst und sie gefragt, ob sie irgend etwas auf den hellen Fenstervorhängen erkennen könne. Die flimmernden Schatten verwandelten sich tatsächlich in das Bildnis eines jungen Marinesoldaten mit säuberlich gescheiteltem Haar. Seine eine Hand war ausgestreckt, und ein Kind erschien neben ihm. Der Seemann war der Sohn der Großmutter, der während des Ersten Weltkriegs im Alter von 16 Jahren ums Leben gekommen war, und bei dem Jungen handelte es sich um den Vetter der Dame. Die

Großmutter hätte ihr dann gesagt: »Siehst du, der Große ist gekommen, um den Kleinen zu holen!« Eine Woche später ist der Junge an Lungenentzündung gestorben.

Viele kleine Kinder haben eine ganz natürliche Begabung zum Hellsehen. Mit dem Älterwerden erlischt diese Fähigkeit, bis sie schließlich völlig verlorengeht. Mir scheint es immer, als ob den ganz kleinen Babys noch die Weisheit uralter Zeiten aus den Augen blickte, nur können sie leider nicht sprechen. Als mein Enkel etwa vier oder fünf Jahre alt war, kam mir plötzlich der Gedanke, daß er sich eigentlich noch an sein vorgeburtliches Leben erinnern müßte. Ich fragte ihn, als seine Mutter nicht in der Nähe war: »Adam, wo warst du, bevor du zu unsrer Familie gehört hast?« Aber meine Hoffnungen auf irgendeine naiv-mystische Enthüllung wurden enttäuscht, als er mich mit seinen großen braunen Augen anblickte und sagte: »Ich war in Mamis Bauch, Oma!«

An andrer Stelle habe ich schon darauf hingewiesen, daß die Ausübung von Psychometrie den Zugang zum eigentlichen Hellsehen als visionärem Wahrnehmen zukünftiger Ereignisse erleichtert. Meistens gibt es zwischen den beiden keine klare Trennungslinie. Auch als ich meine Hand auf den Arm meiner Freundin legte und mentale Informationen über die Zukunft ihrer Tochter erhielt, überkam mich im Grunde eine echte Vision; der psychometrische Kontakt diente hier nur als Auslöser.

Ängstlichkeit, Nervosität und übertriebene Skepsis errichten zuweilen mentale Barrieren zwischen meinen Besuchern und mir, wenn meine Fähigkeiten als Hellseherin gefragt sind, und unter solchen Bedingungen fällt es mir schwer, den für das Hellsehen notwendigen Kontakt herzustellen. Ich bitte sie zunächst, sich ganz zu entspannen und mir einen persönlichen Gegenstand als Vermittler zu überlassen; sobald ich denselben umfasse, fühle ich, wie die Schranken sich auflösen und erste Visionen sich einstellen. Wenn sie nur erst einmal in Fluß geraten, kann ich mich ihrer bedienen.

Hellsehen ist ein weiterer Aspekt der außersinnlichen Wahrnehmung (ASW).* Wo diese Fähigkeit nicht von Geburt an besteht, läßt sie sich viel schwerer entwickeln als die Fähigkeit zum Objektlesen. Dennoch glaube ich, daß dies bei einem entsprechenden Einsatz von Zeit und Beharrlichkeit möglich ist. Allerdings bedarf es dabei eines guten Lehrers, am besten auch des Eintritts in eine geeignete Gruppe. Solche Gruppen sind allerdings nur schwer zu finden, und wenn, ist es kaum möglich, hineinzugelangen. Hinzu kommt, daß die Entfaltung hellseherischer Fähigkeiten unendlich viel Zeit und Geduld voraussetzt und die meisten Leute vorzeitig aufgeben, falls sich nicht gleich sichtbare Erfolge einstellen. Ein mir nahestehendes Medium bemerkte mit Recht, daß es hier letztendlich um spirituelle Vervollkommnung geht, und das halte auch ich für das eigentliche Ziel. Das Streben nach übersinnlicher Macht ist ohne spirituelle Orientierung eine gefährliche Sache; es sollte nie aus niedrigen Beweggründen oder eigennützigen Absichten – und schon gar nicht aus finanziellen Überlegungen – erfolgen.

Im Zusammenhang mit Psychometrie und Clairvoyance (Hellsehen) habe ich zwei interessante Beobachtungen gemacht. Beim Vorhersagen von Ereignissen im Leben eines Menschen sind meine Aussagen um so detaillierter, je geringer die zeitliche Distanz zu diesen Ereignissen ist. Es hat den Anschein, als ob mein Blick auf entferntere Orte von einer Art Nebel beeinträchtigt ist, der sich erst beim Näherkommen verflüchtigt. Meine Vorträge ergänze ich meistens durch

* engl. ESP = extra-sensory perception. Anm. d. Übers.

einige psychometrische Demonstrationen, wobei vor Beginn des Vortrags verschiedene Artikel aus dem Auditorium auf ein Tablett oder Tischchen plaziert werden, so daß ich nicht weiß, von wem sie kommen und folglich auch keine psychologischen Rückschlüsse ziehen kann. Dabei habe ich mehrmals entdeckt, daß ein direkter Kontakt mit den Gegenständen für mich nicht immer erforderlich ist. Sobald ich die Objektlesung beginne, fühle ich mich häufig von irgendeinem der Artikel besonders angezogen, als ob von ihm eine spezielle Ausstrahlung ausginge und er mir zuriefe: »Lies mich, mein Besitzer muß unbedingt wissen, was du aus mir erspürst!« – und noch bevor ich ihn berühre, kommen bereits die Visionen in Gang. Vielleicht ist die Zweiteilung der Welt in einen geistigen und einen physischen Teil, die Descartes uns als seine Idee und sein Vermächtnis hinterließ, überhaupt nicht zutreffend, und noch viel weniger die landläufige und an der Vernunft orientierten Auffassung der physikalischen Natur als lebloser Materie. Jeder Gegenstand ist eine Gesamtheit aus Molekülen und hat sein eigenes psychisches Feld und sein eigenes Gedächtnis – Vorstellungen, die früher als purer Aberglaube verworfen wurden. Die psychische Feldstärke bestimmter Dinge und Orte – vor allem religiöser Bildwerke, sakraler Relikte sowie von Kultstätten, Opferplätzen und Wallfahrtsorten – hat ihre Gründe in den unzähligen Emotionen, Gebeten und Gedanken, die hier seit vielen Generationen einen Brennpunkt gefunden haben. Unter umgekehrten Vorzeichen könnte dies auch die Tatsache erklären, daß bestimmte Juwelen und Besitzgegenstände als unheilbringend erachtet werden, insofern sie mit den psychischen Feldern unliebsamer Personen Kontakt gehabt hatten.

9

Meditation

Ich erhalte unzählige Briefe von Leuten, die zwar mit praktischer Magie nichts im Sinn haben, aber um so mehr an den verschiedenen Aspekten spiritueller Entfaltung interessiert sind und mich fragen, wie dies zu erreichen sei. Viele von ihnen haben Schwierigkeiten mit dem Meditieren und erbitten sich Instruktionen für erfolgreiche Techniken. Vor allem wollen sie wissen, ob es ihnen wirklich nützt. Ich glaube, wenn man es vernünftig und korrekt angeht, kann es sehr lohnend sein, ganz abgesehen von dem psychologischen Gewinn, den jede spirituelle Bemühung mit sich bringt, wenn sie täglich für eine gewisse kurze Zeitspanne erfolgt und sich die Einübung innerer Gelassenheit zum Ziel setzt.

Hauptvoraussetzung ist ein stiller Raum, wo das tägliche Ritual in völliger Abgeschiedenheit und Ruhe ausgeführt werden kann. Ein Schlafzimmer zum Beispiel könnte wegen seiner gefühlsmäßigen Beziehung zu Schlaf, Stille und Abkehr von der Welt ideal sein, aber jeder andere Raum ist ebensogut – vorausgesetzt, daß man mindestens 20 Minuten lang keine Angst zu haben braucht, von irgend jemandem gestört zu werden. Meditation ist keine Flucht vor der Wirklichkeit und impliziert keineswegs einen Mangel an Bewußtsein; wer genügend darin geübt ist, kann auch beim Spazierengehen oder in Bus und Bahn seine Übungen machen. Doch für den Anfänger ist zunächst eine friedliche und stille Umgebung die *Conditio sine qua non.*

Die beste Position ist die der völligen Entspannung. Man kann zwar beim Meditieren auch im Bett liegen, aber dann besteht die Möglichkeit, daß man mittendrin einschläft. Nach neun Uhr abends sollte man nicht mehr meditieren, denn bei korrekter Ausführung erzeugt Meditation soviel Energie und erneuerte Vitalität, daß man anschließend nur schwer einschlafen kann.

Ein bequemer Lehnsessel mit ausreichenden Rücken- und Armstützen, der auch Nacken und Kopf einen guten Halt garantiert, bietet die beste Voraussetzung für eine entspannte Haltung. Alle Muskeln sollten völlig gelockert sein, um den Einstieg in die Meditation zu erleichtern. Man sollte hier ganz methodisch vorgehen und zunächst die Gesichts- und Halsmuskeln entspannen. Der Mund bleibt einfach offen, auch wenn dies nicht sehr elegant erscheint – schließlich sieht es ja keiner. Nach der heute üblichen Entspannungstechnik soll die Aufmerksamkeit auf alle Körperteile gerichtet werden, die verspannt sein könnten: ausgehend von Kopf und Hals und weiter über den Oberkörper, den Unterkörper, die Oberschenkel, Knie, Waden und Füße. Ein entspannter Körper ist der erste Schritt zur Entkrampfung von Seele und Geist.

Wenn der Körper völlig gelockert ist, muß die Aufmerksamkeit einem sanften, rhythmischen Atmen gelten. Der Meditierende konzentriert sich für wenige Minuten ganz auf die Geräusche und Empfindungen beim Ein- und Ausatmen, denn das ist die Grundlage für den nächsten Schritt: die völlige Entleerung des eigenen Bewußtseins und Geistes von allem, was uns beunruhigt. Nur Dunkelheit ist um uns, und wir verschmelzen mit ihr. Sie ist wie ein Stück schwarzen, weichen Samts. Ich weiß, wie schwer es für einen Anfänger ist, seinen Geist ganz zu entleeren, aber dies ist eine gute Übung. Jedes spirituelle Bestreben – und dazu gehört die Meditation – erfordert viel Geduld und unermüdliche Praxis. Wer sich daran hält, wird es bald zu einer erstaunlichen Fertigkeit bringen.

Die Entleerung allein genügt jedoch nicht, ebenso wie es nicht gut ist, die Gedanken ziellos treiben zu lassen; im Verein mit Tagträumen werden sie schnell das entleerte Bewußtsein okkupieren, und deshalb brauchen wir ein konkretes Symbol, über das wir meditieren, einen Mittelpunkt, um den sich unser Denken bewegt. Für einen praktizierenden Christen könnte ein Kreuz diesen Zweck erfüllen, für eine Hexe der zunehmende Mond und für den normalen Heiden ein sanft dahinfließender Fluß. Doch ein Agnostiker, der sich nicht viel aus all diesen Symbolen macht, beschränkt sich am besten auf einen für ihn wichtigen Begriff wie Liebe, Frieden, Altruismus oder Freundschaft.

Nachdem diese Entscheidung getroffen ist, sollte sich der Meditierende bei jedem Einatmen auf sein spezifisches Symbol konzentrieren und es beim Ausatmen wieder loslassen, und falls er sich für ein Wort entschlossen hat, sollte er sich dieses im gleichen Rhythmus ins Bewußtsein rufen und wieder vergessen.

Im Idealfall dauert eine Meditation nicht weniger als 20 und nicht mehr als 30 Minuten, und mit fortschreitender Praxis entwickelt der Meditierende zu Beginn ein Gefühl des »Hineinsinkens« und am Ende der festgesetzten Zeit des »Wiederemporsteigens« ins Normalbewußtsein.

Was ich hier beschrieben habe, ist eine ganz einfache Methode der Meditation für diejenigen, die sich nicht für eine der umfassenderen Disziplinen mit unterschiedlichen Methoden, wie sie von bestimmten Gruppen und Sekten angeboten werden, interessieren. Die Anhänger einiger solcher Gruppen bedienen sich eines Mantras, das für den einzelnen exklusiv ist und keinem anderen mitgeteilt werden darf. Es wird ihm gemäß seiner geistig-psychischen Charakterstruktur von einem erfahrenen Lehrer zuerkannt als die seinen Zielen am besten entsprechende Formel.

Früher wurde Meditation als alleinige Domäne von Mystikern und Heiligen betrachtet, heute wird ihr Wert sogar von der Medizin anerkannt. Auch mein Arzt empfiehlt sie seinen Patienten als Alternative zu Tranquilizern und Schlafmitteln, und sie ist schon längst zu einem unverzichtbaren Bestandteil der holistischen Heilkunde und zum Hauptcharakteristikum spiritueller Vereinigungen geworden. Sie gehört genauso zum buddhistischen und hinduistischen Alltag wie zum Sufismus, dem mystischen Herzstück des Islam, während sie innerhalb des Christentums nie eine besondere Rolle gespielt hat. Im Zuge der wachsenden Bestrebungen nach Bewußtseinserweiterung hat man sie heute wiederentdeckt, um mit ihrer Hilfe neue Einblicke in die tieferen Bereiche des Geistes zu gewinnen.

Berichte über höchst differenzierte Meditationstechniken finden wir schon im ältesten Schrifttum der Hindus und vor allem im Yoga. Dessen höchstes Ziel ist die Vereinigung mit dem Absoluten, wobei acht verschiedene Stadien zu durchschreiten sind, in deren Verlauf alle geistigen Energien für die Transformation des Individuums genutzt werden. Meditation ist sicherlich nicht eine spezifische Erfindung des Ostens und setzt keinesfalls den totalen Rückzug aus der realen Welt voraus noch einen veränderten Lebensstil mit Verzicht auf Sex, Fleisch und Alkohol.

Unser Wachbewußtsein läßt sich mit einem Schmetterling vergleichen; es befaßt sich mit immer neuen Dingen – mit großer Geschwindigkeit bewegt es sich von einer Sache zur andern und läßt sich von verlockenden Gedanken und Eindrücken verführen, die in jeder Sekunde auf es einstürmen. Konzentration ist nicht leicht zu erlernen. Je mehr man sich dabei anstrengt, desto häufiger wird man abgelenkt. Aber die Kontrolle und Zentrierung der Aufmerksamkeit auf ein bestimmtes Objekt ist die Grundlage jeglicher Meditation.

Nach der Methode des Maharishi Mahesh Yogi wird jeder Schüler, der bereits ein ihm spezifisches Mantra erhalten hat, darauf hingewiesen, dem unvermeidlichen Abschweifen der Gedanken während des Meditierens keine Beachtung zu schenken und statt dessen sich immer wieder auf sein Mantra zu konzentrieren. Zum Yoga gehören auch andere spezielle Übungen, wie zum Beispiel den Blick auf die Nasenspitze oder einen Punkt in der Mitte zwischen den Augenbrauen zu richten. Dies darf nur für eine kurze Zeitspanne geschehen, wobei die Augen zu schließen sind. Sobald sie ermüden, muß die Übung beendet werden. »Tratakam« – wie diese Technik genannt wird – stimuliert auf dem Weg über die Gehirn- und Rückenmarksnerven alle Zentren des Gehirns und hilft, die unsteten Gedanken zu kontrollieren.

In seinem Buch DIE SUFIS spricht Idries Shah von der Beobachtung, daß gesprochene Worte eine noch direktere Wirkung auf das Bewußtsein ausüben als Gesänge oder Gebete, und zwar – wie er meint – aufgrund der spezifischen Wirkung, die durch den spezifischen Klang eines Wortes im Gehirn ausgelöst wird. Und Lyall Watson stellt die Frage: »Könnte es sein, daß Worte aufgrund ihrer speziellen Frequenzen über magische Kräfte verfügen? Und können solche Worte, Formeln oder Sprechgesänge im Unterschied zu rein zufälligen Formu-

lierungen eine besondere Wirkung ausüben?« In diesem Zusammenhang stellt er fest, daß Vokale eine niedrigere Fre-
quenz als Konsonanten haben. Verschlußlaute wie »p« und
»s« haben vergleichsweise hohe Frequenzen, und vielleicht
sagen wir deshalb »Pussy« zu unsrer Katze, da ja das Katzen-
gehör für den Beutefang auf höhere Frequenzen eingestimmt
ist. Vielleicht pfeifen wir auch deshalb nach Hunden.
Am Ende erklärt sich daraus auch die Tatsache, daß die meisten Mantras hauptsächlich aus Vokalen und schwachen Konsonanten wie »l« und »m« bestehen – das berühmteste Beispiel hierfür ist das »Om« der Hindus.
Im NAJMEDDIN DAYA, einem Sufi-Klassiker des 13. Jahrhunderts, sind Instruktionen für eine liturgische Sufi-Rezitation,
bekannt als »Dhikr« (»Gedanken an Gott«), enthalten. Ich
habe selbst schon an solchen Zeremonien der Derwische in
der Türkei teilgenommen und in meinem ersten Buch darüber
berichtet. Im NAJMEDDIN DAYA lesen wir:

»Nachdem der Übende den Raum, welcher leer, dunkel
und sauber sein sollte, hergerichtet und vorzugsweise
süß duftenden Weihrauch angesteckt hat, soll er sich
mit gekreuzten Beinen, den Blick nach Mekka gerichtet,
niedersetzen. Mit den Händen auf den Schenkeln soll er
Geist und Sinne erwecken und die Augen dabei offen-
halten. Dann ruft er laut und voll tiefer Verehrung: ›La
Ilaha Illa'llah‹ (›Es gibt keinen Gott außer dem Einen‹).
Das La Ilaha muß aus der Tiefe des Bauches kommen,
wo der Nabel verwurzelt ist, und das Illa'llah ins Herz
zurückströmen, so daß die mächtige Wirkung des
Dhikr alle Glieder und Organe durchdringt.«

Und weiter heißt es:

> »Er möge das Dhikr wiederholt und mit großem Eifer aussprechen und in seinem Innersten sich dessen Bedeutung bewußt machen und jede Ablenkung zurückweisen. Wenn er an La Ilaha denkt, sollte er zu sich selbst sagen: Ich begehre nichts, suche nichts, liebe nichts, Illa Llah, außer Gott. So, mit La Ilaha, verneint und verbannt er alle wetteifernden Objekte, und mit Illa'llah bekräftigt und erhebt er die göttliche Majestät zu seinem einzigen geliebten Objekt, seinem Verlangen und seinem Ziel.«

Auch in vielen Hexenritualen spielt Meditation eine wichtige Rolle – zumindest in dem Coven, dessen Magistra oder Leiterin ich bin. Gleich zu Beginn jeder Zeremonie meditieren wir zum Klang eines speziellen Flötenstücks, das uns an den Gott Pan erinnert und unsre heidnische Verehrung für alle Formen des Lebens zum Ausdruck bringt. In ihnen erkennen wir die verschiedenen Aspekte der uralten Göttin – ihre Schönheit, ihre schöpferische Kraft; sie ist das Objekt unsrer Anbetung. Wir meditieren völlig frei, ohne Mantra, ohne Symbole, und erlauben unseren Gedanken und Vorstellungen, sich beliebig und ungehindert zu entfalten. Das Ziel unserer Meditation ist es, unser ganzes Denken und Fühlen auf unseren Kreis zu konzentrieren, auf den Zweck unseres Zusammenseins, auf die Formierung und reale Präsenz des Kreises. Gemäß der traditionellen Vorstellung der Hexen befindet sich dieser Kreis zwischen zwei Welten; der gegenwärtigen und der zukünftigen, und alle Aktivitäten, die hier stattfinden, sind weder Sache der einen noch Sache der anderen Welt.
Womit diese Rituale sich in der Regel rein praktisch befassen,

sind ganz eindeutig die Belange beider Welten, das Streben nach Führung, nach Geistesstärke und Willenskraft und das Herbeiziehen der magischen Energien aus der einen Welt in die andere zum unmittelbaren Nutzen bestimmter Individuen.

Die Meditation geht oft über das Einstimmen durch die Musik hinaus, und während des Prozesses kommt es zum Hellsehen und Hellfühlen, was in der Regel mit Reisen auf geistiger und spiritueller Ebene und mit gemeinsamen Erfahrungen innerhalb der Gruppe verbunden ist.

Das Meditieren gehört zu den acht Hexenmethoden, mit deren Hilfe magische Kräfte umgesetzt werden. In Verbindung mit Techniken der Hyperventilation (übermäßige Steigerung der Atmung) wird mentale (nicht physische) Kraft geweckt und auf ein Ziel gelenkt. Meditation wird auch häufig bei Heilungsritualen angewandt, denn wie die Erfahrung lehrt, läßt sich im entspannten Zustand ein Bild der Person, für die wir Magie betreiben, viel leichter ins Bewußtsein rufen. Für einfache Beschwerden verwenden wir Kräuterarzneien, zum Beispiel wie Sonja es tut. In früheren Zeiten verfügte die Weise Frau oder Hexe über eine ganze Reihe von Heilmitteln, die sich in den langen Jahren ihrer Anwendung als wertvoll erwiesen haben und zum Teil heute noch in der modernen Pharmakologie ihren Platz behaupten. Hexen wissen, wie man Schmerzen zum Abklingen bringt oder Verdauungsstörungen und Entzündungen behandelt. Sie verschrieben Mutterkorn gegen Geburtswehen – und das zu einer Zeit, als die Kirche solche Schmerzen als Strafe Gottes für Evas Ursünde ansah. Heutzutage werden Mutterkornderivate als Wehenbeschleuniger und zur Nachbehandlung im Wochenbett eingesetzt. Hexen benutzten die Tollkirsche wegen ihrer krampflösenden Wirkung, wenn eine Fehlgeburt drohte, wohlwissend, daß durch sie Gebärmutterkontraktionen unterdrückt werden konnten. Der Fingerhut, ein weiteres Hexenkraut, ist nach wie vor unentbehrlich zur Behandlung von Herzbeschwerden, und in England heißt es, daß eine Hexe aus Shropshire seine Heilkraft entdeckt hätte. Es liegt auf der Hand, daß auch andere Hexenarzneien ihren heutigen Ruf der langen Erfahrung der Weisen Frauen verdanken.

In ihrem Buch über die Geschichte der Frauenheiler berichten Barbara Ehrenreich und Deirdre English, daß die Methoden der Hexenheiler eine große Bedrohung für die katholische Kirche darstellten, denn als Empirikerinnen verließen sie sich auf ihre Sinne statt auf Religion und Doktrin; sie glaubten an das, was die Erfahrung sie gelehrt hatte, und an Ursache und Wirkung. Ihre Haltung widersprach der christlich-passiven, sie waren wißbegierig und vertrauten vor allem auf ihre Fähigkeit, eigene Verfahrensweisen zur Behandlung von Krankheiten, Schwangerschaft und Niederkunft zu entwickeln, die entweder auf Medikation oder Zauber beruhten – Hexenmagie war die Wissenschaft jener Zeit. Die Kirche hingegen war zutiefst antiempirisch, sie bestritt den Wert der materiellen Dinge und mißtraute von Grund auf der Erfahrung der Sinne. Nach ihrer Auffassung hatte es wenig Sinn, nach Gesetzen zu forschen, die den physikalischen Phänomenen zugrunde liegen, denn die Welt – so glaubte sie – würde von Gott in jedem Augenblick neu erschaffen.

Ihre großen Sabbate, bei denen sie ihre heidnische Religion praktizierten, nutzten die Hexen auch als willkommene Gelegenheit, ihr Kräuterwissen und ihre Erfahrungen in der Kunst des Heilens auszutauschen und weiterzugeben. Die Tatsache, daß sie heilten und halfen, war den Hexenjägern ein Dorn im Auge. Einer von ihnen hatte es so formuliert: »Denn wir sollten stets daran denken, daß wir mit Hexen nicht nur jene meinen, welche töten und quälen, sondern alle wahrsagenden Zauberer, Taschenspieler und Hexenmeister, die man allgemein Weise Männer und Weise Frauen nennt... und zu der gleichen Gruppe zählen wir alle guten Hexen, die niemandem Böses, sondern Gutes tun, die nichts verderben noch zerstören, sondern retten und befreien... Für unser Land wäre es tausendmal besser, wenn alle Hexen – und besonders die segensreichen – den Tod erleiden.«

Viele Menschen unserer Zeit, die sich wegen ihrer Leiden an Hexen wenden, erhoffen sich eine Wunderkur, nachdem die herkömmliche Medizin sie weder heilen noch ihre Schmerzen lindern konnte. Manche suchen ihr Heil auch bei alternativen Therapeuten, und in der Tat gibt es heute eine ganz neue Entwicklung, in der Akupunktur, Homöopathie, Radionik, spirituelles Heilen und dergleichen mehr einbeschlossen sind. Viele der von Schulmedizinern verschriebenen Medikamente haben Nebenwirkungen, die oft schlimmer sind als die eigentlichen Beschwerden.

Wenn Leute zu mir kommen, um für sich oder ihre Tiere Heilung zu erbitten, bestehe ich energisch darauf, daß sie zuerst einen herkömmlichen Mediziner befragen, denn ich muß über alle Details einer Erkrankung und deren bisherige Behandlung Bescheid wissen. Für gewöhnlich verschreibe ich keine Kräuterkuren, aber ich kenne einige homöopathische Mittel, die in einem ausgezeichneten Ruf stehen, und wenn ich der Meinung bin, daß sie helfen könnten, schlage ich auch eine entsprechende Behandlung vor. Da gibt es zum Beispiel die »Teufelskralle«, die man in Reformhäusern in Form von Tabletten erhalten kann und die schon etlichen meiner älteren Freunde gute Dienste getan hat – besonders jenen, die an Arthritis litten. Leider hat sie nicht allen geholfen. Als mein ältester Sohn sich ein Bein brach, schlug ich ihm eine Behandlung mit Wallwurz, auch Beinwell genannt, vor, das entweder als Tablette oder in flüssiger Form erhältlich und ein ausgezeichnetes Heilmittel bei Knochen- und Gewebeerkrankungen ist. Arnika ist bei Blutergüssen und Quetschungen sehr wirksam und verhindert das Erbrechen nach Operationen als Folge der Anästhesie.

Verstauchte Gliedmaßen profitieren von Bädern mit einer beigefügten Abkochung aus Beinwell und Mohnkapseln. Beide Zutaten werden in einem Tiegel miteinander gekocht und so lange beim Sieden belassen, bis das Wasser eine schmutzigbraune Farbe annimmt. Nach entsprechender Abkühlung wird der verletzte Körperteil etwa zehn Minuten lang darin gebadet, und zwar so heiß wie gerade noch erträglich, und das mehrmals am Tage. Daß diese Kur entzündliche Schwellungen zum Abklingen bringt, kann ich aus eigener Erfahrung bestätigen. Sie war das bevorzugte Hausmittel meiner Mutter, wenn ich als Kind mir den Fuß verstaucht hatte. Alternative Heilmethoden sind immer dann von Nutzen, wenn die Schulmedizin sich als hilflos erweist. Ob dabei psychosomatische oder suggestive Mittel eingesetzt werden, ist nicht so entscheidend. Es ist der Erfolg, welcher zählt. Trotz dieses Plädoyers bin ich realistisch genug, um nicht zum Opfer gewisser alternativer Therapeuten und ihrer allzu spekulativen Theorien zu werden.

Im Verlauf eines Gesprächs mit einem Vertreter der radionischen Methode, den ich aufgesucht hatte, weil ich wegen gewisser Beschwerden sehr widersprüchliche Diagnosen von meinen Ärzten erhalten hatte, ließ dieser eine sehr seltsame Bemerkung in die Beratung einfließen. Er sagte zu mir: »Es wäre natürlich auch denkbar, daß die Ursachen Ihrer Beschwerden in einem früheren Leben zu suchen sind.« Ich muß sehr verblüfft dreingeschaut haben, weil er sich sofort mit folgender Geschichte zu rechtfertigen suchte: »Ich hatte es einmal mit einer Amerikanerin zu tun, deren Mutter an Krebs litt, und sie fragte mich, ob ich ihr helfen könne. Nachdem ich von der Erkrankten eine Haarsträhne erhalten hatte und diese diagnostizierte, fand ich heraus, daß der Krebs karmisch bedingt war, und mir wurde gesagt, diese Angelegenheit auf sich beruhen zu lassen.« Wenn Therapeuten derartige Ungereimtheiten von sich geben, muß ich an ihrer Glaubwürdigkeit zweifeln und bin froh, in einem Zeitalter zu leben, wo ich mich vertrauensvoll der Kunst eines erfahrenen Spezialisten überlassen kann, der meine Heilung nicht von meinem karmischen Befund abhängig macht!

10

Die Schatten von Jung und die Steinkreise

Eines Tages wurde ich von einem Mann angerufen, der mein Buch gelesen hatte und mich fragte, ob er zu mir kommen und mit mir reden könne. Ich war zu dieser Zeit sehr beschäftigt und zögerte zunächst, auf ihn einzugehen, doch eine gewisse Verzweiflung im Klang seiner Stimme veranlaßte mich schließlich, ihm – wenn auch ungern – die Bitte zu erfüllen. Der Ankömmling war ein sehr gut aussehender Herr von nicht mehr als 50 Jahren. Er hatte einen Bentley, der von einem Chauffeur gefahren wurde und der vor meiner Haustür neben meinem Sportmobil und anderen bescheidenen Vehikeln der Nachbarn sehr fehl am Platz erschien. Und als sein stolzer Besitzer in einem eleganten Savile-Row-Anzug meine Wohnung betrat, fragte ich mich, was ausgerechnet so einer sich von einer Hexe versprach, der offenbar schon alles hatte, was in einem materiellen Sinne erstrebenswert sein mag.

Zunächst plauderten wir über Belanglosigkeiten, bis mein Klient endlich zur Sache kam. Er erzählte mir, daß er zu Beginn seiner Karriere vor 25 Jahren einen Geschäftspartner hatte, mit dem er sehr befreundet war und der seinerseits eine Menge Geld in das gemeinsame Unternehmen investiert und deshalb auch sein eigenes Haus mit einer Hypothek belastet hatte. Nach einem mißlungenen, zwielichtigen Geschäft, dessen Einzelheiten er mir vorenthielt, hatte er seinen Freund betrogen und ihn um sein gesamtes Vermögen gebracht, worauf dieser keinen Ausweg mehr sah und Selbstmord beging. Zurückgeblieben waren dessen Frau und zwei kleine Kinder – ohne ein Zuhause und ohne irgendwelche Unterstützung.

Mein Besucher gab zu, daß er gewissenlos und erbärmlich gehandelt und ohne Rücksicht auf die Betrogenen – von Reue ganz zu schweigen – sein Wirtschaftsimperium zur Blüte gebracht hatte. Jahrelang war er damit beschäftigt, immer noch mehr Reichtümer zusammenzutragen, und nur allmählich war ihm zu Bewußtsein gekommen, wie leer und steril sein Leben geworden war.

Er war zum dritten Mal verheiratet, die beiden ersten Ehen wurden geschieden, und mit der jetzigen sah es nicht viel besser aus. Er hatte eine Menge Geschäftsfreunde, aber keinen wirklichen Freund. Alle Frauen und Männer, die er an sich zu binden versuchte, hatten ihm wieder den Rücken gekehrt. Auch zu seinen halbwüchsigen Kindern aus den verschiedenen Ehen hatte er keine Beziehung mehr. Selbst die Haustiere, die sich in seiner Gegenwart scheu und unruhig gebärdeten, schienen ihn nicht zu mögen. In den letzten Monaten war ihm mehrmals sein betrogener Teilhaber in seinen Träumen erschienen, und nun fühlte er sich von ihm verfolgt. Und mehr noch: Während seiner Arbeit hörte er seltsame Laute wie von einer schluchzenden Frau und weinenden Kindern, obwohl niemand anders ihm diese Geräusche bestätigen konnte.

Da er zu keiner Religionsgemeinschaft gehörte, sah er nirgendwo eine Möglichkeit, Frieden und Trost zu finden, und konnte keinen Sinn mehr in seinem Leben erkennen. Das war letztendlich der Grund, weshalb er meinen Rat suchte.

Als ich ihn fragte, was er denn von mir wollte, zögerte er

zunächst und sagte dann: »Vergebung. Ich habe Ihnen die dunkelsten Seiten meines Lebens enthüllt, und Sie haben Zugang zu Dingen, die mein Verständnis übersteigen. Ich bereue, was ich damals getan habe, und mein Gewissen quält mich – bitte helfen Sie mir, Vergebung zu finden!«

»Ich bin kein Priester«, antwortete ich ihm, »ich kann Ihnen keine Absolution erteilen. Aber ich werde Ihnen helfen, wenn ich kann.«

Einige Monate später stieß ich zu meiner Überraschung in der Autobiographie C. G. Jungs auf eine ähnliche Geschichte. Der berühmte Psychologe hatte dieses Protokoll einer Begegnung unter tausend anderen für die Nachwelt aufgezeichnet. Es betraf eine Frau, die eines Morgens in seinem Büro erschien und von der er nicht einmal den Namen erfuhr. Genauso wie mein wohlhabender Klient verschwand auch sie wieder aus dem Leben des Meisters, ohne daß er ihren Namen erfahren hätte.

In Jungs Fall hatte die Frau lediglich zugegeben, daß sie Ärztin war und vor etlichen Jahren ihre beste Freundin umgebracht hatte, um deren Mann heiraten zu können. Der Mord war niemals entdeckt worden; sie konnte also ihren Liebhaber heiraten, und die beiden hatten eine gemeinsame Tochter. Offensichtlich war sie sich der Tragweite ihrer Tat nicht bewußt und nahm ein gewisses Unbehagen als natürliche Konsequenz in Kauf. Doch einer allgemeinen atmosphärischen Veränderung, die durch die Selbstschädigung ihrer Persönlichkeit bedingt war, konnte sie sich nicht entziehen – das heißt, ihre eigene mentale Befindlichkeit hatte eine Zäsur erfahren.

Hinzu kam, daß ihr Mann bald nach der Hochzeit verstarb, ihre Tochter woanders aufwuchs und sich ihr entfremdete, um schließlich ganz aus ihrem Leben zu verschwinden.

Ebenso entfernten sich ihre Freunde – einer nach dem andern – und selbst die Tiere, die sie so sehr liebte, schienen ihr auszuweichen. Sie mußte das Reiten aufgeben, weil die Pferde, mit denen sie früher so gut umzugehen verstand, sie plötzlich scheuten und nervös wurden, und ihr Lieblingspferd sie aus dem Sattel warf. So waren ihr nur noch die Hunde geblieben, an die sie sich dementsprechend klammerte, bis einer von ihnen, dem sie besonders zugetan war, eingeschläfert werden mußte. Am Ende konnte sie diese Aussperrung vom Leben und der Natur nicht länger ertragen und ging zu Jung, um zu beichten. Es blieb bei diesem einzigen Besuch, und Jung sah und hörte nie mehr etwas von ihr, aber das Bild dieser Frau und ihrer totalen Entfremdung von ihrer eigenen Realität hat ihn noch lange beschäftigt.

Er hatte festgestellt, daß ein Mensch zwar schreckliche Dinge – wie in diesem Falle den Mord an der Freundin – in sich verschließen, aber niemals seine lebendige Umgebung damit belügen kann und daß die Konsequenzen für die eigene Person sich in Gestalt eines ständigen Unbehagens, einer Entfremdung oder sogar verhängnisvoller Ereignisse in der Umwelt des Täters zeigen, wobei es manchmal den Anschein hat, als ob Tiere und Pflanzen davon wüßten. Auch Laurens van der Post kam in seinem Buch über Jung auf die Geschichte dieser Frau zu sprechen, und so wurde ich ein weiteres Mal an meine eigene diesbezügliche Erfahrung mit meinem Klienten erinnert. Dieser Autor zieht Vergleiche mit Beobachtungen, die er im Innern Afrikas über die Vorstellungswelt primitiver Völker gemacht hatte. Sie glauben daran – so sagt er –, daß der Natur kein noch so kleines Geheimnis auf Dauer verborgen bleibt, und wenn ein Mensch sich an ihr auf verbrecherische Weise versündigt, würden ihn sogar die Gräser durch spezifische Laute, die sie unter dem Tritt seiner Füße hervorbrachten, beschuldigen.

Van der Post hatte Jung von seinen ungewöhnlichen Eindrükken bei der Erforschung von Busch- und Wüstengebieten berichtet. Er sagt, daß selbst die verborgensten Absichten, die mit einem Besuch dieser Landschaft verbunden seien, sich den einheimischen Tieren, Vögeln, ja auch Pflanzen auf unerklärliche Weise mitteilen. Diese Empfindungen seien so konkret, daß sie sich auch objektiv auswirkten. Zum Beispiel hatte er herausgefunden, daß eine plötzliche Veränderung im Verhalten von Fauna und Flora zu beobachten sei, wenn er in der bloßen Absicht, einen Bock oder Vogel für seine Mahlzeiten zu jagen, den Busch betrete, auch wenn seine Kleidung und Ausrüstung einschließlich des Gewehrs, das er immer mit sich trüge, dieselbe sei wie seit vielen Wochen. Und das sei nicht nur seine persönliche Erfahrung; die scharfsinnigsten unter den großen Jägern – Eingeborene sowohl wie Europäer – könnten ihm das bestätigen. Daraufhin hätte ihm C. G. Jung ruhig, doch reichlich resigniert entgegnet: »Und dennoch verleugnen sie weiterhin die Realität des kollektiven Unbewußten.«

Jung hat noch etwas entdeckt, was für mich als Hexe von besonderem Interesse ist. Schon vor Jahren sprach er von einem bis heute nicht definierten, imaginären Punkt, um den sich unsere Wahrnehmungen, Träume, Visionen und anderen innersten Regungen bewegen wie Planeten und Monde um eine Sonne. Mir erscheint das wie eine seltsame Wiederentdeckung dessen, was früher einmal als »magischer Kreis« bezeichnet wurde. Einige unter Jungs Patienten, die für dieses Phänomen weder einen sprachlichen noch bildlichen Ausdruck fanden, versuchten, es für ihn zu tanzen. Eingeborene in Afrika, die sich noch auf einer steinzeitlichen Entwicklungsstufe befinden, tun dies bis zum heutigen Tag. Ganze Stammesverbände aus Eingeborenen jeglichen Alters tanzen in wilder Besessenheit von Sonnenuntergang bis -aufgang um ein vom Wahnsinn ergriffenes Stammesmitglied, wobei sie dessen vermeintlich entflohene Seele durch beschwörende Gesänge und lautes Klagen zur Rückkehr bewegen wollen.

Van der Post war sehr erstaunt über den Erfolg dieser Rituale, die ja stets einem bestimmten Zweck dienten, und C. G. Jung war nicht minder erfreut über seine Entdeckung des Kreises als Modell eines geistigen Prozesses, den er in sich und anderen bestätigt fand. Er hielt diese Idee für so zwingend, daß er selber begann, Kreise zu malen. Und da sich diese Aktivitäten als sehr trostbringend und sinnvoll erwiesen, zeichnete er jahrelang kaum etwas anderes als dieses mystische Symbol, das er schon bald – nach dem Sanskritwort für »Kreis« – »Mandala« nannte, ein Begriff, der zugleich die der Figur innewohnenden Bewegungen und Prozesse miteinbeschließt. Der eigentliche Anstoß für diese Namensgebung waren einige Zeichnungen seiner Patienten, die ihm als nahezu exakte Kopien der in Tibet für religiöse Unterweisungen benutzten Mandalas erschienen – eine Tatsache, die den Patienten selbst nicht bekannt war. Für die afrikanischen Araber heißt »Mandala« auch »Brille« und hat sowohl die Bedeutung von »Vergrößerung« und »Erweiterung« als auch die der »zwei Wege des Geistes«.

Diese arabische Interpretation erinnert mich sehr stark an die Elemente und Absichten der Hexen in ihren magischen Kreisen, wo eine »Erweiterung« des normalen Alltagsbewußtseins stattfindet, die ihren Höhepunkt in der gemeinsamen spirituellen Anstrengung, durch Invokation die Kraft der Götter herbeizurufen und im Kreis zu zentrieren, hat; der »zweite Weg« wäre dann die Projektion der herbeigezogenen Energien in die Welt außerhalb des Kreises.

In England gibt es einen uralten Steinkreis, dessen Geschichte mit dem Wirken einer Hexe in Verbindung gebracht wird –

falls es stimmt, was uns eine mehr als 400 Jahre alte Legende berichtet. Der Kreis als solcher besteht aus 76 Steinen. Er liegt in der Mitte zwischen Oxford und Stratford-on-Avon und ist unter dem Namen »Rollright Stones« bekannt. Gemäß der Sage wären die Steine in einer früheren Zeit nach London marschiert und hätten ganz England erobert, wenn nicht eine Hexe sie daran gehindert hätte.

Außer den 76 Steinen gibt es auf der anderen Seite der Landstraße, doch ein Stück weiter entfernt, den sieben Fuß hohen »King Stone«, der unterhalb einer Hügelkette fest in der Erde verankert ist. Doch von der Anhöhe aus kann man das Dorf Long Compton und die ganze Umgebung überblicken.

> Sieben lange Schritte sollst du gehen.
> Bis Long Compton du kannst sehen.
> König von England sollst du sein...

Dies waren die Worte, die der König aus dem Mund einer Hexe vernahm, als er auf seinem Marsch durch England den Gipfel der Hügelkette erreicht hatte. Aber dieser Hügel gehörte der Hexe, und als er weitermarschierte, wuchs der Erdboden vor ihm in die Höhe und versperrte ihm den Ausblick. Die letzten Worte, die er noch hörte, bevor er und seine Mannen zu Stein erstarrten, waren:

> Da Long Compton du nicht mehr siehst,
> du auch nicht König von England bist.
> Erhebe dich, Stock, bleib stehen, Stein,
> denn König von England sollst du nicht sein.
> Du und deine Mannen erstarren zu Stein,
> ich aber werd' ein Holunderbaum sein.

Der Sage zufolge soll es unmöglich sein, die genaue Anzahl der Steine dieses riesigen Kreises festzustellen, und wem es dennoch gelänge, dessen Tage wären gezählt, denn er müßte innerhalb eines Jahres sterben. Die Schwierigkeit jedoch beim Zählen der Steine hat etwas damit zu tun, daß einige der Steine kaum über den Erdboden hinausragen und andere ganz dicht beisammenstehen. Auf einen der größten von ihnen soll ein beherzter Mann einmal einen Laib Brot gelegt haben, der ihm zur Markierung beim Zählen diente, woraufhin er die richtige Zahl ermittelte. Ob er jedoch diese mutige Aktion länger als ein Jahr überlebt hat, ist nicht bekannt.

Die Sage beinhaltet ferner, daß sich die Steine von Zeit zu Zeit wieder in Menschen verwandeln und sich zur Hexenstunde um Mitternacht die Hände reichen, um den Hügel hinunterzutanzen, wo sie Wasser aus einem nahegelegenen Bächlein trinken. Nach einer anderen Version treffen sich Krieger und König einmal im Jahr in einer bestimmten Nacht in einer unterirdischen Höhle, wo sie trinken und feiern und sich gegenseitig auf den Tag vertrösten, an dem sie wieder als Menschen aus Fleisch und Blut ein zweites Mal zur Eroberung Englands ausziehen.

Noch vor hundert Jahren sollen die Einheimischen am Abend des ersten Mai und zur Mittsommernacht fröhliche Feste im Steinkreis gefeiert haben. Die Hellsichtigen unter ihnen hätten dabei den Feen zugeschaut, die um den Königstein tanzten und ringförmige Spuren im frischgrünen Gras hinterließen.

Dr. A. J. Evans berichtete in einem Artikel des FOLKLORE JOURNAL von 1895, daß ein gewisser Will Hughes aus Long Compton und dessen Mutter mit ihren Gespielinnen schon zuvor viele Male die Feen beobachtet hätten. Es gab ferner einen alten Brauch, wonach kinderlose Frauen zur Mitternachtsstunde den Königstein besuchten und ihn mit ihren nackten Brüsten berührten, weil sie auf diese Weise ein besonders intelligentes und glückliches Kind bekommen würden, das – gehegt und gepflegt von den Feen – ein Leben ohne Sorgen führen könnte, da das kleine Volk ihm stets hilfreich zur Seite stünde.

Auch glaubte man, daß Gebete, die in der Mitte des Kreises für Kranke gesprochen wurden, eine raschere Heilung herbeiführten. »Diese beiden zuletzt erwähnten Vorstellungen sind offensichtlich Überbleibsel von uralten Ritualen, als noch die Priester der früheren Heiligtümer das umliegende Land unter ihrer Kontrolle hatten und ihre Gläubigen lehrten, daß jedes hier dargebrachte Opfer viel wirksamer als alles andere sei« – so steht es in einem Buch aus der Jahrhundertwende geschrieben, das in Oxford erschienen ist.

Der Durchmesser des Steinkreises entspricht mit seinen 35 Yard* genau dem des inneren Kreises von Stonehenge, und der Eingang befindet sich hier wie dort im nordöstlichen Teil der Anlage. Der Name des nächstgelegenen Dorfes lautet heute »Rolendrich« in älterer Schreibweise »Rholdrwyg«, was soviel heißt wie »Druidenrad« oder »Druidenkreis«. Das irische Äquivalent »Roilig« bedeutet »Kirche der Druiden«. Im übrigen wurden etliche der für die Frühzeit so charakteristischen Hügelgräber oder Grabhügel in unmittelbarer Nähe gefunden.

Entsprechend alt ist auch die Legende vom König mit seinen Gefolgsleuten. Noch im 16. Jahrhundert haben die Einheimischen fest daran geglaubt, daß die Steine einst Menschen waren, die von einer Hexe verzaubert wurden, und »sie nahmen es jedem übel, der dies bezweifelte – ja, der lief sogar Gefahr, wegen seines Nichtglaubens gesteinigt zu werden«.

* 1 britisches Yard = 0,914 m

Im gleichen FOLKLORE JOURNAL sagt Dr. Evans folgendes über den Holunderbaum: »Der Beweis, daß der Holunderbaum eine Hexe ist, liegt in der Tatsache, daß er blutet, wenn er beschnitten wird«, und er spricht ferner davon, daß es in diesem Distrikt ein alter Brauch sei, sich in der Mittsommernacht, wenn der Holunder blüht, rund um den Königstein zu versammeln. »Und wenn dann der Holunder beschnitten wird und blutet, bewegt der König sein Haupt.«

In Dänemark, so fährt Evans fort, hat man angeblich gesehen, wie ein Holunderbaum sich im Zwielicht fortbewegte. Auch in Andersens Märchen werden seine magischen Eigenschaften hervorgehoben. So soll zum Beispiel sein Blütentee Träume hervorrufen, in denen die Holunderfrau dem Schlafenden erscheint, umringt von lieblich duftenden Blüten und Blättern.

Die früheste Erwähnung des Baumes im Zusammenhang mit seinen zauberischen Kräften finden wir in den historischen CANONS OF KING EDGAR. Hier heißt es: »Überall im Lande werden aus Holunderblüten Frühlingswässer für die Haut zubereitet, aber als wichtigstes Schönheitsmittel gelten junge, gepreßte Blätter, die mit Schmalz vermengt werden. Während der im Herbst aus den roten Beeren gewonnene schwere Wein eine unvergleichliche Wirkung bei Halsbeschwerden hat, ist er heiß zubereitet ein ausgezeichnetes Stärkungsmittel nach langer anstrengender Fahrt an einem naßkalten Winterabend. Man findet ihn in fast jedem ländlichen Haus.« Kein Wunder, daß sich um diesen magischen Baum so viele Legenden angesammelt haben.

Im Widerspruch hierzu heißt es aber auch, daß ein Holunderbaum im Garten die Hexen vertreibe! Doch meistens laufen die Legenden darauf hinaus, daß diese vielmehr in ihm ihren Wohnsitz haben und vor jedem Abbrechen eines Zweiges ihre ausdrückliche Erlaubnis eingeholt werden muß. Was aber geschieht, wenn sie »nein« sagen? Darüber erfahren wir nichts. Ich könnte mir zumindest vorstellen, welchen Schrekken solch eine körperlose Stimme manch einem einjagen würde!

Die Anfänge der Steinsetzung reichen weit ins Dunkel der Frühgeschichte zurück. Ganz in der Nähe der Rollright Stones – in einem Kornfeld nur 400 Yards südöstlich von ihnen – finden wir eine weitere Gruppe von fünf eng zusammenstehenden Steinen. Sie heißen »The Whispering Knights« (»Die flüsternden Ritter«), weil sie aus der Entfernung wie kniende Männer mit zusammengesteckten Köpfen erscheinen, die offensichtlich in ein geheimes Gespräch vertieft sind.

Als mein Mann und ich im vergangenen Sommer bei einem Besuch der Rollright Stones mit anderen Touristen ins Gespräch kamen, erfuhren wir ganz beiläufig, was sich unlängst an diesem Ort ereignet hatte. Eine Gruppe von Leuten, die in einem offiziellen Auftrag die Kultstätte inspizierte, hatte sich an einem der Abende inmitten des Steinkreises niedergelassen, als plötzlich einer der Teilnehmer in »eine Art Trance« geriet, wobei ihm eine wilde, in Tierhäute gekleidete, weibliche Gestalt erschien, die ihn mit einem Messer bedrohte. Ihre Augen, so hieß es, hätten schrecklich gefunkelt. Die Angst, die den Mann bei diesem Anblick befiel, hätte sich sofort auf die Gruppe übertragen, so daß sie panikartig auseinanderstob.

Nachfragen im Hotel, in dem diese Leute logiert hatten, führten zu keinen neuen Ergebnissen, und ich kann nur annehmen, daß es sich bei dieser ungewöhnlichen Erscheinung um eine der heidnischen »Alten« – die Beschützerinnen der heiligen Orte – gehandelt haben muß.

Die Rollright Stones, die sich in Privatbesitz befinden, sind erst kürzlich eingezäunt worden und nur noch tagsüber für Besucher zugänglich. Vor vielen Jahren zelebrierte der Coven, zu dem ich damals gehörte, ein Mittsommernachtsritual im Innern des Steinkreises, wo wir die ganze Nacht verblieben. Ich kann mich noch deutlich an die hinter den Steinen aufsteigende Sonne erinnern und an die ersten Frühnebel über den umliegenden Feldern. Es war ein großartiges, magisches Erlebnis. Bedauerlicherweise diente die Kultstätte mehr und mehr allerlei fragwürdigen Aktivitäten okkultistischer Zirkel und ist daher im Interesse der Erhaltung der Anlage an gewissen Tagen des okkulten Kalenders für die Öffentlichkeit gesperrt.

Vor einigen Jahren war ich an einem Programm der BBC-Television Manchester beteiligt, in dem es um den Pendle-Hill-Distrikt in Lancashire ging, eine Gegend, die im 17. Jahrhundert der Treffpunkt vieler Hexen gewesen sein soll. Auf dem Hügel selbst befand sich eine heidnische Kultstätte, und es heißt, daß auch die Römer dort oben ihre Götter verehrt hätten. Wenn man von Süden kommt, scheint die Anhöhe sich steil gegen den Himmel abzusetzen, benützt man jedoch die Route über die verschiedenen kleineren Orte wie Sabden, Clitheroe, Downham und Roughlee, erkennt man, daß der Hügel ziemlich flach in die umliegenden Moorgebiete übergeht. Es gibt eine interessante wissenschaftliche Abhandlung von Edgar Peel und Pat Southern über die Hexenprozesse von Lancashire. Darin geht es über die Auseinandersetzungen und wahren Schmutzschlachten einiger hier ansässigen Familien, die sich schließlich im Jahr 1612 gegenseitig dem Henker auslieferten. Kurz gesagt, eine ganze Schar vermeintlicher Hexen wurden dabei exekutiert, obwohl keinerlei Beweise für die diversen Anschuldigungen vorgebracht werden konnten.

Das bedauernswerteste unter den Opfern war eine Witwe namens Alice Nutter, die in Roughlee Hall, einem aus grauen Steinen errichteten Schlößchen, gelebt haben soll. Dieses Gebäude ist auch heute noch zu besichtigen und ein beliebtes Ziel für neugierige Touristen. Leider hat die Historikerin Gladys Whittaker trotz umfangreicher Studien zur Geschichte von Roughlee Hall keinerlei stichhaltige Belege dafür finden können, daß eine Frau namens Alice Nutter hier gelebt hat. Auch Edgar Peel und Pat Southern konnten lediglich mit einem Namenszug des Sohnes der Alice Nutter – nämlich Miles Nutter – aufwarten, mit dem etliche zur Damhead-Farm in Roughlee gehörige Dokumente unterzeichnet waren. Wer immer sich mit der Story der Hexen aus Lancashire befaßt hat – sei es in Romanform oder als geschichtliche Abhandlung –, muß sich notgedrungen auf die Chroniken eines Thomas Potts, Sekretär im Bezirksgericht der North Parts, beziehen, der im November 1612 in seinem Wohnsitz in der Chancery Lane eine Schrift über die »wunderbare Entdeckung von Hexen in der Grafschaft Lancaster« verfaßte. Er hat nie behauptet, daß Alice Nutter in Roughlee Hall lebte, er hat sich lediglich mit Roughlee als einem »Unterschlupf« befaßt, und auch Pendle Forest war in Wirklichkeit kein Wald, wie der Begriff »forest« es vermuten ließe; es handelte sich hier um ein bloßes Jagdgebiet. Tatsache ist, daß fast alle Verurteilten jener Tage in diesem Gebiet zu Hause waren und die meisten der ihnen angedichteten Bosheiten dort begangen wurden, und deshalb nannte man sie die »Pendle Witches«.
Pendle Hill ist eine sehr einsame und düstere Gegend mit melancholischem Charakter – ich würde sie sogar als schaurig und furchterregend bezeichnen. An ihrer Wildheit wird sich seit dem 17. Jahrhundert wohl kaum etwas geändert haben. Während meines Aufenthalts in Edgar und Ana Peels Haus

habe ich viele Stunden damit verbracht, etwas mehr über Pendle Hill zu erfahren; die eigentümliche Atmosphäre dieses Landstrichs, der voll unausgesprochener Geheimnisse ist, hat mich sehr beeindruckt, und ich versuche gern, mir vorzustellen, was sich vor 300 Jahren hier wirklich ereignet hat.

Heute wimmelt es dort von allen möglichen Pseudohexen und »Satanisten«, wenn man der Lokalpresse glauben darf, so daß die örtlichen Kirchen sich eifrig mit dieser okkulten Explosion befassen und ernsthaft erwägen, ein riesiges Kreuz auf Pendle Hill zu errichten, um den Besitzanspruch der Christenheit auf dieses Gebiet zu unterstreichen. Aber wie es den Anschein hat, werden die zuständigen Gemeindeverwaltungen derartigen Plänen nicht zustimmen. Die Kontroverse über Pendle Hill hat inzwischen hysterische Formen angenommen, weshalb die lokale Fernsehstation sich veranlaßt sah, sie zum Gegenstand einer Sendung zu machen, und die christlichen Fundamentalisten ein weiteres Mal ihre uralte Botschaft ausposaunten, daß der Teufel die Wurzel allen Übels sei.

Wie gut, daß es den Teufel gibt und man ihm alles, was nicht ganz orthodox erscheint, in die Schuhe schieben kann!

II

Hagelstürme, Hochzeiten und Hausgeister

Manche Zuschriften, die gelegentlich bei mir eintrudeln, enthalten das seltsame Ansinnen, doch bitte dafür zu sorgen, daß die Urlaubstage des Absenders warm und sonnig sein mögen – und dem folgen genaueste Informationen über Zeitpunkt und Ort des geplanten Ferienaufenthalts – meist irgendwo in England, und bekanntlich sind die Wetteraussichten hierzulande nicht immer rosig. Immer wieder wundere ich mich über die Wünsche meiner Briefschreiber und finde es recht eigenartig, daß sie uns Hexen generell die Fähigkeit zuschreiben, das Wetter beeinflussen zu können. Während einer ausnahmsweise anhaltenden Hitzeperiode war ich einmal bei Sonja zu einer Gartenparty eingeladen, doch an diesem Tag schienen sich alle Tore des Himmels zu öffnen und ein gewaltiger Wolkenbruch setzte nicht nur den Garten, sondern auch Teile des Hauses unter Wasser. Verständlicherweise überkam mich die Lust, meine Hexenschwester ein wenig zu necken. »Sonja«, sagte ich zu ihr, »zumindest hätte ich geglaubt, daß du bei deiner eigenen Party für gutes Wetter sorgst!«
Sie schaute mich grimmig an und erwiderte : »Warum sagst du das mir – sag es doch meiner Gehilfin!«, womit sie mich auf eine junge Freundin verwies. Aber dieses Mißgeschick hat sie nie wirklich verwunden.

Ein gewisser Heinrich Kramer veröffentlichte 1484 ein gelehrtes Traktat über das damalige »Unwesen« der Hexen, die er des Mordes an Menschen und Vieh, der Vernichtung von Ernteerträgen, Verwandlung von Menschen in Tiere, Heraufbeschwörung schrecklicher Mißstände und Verhängung von Sterilität bezichtigte. Ebenso glaubte er, daß Hexen fähig seien, Hagelstürme, Regen und Gewitter herbeizuführen. Unter anderem berichtet er von einem auf Hagelstürme spezialisierten Hexer, den er über seine Praktiken befragt hatte. Die Antwort war, daß der Mann sich durch besondere Zauberformeln einen bösen Geist dienstbar machte und einen schwarzen Gockelhahn an einem Kreuzweg opferte, worauf er dem Geist genaue Anweisungen über den Ort des Hagelzaubers gab. Unglücklicherweise ging der Hagel nicht immer an der erwünschten Stelle nieder.

Wegen dieses Deliktes mußte sich – laut Kramer – im Jahr 1324 eine Hexe vor dem Gericht in Kilkenny verantworten, die sogar neun schwarze Hähne an einem Kreuzweg geopfert hatte. Für eine andere Methode des Wettermachens wird lediglich eine kleine Schüssel voll Wasser gebraucht, in dem die Hexe mit ihrem Finger herumrührt und dabei unter Murmeln geheimer Formeln den Namen jenes Ortes nennt, wo es nach ihrem Willen regnen soll. Beide Methoden werden auf die eine oder andere Weise auch heute noch von Schwarzmagiern in Zentralafrika – und meist mit Erfolg! – ausgeübt.

Es erleichtert mich ungemein, daß es in meinen geographischen Breiten kaum noch schwarze Hähne gibt, so bleibt es mir weitgehend erspart, Hagel oder Regen herbeizaubern zu müssen. Nur bei äußerst seltenen Gelegenheiten wage ich es, mich in das natürliche Wettergeschehen einzumischen. Ich empfinde diese Art von Magie genauso frustrierend wie das Verkaufen von Häusern, selbst wenn ich dabei Erfolg habe und auch gerne ein Lob dafür einstecke. So ganz klar war es mir nie, wieweit ich selbst für den plötzlichen Wetterwechsel verantwortlich war! Vor vielen Jahren hat mir meine Mentorin und Lehrerin einmal beigebracht, wie man eine gelegentliche Wolke mit Hilfe lateinischer Formeln und mentaler Konzentration hinwegzaubern kann – für sie war das ein Kinderspiel – aber dann, als aufgrund meiner eigenen Prophezeiung Marys Hochzeit bevorstand (zu der ich ja eingeladen war) und der Himmel sich seit drei Wochen in ein undurchsichtiges Grau gehüllt hatte, aus dem der Regen in endlosen Strömen herunterprasselte, fühlte ich, daß zum Vertreiben derartiger Quantitäten ein wenig mehr Kraft gehörte. Jedesmal, wenn ich Marys Mutter begegnete, fing sie von neuem zu stöhnen an: »Ach, Lois, ich kann kaum glauben, daß sich das Wetter bis zur Hochzeit am Samstag noch ändert!«

Ich hatte mir schon ausgemalt, meinen Hund Güzel zu opfern, auf den ich so wütend war, weil er mir fünfmal am Tag meinen blanken Küchenboden verdreckt hatte. Aber dazu konnte ich mich am Ende doch nicht entschließen.

Mir war ziemlich klar, was Mary hinsichtlich des Wetters von mir erwartete, aber mich beschäftigte noch ein anderes Problem, das etwas mit einer Geschichte meiner Mutter zu tun hatte. Als nämlich diese in den zwanziger Jahren während einer Radtour mit meiner Schwester in ein Unwetter geriet, wurde der Kopfteil ihres damaligen Strohhuts dermaßen deformiert, daß er in der Tat dem Spitzkegel eines Hexenhuts glich! Daran mußte ich denken, als mir meine Nachbarin Rosalind einen Strohhut für Marys Hochzeit zur Verfügung stellte. Nach mehreren Anproben war ich überzeugt, daß er zu den wenigen Hüten gehörte, in denen ich halbwegs normal aussah; allerdings würde er wohl, wenn es so weiterregnete, ebenfalls jene Form annehmen, die mich beim Empfang gleich als Hexe auswies. Und ich wagte nicht, an Rosalinds Reaktion bei der Rückgabe zu denken. Daß es Regenschirme gibt, ist mir nicht unbekannt – aber sie sind mir viel zu sperrig und gehen dauernd verloren. Ein Schönwetterzauber war also unumgänglich.

Der Regen prasselte noch immer gegen die Scheiben, als ich am Abend vor der Hochzeit die Ingredienzen für den Zauber zusammentrug. Darauf sprach ich die okkulten Formeln, vermischte die einzelnen Bestandteile, um sie schließlich draußen in die vier Winde zu streuen. Der Regen durchnäßte mich bis auf die Haut, verklebte mir die Haare und rann mir den Nacken hinunter, tropfte mir von der Nase und benetzte die Brille, daß ich nicht mehr sah, was ich tat. Ich fühlte mich hundsmiserabel, als ich mich endlich wieder ins Haus flüchtete. Während ich mich trockenrieb, munkelte ich zu mir selbst, daß nach dieser gewaltigen Anstrengung die Wirkung entsprechend sein müßte – und wehe, wenn nicht!

Und was für ein Wunder – ein strahlend schöner Samstagmorgen dämmerte herauf mit einem blauen, wolkenlosen Himmel. Ich konnte es kaum glauben. Als mein Mann und ich zur St.-Georges-Kirche nach London aufbrachen, suchte ich immer noch ängstlich den Himmel nach irgendwelchen dunklen Wolken ab – keine einzige war zu finden. Ein wichtiger Faktor dieses Zaubers ist die fortdauernde Konzentration, und es gelang mir, sie während der kirchlichen Trauung und der anschließenden Feier aufrechtzuerhalten – bis drei Uhr nachmittags, als beim eigentlichen Empfang und unter dem lähmenden Einfluß von mehreren Gläsern Champagner meine Willenskraft nachließ. Als ich schon etwas benebelt war und eher zufällig zum Fenster hinausblickte, merkte ich, daß es wieder angefangen hatte zu regnen.

Es regnete dann fast pausenlos noch eine ganze Woche lang.

Meine Freundin, die Brautmutter Betty, verkündete vor dem versammelten Publikum: »Vor allem haben wir Lois für das wundervolle Wetter am heutigen Morgen zu danken«, dann erhielt ich einen Kuß von der Braut und vernahm das Glückwunschgemurmel der übrigen Gäste für meine Heldentat, während ich es mir unter Rosalinds keß übergestülptem Strohhut bei einem weiteren Glas des ausgezeichneten Champagners wohl sein ließ. Nur über das englische Wetter mit seinen seltsamen Launen machte ich mir so meine eigenen Gedanken...

Es gibt keine Phase in der Ausübung von Hexerei und Magie, in der man sich sagen könnte, nun habe ich alles gelernt, was zu lernen ist. Auch ich mache immer wieder neue Entdeckungen, obwohl ich realistisch genug bin, um anzuerkennen, daß selbst den Mächtigsten unter uns Grenzen gesetzt sind.

Ich wurde Edgar Peel – einem der beiden Autoren des im vorigen Kapitel erwähnten Buches über die Hexenprozesse von Lancashire – vorgestellt, als dieser von mir einige Informationen für seine Arbeit über das zeitgenössische Hexentum brauchte, und von da an wurden wir Freunde. Dann begann BBC-Television in Manchester sich für sein Buch zu interessieren und schlug Edgar eine Fernsehdokumentation über die Pendle-Hexen vor, wobei ihm die Rolle des Erzählers zugedacht wurde. Da auch ich in seinem Buch erwähnt war, kam das BBC-Team zu mir ins Haus, um mich zu interviewen.

Im Pendle-Bezirk gibt es in dem Dorf Reade eine Reitschule, die jedes Jahr am Hallowe'en-Tag – dem alten heidnischen Festtag am 31. Oktober – ein Hexenkostümfest für ihre Reitschüler veranstaltet, wobei die fantasievollsten Entwürfe mit Preisen bedacht werden. Dazu hatte man mich in die Jury gewählt, und Fernsehkameras waren dabei, um das Ereignis aufzuzeichnen. Ich fand es sehr schwierig, ein Urteil zu fällen, denn die Kostüme waren allesamt fabelhaft.

George, der Produktionsleiter, wollte auch noch eine Reportage von dem nächtlichen Hexenritt machen, der sehr effektvoll zu werden versprach, da jede Reiterin eine flammende Fackel mit sich führen mußte. George hatte allerdings große Bedenken wegen des anhaltend nassen Wetters und fürchtete, der Regen würde die Fackeln auslöschen. Er fragte mich in aller Ernsthaftigkeit, ob ich nicht ein bißchen nachhelfen und ihm einen trockenen Abend garantieren könne. Ich erwiderte ebenso ernst, daß ich es versuchen wolle, und er zeigte sich spürbar erleichtert.

Ohne ein schlechtes Gewissen zu haben, rief ich die lokale Wetterstation an und erfuhr, daß der Regen etwa um 19 Uhr aufhören würde und bis Mitternacht keine Störungen zu erwarten seien. Und tatsächlich blieb es trocken. George konnte unbesorgt seine Aufnahmen machen und drückte mir mehrmals seine Dankbarkeit aus.

Erst in Manchester, als der entsprechende Filmabschnitt begutachtet wurde, stellte es sich zum Entsetzen der Produktionsleitung heraus, daß der Streifen absolut leer war! Über die Ursachen konnte man nur Vermutungen anstellen. Fest stand lediglich, daß das Aufnahmeteam nach Reade zurückkehren und die ganze Sequenz noch einmal drehen mußte. Und diesmal regnete es in Strömen (ich war ja nicht dabei!). Immerhin erwiesen sich später in der Gesamtdokumentation gerade diese Szenen als sehr effektvoll, nicht zuletzt wegen des Zusammenspiels von Nässe und Licht und den Reflexen flammender Fackeln auf dem regendurchtränkten Untergrund.

Rückblickend auf die lange Geschichte des Hexentums ist als

dessen bedeutsamste Epoche die Zeit der Frührenaissance anzusehen, als europäische Gelehrte erstmals begannen, die den naturwissenschaftlichen Phänomenen innewohnende Gesetzmäßigkeit zu erforschen, und befaßten sich dabei u. a. mit der Hexenhysterie des Mittelalters, über die neben dem schon erwähnten Traktat des Heinrich Kramer zahlreiche andere Bücher erschienen waren. Kramer glaubte, daß unsichtbare Teufel, die sich zumeist unter der Erde versteckt hielten, nichts anderes im Sinn hatten, als ihren ruchlosen Aktivitäten zu frönen und auf mysteriöse Weise Teile ihrer Macht auf jene Menschen zu übertragen, die gewillt waren, mit ihnen Kontakt aufzunehmen. Da Frauen in jener Zeit ohnehin als Träger jeglichen Übels und somit auch als Verbündete des Teufels angesehen wurden, war es leicht, sie als Hexen abzustempeln. In noch weiter zurückliegenden Zeiten waren gerade die Hexen wegen ihrer hellseherischen Fähigkeiten besonders geschätzt – ein klassisches Beispiel hierfür ist die Geschichte von Saul und der Hexe von Endor. Doch nach Kramer kommt auch diese Fähigkeit vom Teufel, der durch Inkantationen herbeigerufen wird. Kramer glaubte ferner, daß die mittelalterlichen Hexen den Männern mit Erfolg suggerierten, in Tiere verwandelt zu sein, und – mehr noch – auch anderen Leuten dermaßen die Sinne benebelten, daß sie in der verhexten Person statt eines menschlichen Wesens ein Tier erblickten.

Meine Freundin Sonja, der es nichts ausmacht, als Schwarze Hexe bekannt zu sein, hat einen Hausgeist namens Willie, der all ihre Befehle und alle möglichen, meist sehr alltäglichen Arbeiten ausführt. Er ist eine reine Gedankenschöpfung und hat die Gestalt eines kleinen Drachens angenommen, da Sonja speziell auf Drachen »steht«. Wenn sie Einkäufe machen muß, schickt sie ihn voraus, um einen Parkplatz zu suchen, und zu diesem Zweck verleiht sie ihn manchmal auch an ihre Freunde. Er ist kein besonders guter Dämon und legt ab und zu ein sehr störrisches Benehmen an den Tag – er hat durchaus seine Launen. Als Sonja einmal mit ihren Freunden in einem wenig befahrenen Küstengewässer eine Bootsfahrt unternahm, ging ihr der Treibstoff aus, und sie mußte Willie entsenden, um Hilfe zu holen. Im Nu kreuzten wie aus dem Nichts gleich drei andere Boote auf, um sie abzuschleppen. Willie schafft dies offensichtlich durch mentale Beeinflussung von Personen und Ereignissen, wodurch sie kurzfristig »wie behext« sind. Solche Gedankenschöpfungen wie er müssen allerdings unter Einsatz enormer emotionaler Energien ständig wieder »aufgeladen« werden, was ziemlich entnervend sein kann.

Als berühmtestes Beispiel für solche körperlichen Gedankenschöpfungen gilt Alexandra David Neels »Tulpa« (ein tibetisches Wort für materialisierte Gedankenformen), der sie auf ihren Reisen durchs tibetische Hochland in Gestalt eines Mönches begleitete und dessen Stärke und Bosheit in dem Maße zunahm, wie ihre eigenen Kräfte schwanden. Nur mit äußerster Anstrengung gelang es ihr schließlich, ihn wieder zu entmaterialisieren.

Jede Hexe verfügt über ein oder zwei eigene Hausgeister oder »Familiaren«*, die in den historischen Hexenprozessen eine große Rolle spielten. Eine Hexe, die etwas auf sich hielt, war ohne diese Schutzgeister nicht denkbar. Es gibt drei Typen: zum ersten der (freundliche) Geist eines Verstorbenen, zweitens aus Gedankenkraft geformte Elementargeister wie Sonjas Willie und drittens lebendige Tiere (Hund, Katze, Kröte, Vogel etc.). Außer Sonja sind mir nur zwei zeitgenössische

* Lat.: »spiritus familiaris« = Hausgeist oder Dämon. Anm. d. Übers.

Hexen bekannt, die sich einen Familiaren leisten. Zu ihnen gehört die erst kürzlich verstorbene Sybil Leek, die eine Dohle namens Hotfoot Jackson hatte – einen unglaublich zahmen Vogel mit krächzender Stimme, der ständig auf ihren Schultern und ihrem Rücken herumturnte – ein etwas beunruhigender Anblick, und die andere der beiden hat einen schwer zu beschreibenden Familiaren, der in ihrem Haus eine Kokosnußschale bewohnt.

Es ist interessant, daß sich spiritualistische Medien während der Trance-Zustände oder bei Materialisationsprozessen oft von einem Geisthelfer inspirieren lassen. Für solche unkörperlichen Wesenheiten gibt es verschiedene Gründe, sich einem bestimmten Medium zur Verfügung zu stellen, zum Beispiel ein gleichartiges Temperament oder ähnliche Interessen, und indem sie dem Medium bei dessen parapsychischen Aktivitäten zur Seite stehen, tragen sie gleichzeitig zu seiner spirituellen Entwicklung bei. Hier läßt sich ohne weiteres eine Parallele zu den Hausgeistern der Hexen ziehen.

Bei einigen Hexenritualen gibt es Kontakte mit den Geistern verstorbener Mitglieder unserer Zunft, die sich inzwischen auf der nächsthöheren Existenzebene befinden und an Weisheit und Wissen hinzugewonnen haben. Diese Praktiken sind mit denen der Spiritualisten in gewisser Hinsicht verwandt. Wie wir bilden auch sie bei ihren Zusammenkünften einen Kreis aus Männern und Frauen in abwechselnder Sitzfolge und glauben an eine undefinierbare Kraft in unserem physischen Körper, die unter den richtigen Voraussetzungen und bei korrekter mentaler Einstellung beherrscht und für paranormale Manifestationen eingesetzt werden kann. Viele Hexen haben außer ihren magischen Qualitäten auch mediale Fähigkeiten, aber nur wenige Medien sind in der Lage, Hexenmagie zu betreiben.

Obwohl ich die Tiere liebe und sie als Teil meines Lebens erachte, haben sie darin niemals die Rolle eines Familiaren gespielt; alle nicht ganz ernst gemeinten Fragen in dieser Richtung beantworte ich gewöhnlich mit »Nein«. Indessen verfüge ich über zwei Gedankengeschöpfe, die aber nur rein subjektiv in meiner Vorstellung existieren – keines von ihnen hat einen Namen, sie sind einfach nur da. Das eine ist ein schwarzer Panther und das andere ein goldener Adler. Wenn ich etwas über Ereignisse in meiner nächsten Umgebung erfahren will, schicke ich den Panther aus; wenn der betreffende Vorgang sich in größerer Entfernung abspielt, wird der Adler entlassen. Das Wissen, wonach ich suche, wird mir dann auf einer außersinnlichen Ebene vermittelt. Ich habe meinen Adler nie objektiv gesehen, obwohl ich seine schweren Flügelschläge vernehmen kann. Er ist ein männliches Tier. Vom Panther habe ich nur einmal einen ganz flüchtigen Blick erhascht, das war auf einem Spaziergang durch ein dunkles Gehölz. Ich mußte plötzlich an ihn denken und vernahm gleichzeitig ein Rascheln vor mir in Bodennähe. Dann sah ich ihn in enormer Geschwindigkeit über meinen Weg hasten – seine Muskeln gespannt und sein prächtiges, schwarzes Fell blitzend im Sonnenlicht, das flimmernd durch die Zweige sickerte. Aber mein Hund Güzel war alarmiert und rannte in großen Sprüngen hinter ihm her, um dann sichtlich verwirrt die Jagd aufzugeben. Manchmal meine ich, daß ein Psychoanalytiker recht erstaunliche Beobachtungen an Sonja und mir machen könnte – an ihr wegen des Drachens und an mir wegen des Panthers und des Adlers!

Auch in anderen Teilen der Welt gibt es die verschiedensten Traditionen, die an die Hausgeister der Hexen erinnern. Im Orient zum Beispiel verbünden sich Fakire und Magier mit den Geistern der Elemente und erzeugen unglaubliche Phänomene, über die Dr. Paul Brunton in seinen Büchern VON YOGIS, MAGIERN UND FAKIREN und GEHEIMNISVOLLES ÄGYPTEN berichtet. Während seiner Reisen durch den indischen Subkontinent lernte er einen moslemischen Fakir und dessen ungewöhnliche Fähigkeiten kennen. Dieser holte aus einer Leinenhülle mehrere winzige Puppen von etwa fünf Zentimeter Größe heraus, deren Köpfe aus farbigem Wachs, die Beine aus steifem Stroh und die Füße aus Eisenknöpfen gemacht waren. Er plazierte diese Figuren auf einen ganz gewöhnlichen Tisch, so daß sie aufrecht auf ihren eisernen »Füßen« standen. Darauf trat er etwa einen Meter vom Tischrand zurück und gab in seiner Urdu-Sprache Befehle an die Puppen. Erstaunlicherweise begannen diese daraufhin, auf der Tischplatte zu laufen und auch zu tanzen, und keine von ihnen geriet in Gefahr, zu nahe an den Tischrand zu gelangen. Dann wurde Dr. Brunton durch entsprechende Worte und Gebärden des Fakirs aufgefordert, mit dem Finger auf verschiedene Stellen der Tischfläche zu zeigen, worauf die Puppen sich zusammenschlossen und sich als vereinte Gruppe auf den jeweils angegebenen Punkt zubewegten. Dasselbe wurde nun anhand einer Münze und eines Ringes, den Dr. Brunton sich vom Finger gezogen hatte, demonstriert. Der Ring begann sogar auf Urdu-Befehle in die Luft zu steigen, und während der Fakir mit beiden Händen eine Art Akkordeon spielte, fing der Ring zu tanzen an.

Die orientalischen Geschichten von König Salomons dienstbarem Hausgeist erinnern sehr stark an die Vorstellungen, die wir mit Familiaren verbinden. Als die Erde noch jünger und weniger kompliziert als heute war, glaubte man überall in der westlichen Welt an die Existenz von Naturgeistern. Römer und Griechen waren sich der ständigen Anwesenheit von Berg- und Flußnymphen bewußt, jeder einzelne Baum hatte seine eigene Nymphe, die Wälder waren von ziegenfüßigen Faunen bewohnt, denen an abgelegenen, wilden Plätzen Altäre errichtet wurden. So ein Altar wurde in der Nähe von Roxburgh Castle entdeckt. Er trägt die Inschrift »Diis campestribus« (»Den Feldgöttern«); heute befindet er sich in der Advocates' Library in Schottland.

Mit der fortschreitenden Christianisierung wurden die Naturgeister aus dem Alltag in die dunkleren Bereiche der Welt und des Bewußtseins verwiesen. So wurden sie mit dem Hexenkult und der Anbetung der Waldgöttin Diana in Verbindung gebracht und somit zum Greuel aller gläubigen Christen erklärt. Nur in der Welt der Märchen und Sagen ist ihr Andenken lebendig geblieben. Wenn wir einsichtig genug sind, sollten wir es bewahren und pflegen, wie manch einer es tut, so auch ich, wenn ich zuweilen mit den Feen von Fairy Bridge auf der Isle of Man spreche und ihnen einen guten Morgen wünsche.

Wie man weiß, gelten Eulen als besondere Schutzgeister der Hexen, sie waren auch das heilige Tier der Göttin Athene. Das lateinische Wort für Eule ist »strix«, was gleichbedeutend mit »Hexe« ist. In der Antike war die Eule das Symbol der Weisheit der mesopotamischen Göttin Istar oder Ischtar mit den großen Augen. Sie war auch das Totemtier der keltischen Blodeuwedd, der dreifältigen Mondgöttin, hat also etwas mit dem heidnischen Begriff der Trinität zu tun. Vielleicht sind diese uralten Gottheiten tatsächlich die Schöpfer des Lebens. Nach Robert Crick, dem Entdecker der doppelten Helix, ist die innerste Struktur alles Lebendigen so ungeheuer komplex, daß ihr ein Plan zugrunde liegen muß. Und nach Dr. Allan C. Wilson gibt es genetische Hinweise für die Tatsache, daß die gesamte menschliche Spezies von einer einzigen Frau abstammt, die vor etwa 140 000–180 000 Jahren in Nordafrika gelebt haben muß. Es klingt unwahrscheinlich und dennoch denkbar, daß wir alle aus dem Schoß ein und desselben weiblichen Wesens kommen.

Für eine Hexe mag es seltsam erscheinen, doch von jeher empfinde ich – obwohl ich nicht abergläubisch in einem landläufigen Sinne bin – eine ganz eigentümliche Ehrfurcht vor Eulen. Im Augenblick meiner Geburt – so sagte meine Mutter – hätte sie deren Ruf vernommen, und irgendwie habe ich die tiefe Gewißheit in mir, daß ich ihn auch in der Stunde meines Todes vernehmen werde.

Auch Kröten dienten den Hexen häufig als Familiaren, wie wir aus den Berichten über Hexenprozesse wissen. Sie sind völlig harmlos, aber hochintelligent und mit außersinnlichen Fähigkeiten begabt. Eine meiner Freundinnen (die keine Hexe ist) hielt sich eine im eigenen Garten, quasi als Haustier. Sie hatte ihren Schlupfwinkel unter einem großen Stein unmittelbar neben dem Weiher. Offensichtlich müssen Kröten so nahe am Wasser leben, da sie teilweise durch die Haut atmen und ersticken würden, falls diese austrocknet. Wie zahm diese Kröte war, wurde mir demonstriert, als ich eines Tages mit meiner Freundin ganz nahe am Wasser stand und sie dreimal in die Hände klatschte; sofort kroch die Kröte unter ihrem Stein hervor; ihre riesigen Augen blinkten in der grellen Sonne, und sie sah meine Freundin an, als ob sie fragen wollte: »Was willst du von mir?« – »Sie erscheint jedesmal, wenn ich in die Hände klatsche«, sagte meine Freundin, »und ist ganz verrückt auf Sahnekräcker und frißt allerlei Insekten im Garten.« Als ich meine Freundin darauf hinwies, daß sie im Mittelalter wahrscheinlich als Hexe verdächtigt worden wäre, lachte sie bloß und sagte: »Unsinn.«

Ich liebe Kröten und Frösche sehr und weiß, daß erstere, falls sie gereizt werden, aus ihren Halsdrüsen ein weißes Sekret absondern – auch »Krötenmilch« genannt –, das früher zusammen mit anderen Ingredienzen für Hexengebräue verwendet wurde. Inzwischen hat man herausgefunden, daß es gewisse halluzinogene Substanzen enthält; man vermutet, daß Hexen sich an ihren Sabbaten Krötenmilch in die Haut einreiben, weil es ihnen die Illusion, fliegen zu können, verschaffte. Dies geht aus alten Berichten hervor.

Was aber war nun die exakte Funktion von Familiaren? Wie im Fall meiner beiden Gedankengeschöpfe ging es zum einen darum, Informationen aus weiter entfernten Orten einzuholen, und zum andern, magische Einflüsse auf bestimmte Individuen ausüben zu können. Um letzteres ging es auch in dem historischen Prozeß von Hatfield Peverell im Jahr 1566 gegen Elisabeth Francis, einer Schülerin der Hexe »Mother Eve«, von der sie in Satans Namen eine wunderbare schwarze Katze als Familiaren erhalten haben soll. Elisabeth Francis gestand, daß sie dieses Tier mit ihrem eigenen Blut genährt und die Katze ihr daraufhin geholfen hätte, einen Mann namens Andrew Byles zu verführen, in den sie verliebt war. Als er es ablehnte, sie zu heiraten, erfuhr er die Rache des Familiaren, der ihn lediglich berührte, »woran er starb«.

Mit ihrem nächsten Liebhaber und späteren Mann, Christopher Francis, verfuhr sie auf ähnliche Weise. Drei Monate nach der Hochzeit wurde ihr ein Kind geboren, aber Elisabeth hatte die Ehe bereits satt und befahl der Katze, erst einmal das Kind zu töten, und als sie dann noch immer mit ihrem Leben unzufrieden war, mußte der Familiare auch noch den Mann strafen. Er berührte ihn, »und er war forthin mit Lahmheit geschlagen, wovon er nicht mehr geheilt werden konnte«.

Eine andere Funktion des Familiaren war, der Hexe als Helfer beim Wahrsagen zu dienen. Bevor dies geschehen konnte, mußte sie einen Kreis ziehen und von ihren Göttern einen

Geist erflehen, der in das Tier fuhr. Dann konnte sie ihm eine Anzahl von Gegenständen, die für sie mit bestimmten Bedeutungen verknüpft waren, vorlegen und abwarten, welches dieser Objekte von ihm ausgewählt wurde.

Da Tiere über paranormale Eigenschaften verfügen und Hexen mit ihnen einen besonders engen Kontakt pflegen, war es sehr gut möglich, daß ein Familiare seine Herrin vor einer drohenden Gefahr warnte, bevor diese von ihr selbst erkannt wurde. Andrerseits konnte zur Zeit der Hexenverfolgung schon ein ganz harmloses Haustier jeder einsamen, älteren Dame, in der die Hexenjäger eine leichte Beute witterten, zum unabwendbaren Verhängnis werden. So mußten Tausende unschuldiger Frauen ihr Leben lassen, weil ihr gehätschelter Liebling sie für andere zur Hexe abstempelte.

12

Invokation und Artemis Ephesia

In meinem Grimoire ist ein ganzer Abschnitt der Invokation (Anrufung) gewidmet. Insgesamt umfaßt das Buch drei Abschnitte, entsprechend den drei Stufen der Hexenkunst. Nach ihrer Initiation ist eine Hexe berechtigt, den ersten Teil des Buches handschriftlich zu kopieren. Mit dem Erreichen höherer Grade ihres Könnens darf sie sich auch mit dem zweiten und schließlich dem dritten Abschnitt des Grimoires befassen. Aleister Crowley umschreibt in seinem höchst eigentümlichen Werk DIE HEILIGE MAGIE DES MAGIERS ABRAMELIN den Begriff Invokation mit der Anweisung: »Entflamme dich selbst im Gebet.« In meinem Grimoire, der – wie mir scheint – viele Elemente von Crowley enthält, lese ich dazu folgendes:

> »Wichtig ist vor allem, daß Invokationen die nötige Atmosphäre vermitteln. Mit der aufwühlenden Kraft der gesprochenen Worte – einer ganz konkreten und nicht nur symbolischen Qualität, den Schwingungen und dem starken Engagement der Anrufenden selbst innerhalb des nach außen dicht abgeschirmten Kreises, wo nach Herbeirufung der Elementargeister ein

Höchstmaß an geistiger Aufgeschlossenheit erreicht und alles nur Denkbare möglich wird – steht und fällt das Gelingen des magischen Rituals. Die Kraft muß sich mitteilen, muß die Teilnehmer elektrisieren und die Luft buchstäblich in Schwingung versetzen, denn das Zeremoniell untersteht der Bahn des feuer- und energieführenden Mars. Sobald die einzelnen Teilnehmer von der Erregung der Worte gepackt und wie von Musik bis ins Innerste aufgewühlt sind, wird die beschworene Kraft ihr Wesen berühren und die korrespondierende Seite ihres innersten Seins erfassen.

Durch diese besonderen und beharrlichen magischen Aktivitäten werden die Kräfte der Seele so sehr entfaltet und angespornt, daß das rein äußerliche Zeremoniell schließlich entbehrlich wird und die spirituelle Reise auch ohne das Beiwerk der Riten fortgesetzt werden kann.

Zweifellos ist die Magie wie auch andere religiöse Rituale ein künstliches System aus allerlei Hilfsmitteln und Requisiten, die für den Anfänger insofern von großer Bedeutung sind, als sie bestimmte Methoden der geistigen Konzentration vermitteln und in der Person verankern, wie es auf andere Weise kaum möglich wäre. Man kann auf sie verzichten, sobald ihr Zweck erfüllt ist, doch wäre es töricht, diese Übungen abzubrechen, bevor eine umfassende Beherrschung der magischen Praxis erreicht ist.

Die verschiedenen Riten müssen so lange praktiziert werden, bis sie Teil unseres eigenen Wesens geworden sind. Denn auf unserem spirituellen Weg in den unbeschreiblichen Glanz eines zukünftigen Lebens sind die meisten von uns noch Anfänger, wenn sie sterben.

Deshalb ist es nicht ratsam, auf Praktiken zu verzichten, die unsere spirituellen Kräfte stimulieren und uns zu dem nötigen Wissen auf unserem weiteren Weg verhelfen.«

An anderer Stelle habe ich bereits auf Phillip Bonewits' Definition des Magischen hingewiesen und erlaube mir, ihn hier noch einmal wörtlich zu zitieren: »Magie«, so sagt er, »ist eine Wissenschaft und eine Kunst. Sie umschließt ein ganzes System aus Konzepten und Methoden zur Steigerung menschlicher Emotionen und zur Änderung der elektrochemischen Balance des Stoffwechsels. Um diese emotionale Energie zu bündeln und zu konzentrieren und dann auch deren Übertragung durch den eigenen Körper zu steuern, bedient sie sich komplexer Techniken und künstlicher Hilfsmittel, in der Regel mit dem Ziel, andere Energiemuster – beseelte und unbeseelte, aber zuweilen auch menschliche – zu beeinflussen.«

Meine Freundin Sonja ist als Hexe eine Einzelgängerin und hat ihre eigenen Methoden entwickelt. Ich weiß, wie sie ihre Verwünschungen ausführt – das hat sie mir selbst erläutert –, aber ich habe noch nicht herausgefunden, wie sie heilsame Magie betreibt; sie gab zu, dies in schwachen Momenten oder aus purer Laune gelegentlich zu tun. Da sie in enger Verbundenheit zur Natur in ländlicher Umgebung lebt, kann sie leicht auf das Drum und Dran der Coven-Magie verzichten und sich ganz auf ihre angeborenen Fähigkeiten stützen. Aber zweifellos spielen Mond und Elemente eine bedeutsame Rolle bei ihrem magischen Wirken.

Theoretisch gesehen, gäbe es auf dem Lande die idealen Voraussetzungen für die Arbeit einer Hexe, zumal es dort viel leichter ist, die natürlichen Energien anzuzapfen – wenn nur mehr Verlaß auf unser Wetter wäre, das mit seinen plötzlichen

Schauern jedes Kerzenflämmchen und sogar offene Feuer zum Erlöschen bringt. Sinnvoller ist es also, einen eigens für magische Zwecke eingerichteten Raum im Inneren eines Hauses zu haben. Hexen arbeiten innerhalb eines Kreises, dessen Durchmesser mindestens neun Fuß (ca. 3 m) betragen sollte. Seine Größe wird nach der Anzahl der Mitglieder bemessen, die bequem darin Platz haben müssen. Normalerweise besteht ein Coven aus 13 Hexen – sechs Männern, sechs Frauen und einer Magistra, in manchen Hexentraditionen kann diese Rolle auch von einem Mann ausgeübt werden. Der Sinn eines Covens ist es, eine Umgebung zu gewährleisten, in der sich parapsychische und spirituelle Fähigkeiten entwickeln und die geheimen Kräfte des magischen Wirkens frei entfalten können.

Genau besehen, ist meine Funktion als Magistra eines Covens nicht die einer Lehrenden, und ich möchte dies mit ein paar Sätzen aus Khalil Gibrans Buch DER PROPHET begründen:

>Kein Mensch kann irgend etwas in dir erwecken, was nicht schon längst im Dämmerschlaf deines Bewußtseins ruht. Der Lehrer, der inmitten seiner Jünger die schattigen Heiligtümer durchschreitet, gibt ihnen nicht die Worte der Weisheit, sondern Zeichen seines Vertrauens und seiner Zuneigung.
Ist er wahrhaftig klug, wird er dir die Pforte seiner Weisheit nicht öffnen, sondern dich an die Schwelle deines eigenen Wissens geleiten.<

Hexen werden angehalten, sich ohne zeitlichen Zwang auf ihre persönliche Art zu entfalten, und obgleich wir uns selbst als Anhänger der »alten Religion« verstehen, haben wir kein verbindliches Glaubensbekenntnis oder Dogma, es steht uns völlig frei, eine eigene Philosophie zu entwickeln. Was uns eint, ist die Liebe zu den alten Göttern, der Wunsch nach höchster spiritueller Erleuchtung und die Freiheit, auf vielfältigste Weise den Göttern und Menschen zu dienen.

Der Kreis ist der Ort, in dem wir unsre Energien, die darin geweckt werden, bündeln. Er ist mehr als eine bloße Schutzmaßnahme gegen böswillige und feindselige Manifestationen von außen. Da wir keine Schwarze Magie betreiben, sind solche Gefahren für uns kaum gegeben. Als Ergebnis unserer magischen Riten errichten wir eine Art Kraftkegel, dessen Form in den symbolisch zugespitzten Hexenhüten wiederkehrt. Der Kreis galt von jeher als eine in sich vollendete Form, als Symbol der Unendlichkeit und Ewigkeit ohne Anfang und Ende, so ist auch der magische Kreis ein uraltes Konzept, das schon auf assyrischen Tontafeln als »usurtu« beschrieben wird.

Ich habe bereits an anderer Stelle erwähnt, daß er als zeitloses Phänomen zwischen den beiden Welten – der heutigen und der zukünftigen – angesiedelt ist und daß das, was sich innerhalb seiner Grenzen ereignet, weder die eine noch die andere betrifft.

Für mich ist er ein Ort jenseits allen Geschehens, eine separate Größe, in deren Bannkreis ich für eine kurze Weile fühle, daß sich mein Geist völlig neu belebt und ich zu mir selbst zurückfinden und meinem Wünschen und Wollen neuen Ausdruck verschaffen kann. Beim Ziehen und der Weihe des Kreises entdecke ich ein weiteres Mal die engen Zusammenhänge von Geist und Materie und fühle mich in eine Welt versetzt, die sich mit unserem begrenzten Wortverstand nicht beschreiben läßt. Alles sonst Unbewußte wird mir bewußt, als ob mein Leben nur ein Traum gewesen wäre, aus dem ich erwacht bin.

Ich bin den Urgründen der Kreativität auf einmal ganz nahe und fühle, wie mein Halbbewußtsein auseinanderbricht und sich einem großen Geheimnis öffnet. Meine Wahrnehmungen erweitern und erhöhen sich in einem Maße, daß ich mich plötzlich jenseits von Zeit, Raum und Wandel befinde, dem wir Menschen so unwiderruflich ausgesetzt sind; und wie der Kosmos die Erde umschließt, umschließt mich der Kreis und enthüllt mir den Geist, der die gesamte Natur beseelt: das Göttliche in seiner ewigen, unzerstörbaren physischen Gestalt.

Die klangvollen Worte der Invokation, das flackernde Kerzenlicht und die wolkigen Schleier des lieblich duftenden Weihrauchs – dies alles erzeugt in uns Hexen die verschiedensten Formen eines nicht zu beschreibenden, fast atavistischen Hochgefühls.

Es sind die Hexengötter, deren Präsenz sich jetzt innerhalb des Kreises manifestiert. Wie ich schon andernorts sagte, ist das Hexentum eine heidnisch-pantheistische, mystische Religion, die auf der Anbetung alles Lebendigen beruht – eine matriarchale Religion, in der die Frauen den ersten Platz einnehmen und das Leben durch die zwei herrschenden Prinzipien – das weibliche und das männliche – in Gestalt der Mutter Erde und deren Gefährten, den Gehörnten Gott, verkörpert ist.

Eine Schrift aus dem ägyptischen Theben des 14. vorchristlichen Jahrhunderts enthüllt:

»Am Anfang war Isis, die Älteste der Alten. Sie war die Göttin, aus der alles Werdende erwuchs. Sie war die große Herrin über die zwei Länder Ägyptens, die Schutzherrin und Himmelsfürstin, die Herrin im Haus des Lebens und die Herrin über das Wort Gottes. Sie war die Einzige ihrer Art. Durch all ihre erhabenen und wunderbaren Werke war sie die weiseste Magierin und vollkommener als jeder andere Gott.«

Eine andere Schrift aus Bogazköy in der Türkei, die aus dem 15. vorchristlichen Jahrhundert stammt, beinhaltet folgendes:

> »Du, Sonnengöttin von Arinna, bist eine hochverehrte Gottheit. Dein Name ist hochgeschätzt unter den Berühmtheiten, Deine Göttlichkeit ist hochgeschätzt unter den Gottheiten – ja, unter den Gottheiten bist Du, o Sonnengöttin, die einzig Hochverehrte. Erhaben bist allein Du, o Sonnengöttin von Arinna – ja, keine andere Gottheit ist so hochgeehrt und erhaben wie Du… Du lenkst und leitest das Königtum im Himmel wie auch auf Erden.«

Im Zeitalter der Antike wurde die Muttergöttin in allen damals bekannten Ländern der Erde verehrt. Ihre Namen sind Legion und zeugen für die Vielfalt der ihr zugeordneten Eigenschaften und Aspekte. Ich habe bereits darauf hingewiesen, daß der frühgeschichtliche Mensch von der Tatsache des weiblichen Zyklus', der Schwangerschaft und Gebärfähigkeit der Frau ungeheuer beeindruckt war, zumal über die Zusammenhänge von Sexualakt und Schwangerschaft noch nichts bekannt und die Männer sich ihrer Rolle bei der Hervorbringung neuen Lebens noch gar nicht bewußt waren. All dies wurde als weibliche Magie, der Tatbestand der Geburt als Reinkarnation eines Ahnengeistes und die Frau als Spenderin alles Lebendigen betrachtet. So war es nur natürlich, daß die Gottheit durch eine Frau repräsentiert wurde – als Große Erdmutter, welche für Menschen, Tiere und Pflanzen die Fruchtbarkeit in Person darstellte.

In einem wissenschaftlich fundierten Werk von Janet und Stuart Farrar über die Hexengöttin werden über tausend verschiedene Namen genannt, die der Göttin in aller Welt zugedacht waren. Es ergibt sich von selbst, daß je nach persönlicher Vorliebe die verschiedenen Hexen sich von dem einen oder anderen speziellen Aspekt der Göttin besonders angezogen fühlen. Für mich ist es Tanit, die phönizische Mond- und Fruchtbarkeitsgöttin aus Karthago, die Gefährtin des Baal-Hammon, auch als »Gesicht des Baal« bekannt. Jüngste Ausgrabungen auf der Baleareninsel Ibiza haben Beweise für ihre frühgeschichtliche Verehrung selbst im westlichen Mittelmeer erbracht. Ibiza war damals eine phönizische Kolonie. Hunderte von Votivstatuetten mit einigen größeren unter ihnen sind im Inselmuseum ausgestellt.

In meiner eigenen Kollektion befinden sich mehrere kleine und eine größere Tanit-Figurine – letztere ist 20 cm hoch und etwa 300 v. Chr. entstanden. Sie wurde in einem Schiffswrack vor der tunesischen Küste gefunden; wahrscheinlich war das Schiff auf einer Fahrt von Phönizien nach Karthago gesunken. Mein besonderes Interesse gilt der Artemis Ephesia, der Diana der Epheser, einem weiteren Aspekt der Muttergottheit, denn auf einem meiner Besuche ihres Tempels hatte ich ein höchst seltsames, mystisches Erlebnis.

Sie ist die Muttergöttin einer sehr frühen historischen Epoche. Ihr Tempel, wo sie als Fruchtbarkeitsgottheit verehrt wurde, gehörte zu den Sieben Weltwundern der Antike. Ihr Kult läßt sich angeblich bis zu den Amazonen zurückverfolgen. Der Name »Ephesos« kommt von dem hethitischen Wort »Aphasus« und bedeutet »Heim der Bienen« oder Bienenhaus«, denn die Biene war der Diana heilig. Sogar der Tempel war wie ein Bienenhaus konstruiert, und die in einen Schleier gehüllte Göttinnengestalt stellte eine Bienenkönigin dar. In der antiken Welt wurden Insekten als Aspekte der Göttlichkeit angesehen – wie zum Beispiel der ägyptische Skarabäus (»der heilige Pillendreher«), die kanaanitische Fliege (Honigfliege?), die Gottesanbeterin (Mantis religiosa) oder die süditalienische Tarantel.

Der außerhalb von Ephesos gelegene Dianatempel war nach Westen orientiert und mit der Stadt durch eine heilige Straße verbunden. Über die Lokalisierung von Ephesos selbst waren sich die Archäologen von jeher einig, aber vom Tempel, der mit dem Ende des Dianakultes vor etwa 2000 Jahren in Vergessenheit geriet, konnten – als das Interesse an seiner Ausgrabung zu wachsen begann – zunächst keine Überreste mehr entdeckt werden.

Schon im vorigen Jahrhundert hatte sich der Ingenieur J. T. Wood (1821–1890) unter der Schirmherrschaft des Britischen Museums auf die Suche nach ihm gemacht. Einer der Gründe, weshalb er so schwer zu finden war, beruht auf der Tatsache, daß die Christen große Teile seines Mauerwerks abgetragen und zum Bau ihrer Kirchen verwendet hatten. Zumindest war oberhalb des Erdbodens nichts übriggeblieben. Durch reinen Zufall fand Wood einen Meilenstein, der die Richtung des Tempelgrundstücks anzeigte. In der angegebenen Entfernung stieß er 1869 auf einen Sumpf, der nach seiner Trockenlegung einige Relikte des Tempels freigab, unter anderem verschiedene Säulenbruchstücke. Offensichtlich handelte es sich um Teile der schon von dem Historiker Plinius gerühmten, kunstvoll behauenen Säulen des Heiligtums, die ein Geschenk des lydischen Königs Krösos (6. Jahrhundert v. Chr.) gewesen sein sollen und sich heute im Britischen Museum, zum Teil auch in der Hagia Sophia in Istanbul befinden.

Wie schon oben erwähnt, war dieser Tempel im Gegensatz zu fast allen vergleichbaren Heiligtümern nach Westen gerichtet.

Wir wissen, daß er um 700 v. Chr. erbaut wurde, jedoch anstelle eines viel älteren Altars. Die Ausgrabungen förderten Gold, Silber, Elfenbein und Bronze zutage, außerdem eine Reihe von Statuetten, alten Münzen und anderen Schmuckstücken der archaischen Periode. Diese Funde sind im Archäologischen Museum der Stadt Istanbul aufbewahrt.

Der Tempel wurde mehrfach zerstört und wiederaufgebaut, und als Krösus ihn um 650 v. Chr. eroberte, war seine Rekonstruktion noch nicht abgeschlossen. Der König wußte das Heiligtum zweifellos zu schätzen, denn er ließ es fertigstellen und sandte Säulen und goldene Kälber zu dessen Verschönerung. Die Trommel einer Säule im Britischen Museum trägt eine alte Inschrift, aus deren Inhalt das Interesse des Lydierkönigs am Dianakult ersichtlich wird.

Es ist überliefert, daß der Tempel von den beiden kretischen Architekten Kessrifron und Metagenes gebaut wurde. Wie Plinius der Jüngere berichtet, war er nicht weniger als 190 m lang und 55 m breit. Er hatte 127 Säulen, von denen 36 kunstvoll bearbeitet waren. Nach einem Brand wurde er um 450 v. Chr. restauriert, fiel aber schon 356 v. Chr. – der Geburtsnacht Alexander des Großen (»die Göttin hatte als Hebamme in Makedonien zu tun«) – einem Feuer zum Opfer, das ein Verrückter namens Herostrates gelegt hatte, um sich unsterblich zu machen. Sein Wunsch wurde ihm erfüllt, denn trotz einer städtischen Verfügung, nach der sein Name nicht mehr verwendet werden durfte, bezeichnet man heute noch die aus Ruhmsucht begangenen Verbrechen als »herostratisch«.

Als Alexander später nach Ephesos kam, bot er der Stadt seine Hilfe beim Wiederaufbau des Tempels an, aber die Einwohner erklärten ihm, daß »kein Gott einem anderen Gott Opfer bringt«. Statt dessen beschlossen sie, ihm keine Steuern mehr zu entrichten, und sie konnten somit aus eigenen Mitteln den

Tempel wiederherstellen. Trotzdem, so heißt es, hat der Makedonierkönig zur Verschönerung des Tempels beigetragen. Seine Pracht veranlaßte Tausende von Pilgern, der Göttin des Hauses Gaben und Opfer zu bringen. Ihre Statue war aus einem schwarzen Meteoriten gemeißelt und besaß drei Reihen von Brüsten, die – wie man glaubt – auf ihre Eigenschaft als nährende Mutter vieler Kinder hindeuteten. Jedoch waren die Brüste ohne Warzen, und ich habe mir ähnliche Statuetten im Seljuk-Museum angesehen, deren nippellose Brüste mit den Eizellen einer Bienenkönigin in Verbindung gebracht werden. Bei jüngsten Ausgrabungen innerhalb des Tempelbereichs stieß man auf Knochenreste von Bullen, die auf Tieropfer schließen lassen. Nunmehr wurde vermutet, daß es sich bei den sogenannten »Brüsten« um eine symbolische Darstellung der Hoden, die ihr geopfert wurden, handelt. Doch ist auch diese Theorie sehr widersprüchlich, da der maskuline Aspekt des Bullensymbols kaum etwas mit dem Artemision zu tun haben kann. Sicher ist nur, daß zu einer viel späteren Zeit auf dem Altar des nahegelegenen Tempels des römischen Kaisers Domitian Bullen geopfert wurden.

Da die Göttin einen jugendlichen Liebhaber – den Blumengott Hyakinthos – hatte, verfiel D. H. Lawrence in einem 1927 verfaßten Essay auf die These, daß die Brüste eine Traubenhyazinthe darstellen könnten. Unter Wissenschaftlern wird das sehr angezweifelt und ist nicht mehr als eine Theorie unter vielen.

Zu guter Letzt wurde der Tempel von Kaiser Nero ausgeraubt und dann ca. 200 Jahre später (263 n. Chr.) von den Goten zerstört. Noch einmal wurde er in einem kleineren Maßstab wiedererrichtet, später diente sein Marmor als Baumaterial für die Hagia Sophia im heutigen Istanbul und für die St.-Johannis-Kirche in Ephesos selbst. Ein letzter heidnischer Verehrer rettete damals eine der Artemisstatuen vor christlichen Fanatikern, indem er sie im »Buleuterion« (Senatsgebäude) vergrub. Eine weitere Kolossalfigur aus dem ersten nachchristlichen Jahrhundert wurde erst vor kurzem bei Ausgrabungsarbeiten entdeckt.

Der Tempel und die Statue waren – so hatten die Priester es immer gesagt – eine Gabe der Götter, und das gesamte Artemision, worunter man auch den der Göttin geweihten Monat verstand, konnte für sich das Recht eines Heiligtums beanspruchen.

Aus alten Quellen ist zu entnehmen, daß die innerste Tempelzelle mit der Statue der Göttin nur von Priestern und Priesterinnen betreten werden durfte; das Volk und vor allem verheiratete Paare konnten das Heiligtum nur von außen betrachten. Der geweihte Vorhof war jedoch für jedermann offen.

Der Kult der Artemis in Ephesos hat seinen Ursprung in der Verehrung der Muttergöttin von Anatolien, einer Fruchtbarkeitsgöttin, die bereits im Neolithikum unter verschiedenen Namen verehrt wurde. In Ephesos scheint er sich direkt von den Göttinnen Kuppaba der Hethiter und Kybele der Phrygier herzuleiten. Von dort aus hat sich dieser Kult während der römischen Epoche über den gesamten Mittelmeerraum verbreitet.

Artemis war die Hauptgöttin der Stadt Ephesos; der mit Zinnen versehene Kopfschmuck einiger Figuren weist diese als Stadtgottheiten aus, die etwas Übermenschliches haben, im Gegensatz zur jungfräulichen, griechischen Artemis (oder der Jägerin Diana), einer Schwester Apollons und Göttin der Jagd und der Keuschheit. Diese war in der Tat so keusch, daß sie einmal den jungen Jäger Aktäon, der sie beim Baden im Fluß beobachtet hatte, in einen Hirsch verwandelte, worauf er von seinen eigenen Hunden zerrissen wurde. In der griechisch-römischen Mythologie wird Diana als Tochter des Zeus bzw. des Jupiter angesehen. Den welterfahrenen Griechen machte es wenig aus, ihre zwölf großen Olympier in anderen Gegenden zuweilen in höchst widersinnigen Verschmelzungen als lokale Gottheiten wiederzuerkennen. In Anatolien trafen sie auf den Kult der Kybele, einer Schwiegertochter von Himmelsgott und Erdgöttin und Gemahlin des Kronos, des Herrschers über die Zeit. Sie war aber auch als Ops, Gefährtin des römischen Natur- und Erntegottes Saturn, als Rhea, Mutter des Zeus, als Vesta, die römische Herdgöttin, und ganz allgemein als »Erdmutter« und somit als Fruchtbarkeitsgottheit bekannt. Es gibt vielerlei Gründe für ihre seltsam anmutende Verwandlung in eine Keuschheitsgöttin. Der Hauptgrund ist natürlich, daß auch Kybele auf ihren Reisen den jeweiligen Vorstellungen ihrer Verehrer angepaßt wurde. Ein andrer ist, daß ihre Verbindung mit Zeit- und Naturgottheiten – gemäß den verschiedenen Qualitäten von Lebens- und Jahreszeiten – sie entweder als fruchtbar oder unfruchtbar erscheinen ließ. In Ephesos wurde die Keuschheitsgöttin zur »Mutter Natur« unter dem Namen Artemis Polimastros, die drei Reihen von Brüsten besaß, und ganz nach orientalischem Verständnis war ihre Statue mit reicher Tierornamentik versehen. In ihren Kopfschmuck waren Bienen und Jagdwild eingraviert (s. Abb. auf Seite 8).

Nach dem Tod Alexander des Großen wurde das von ihm geschaffene Imperium unter seine Statthalter aufgeteilt, und Ephesos fiel dem Lysimachos zu. Der Hafen war bereits durch die Anschwemmungen des Flusses Kaystros weitgehend versandet.

Im 2. Jahrhundert v. Chr. geriet Kleinasien unter römische Vorherrschaft, und Ephesos, das zum Pergamenischen Reich gehörte, wurde zur Hauptstadt der gesamten Provinz Asia.

Der Fleiß seiner 300 000 Einwohner brachte ihm erhebliche Reichtümer ein.

Als Handelsknotenpunkt entwickelte sich Ephesos ebenso rasch zu einem kulturellen Mittelpunkt, von dem sich die Verkünder der christlichen Lehre angezogen fühlten und dort die erste der Sieben Kirchen der Apokalypse gründeten. In der Apostelgeschichte, Kapitel 19, beschreibt Lukas, ein Arzt aus Antiochia (dem heutigen Antakya) sehr ausführlich den Kult der Artemis (oder Diana, wie die Römer sie nannten). Es waren die Silberschmiede, die Paulus aus Ephesos vertrieben, denn sie fürchteten, daß durch die Verbreitung seiner Lehren der Verkauf ihrer silbernen Nachbildungen des Artemistempels zurückgehen würde. »Deshalb besteht die Gefahr, daß er nicht nur unsern Handel in Verruf bringt; stellt euch vor, es würde so weit kommen, daß der Tempel der Großen Göttin Artemis seine Bedeutung verliert! Stellt euch vor, daß die Göttin selbst in Vergessenheit gerät, die heute überall in unserer Provinz und in der ganzen Welt verehrt wird!«

Als Paulus im Amphitheater vor der gesamten Stadtbevölkerung eine Rede hielt und die Menschen ermahnte, seine Lehren anzunehmen, wurden sie zornig und riefen: »Groß ist die Artemis von Ephesos!«

Im 4. Jahrhundert wurde das politische Gleichgewicht der damaligen Welt erheblich verlagert, als Konstantin der Große Rom zum Sitz der Kirche und Byzanz zur Hauptstadt des Römischen Imperiums machte. Die Plünderung heidnischer Tempel gehörte zur Tagesordnung, und 431 berief die Römisch-Katholische Kirche ein Konzil nach Ephesos ein, um über die Glaubensgrundsätze der Kirche zu beraten. Auf dem Dritten Ökumenischen Konzil unter Theodosius II. wurde Nestorius, der Patriarch von Konstantinopel, der Häresie angeklagt, weil er für die menschliche Natur des Gottessohns

Jesus eintrat und in Maria die »Christusgebärerin«, nicht aber die »Gottesgebärerin« erkannte, und wurde deshalb aus der Kirche ausgeschlossen. Es war auch die Zeit, als die Gläubigen in Ephesos darauf drängten, ihre Göttin Artemis in die neue Religion zu integrieren, weil sie fürchteten, sie sonst ganz zu verlieren. Sie riefen: »Groß ist die Diana der Epheser – gebt uns die Diana zurück!« Man gab ihr den Titel Theotokus oder Gottesgebärerin, und im Lauf der Zeit wurde sie der Jungfrau Maria gleichgesetzt.

In seinem Buch über die Geschichte der Isis in der griechisch-römischen Welt (1971) hebt R. E. Witt hervor, daß die anhaltende Verehrung der Göttin Isis, alias Artemis – Namen, die zur Lebenszeit Christi noch in aller Munde waren – vom Apostel Paulus besonders heftig bekämpft wurde. Witt zitiert auch einen höchst aufschlußreichen Satz aus der ägyptischen Fassung des Evangeliums, den der Kirchenlehrer Klemens von Alexandria (gest. um 216) in seinem Kampf gegen die Göttinnenreligion so gerne benutzte und den Jesus angeblich ganz bewußt gegen den Kult der Göttin ausgesprochen haben soll: »Ich bin gekommen, um die Werke der Frau zu zerstören.«

Soweit mein historischer Abriß über die Geschichte der Artemis Ephesia. Ich hatte schon immer den großen Wunsch, den Tempelbereich der Göttin von Ephesos mit eigenen Augen zu sehen, und war einige Male dort, leider stets zu einer Jahreszeit, die die Gegend wegen der Niederschläge geradezu sumpfig werden ließ. Im Oktober 1986 – nach einem langen und heißen Sommer – war es dort endlich einmal so trocken, daß es möglich war, direkt zwischen den eingestürzten Säulen und Mauerresten herumzulaufen. Mein Mann und ich waren zusammen mit unserem türkischen Freund Ergün von unserem Urlaubsort an der Küste nach Ephesos gekommen, und Ergün war von Istanbul angereist, um mich wiederzusehen.

Trotz des nahenden Herbstes war es ein heißer und sonniger Tag. Ergün und mein Mann hatten sich einem anderen Teil des Tempelbezirks zugewandt, während ich mir's auf einem der herumliegenden Mauerquadern bequem machte, um einen neuen Film in meine Kamera einzuspulen. Zuvor waren wir einige Stunden lang in Ephesos selbst herumgelaufen, und der Nachmittag ging seinem Ende zu. Mir taten die Füße weh, und trotzdem war ich ganz aufgeregt von der Vorstellung, mich endlich hier inmitten des Artemisions zu befinden. Es war angenehm, in der warmen Sonne zu sitzen und dem allgegenwärtigen Gezirpe der Grillen zu lauschen, jetzt, nachdem alle Touristen die Stätte bereits verlassen hatten.

Während ich noch immer mit meiner Kamera beschäftigt war, fühlte ich, wie mich ungeachtet der Sonnenwärme die allesdurchdringende Stille bis ins Innerste erschauern ließ. Eine seltsame Spannung schien sich mir plötzlich um den Schädel zu legen – so eigentümlich, daß ich im nachhinein dieses Gefühl unmöglich wiedergeben kann. Die Grillen hatten ihr Zirpen eingestellt, und statt dessen begannen mir die Ohren zu summen. Der Druck im Kopf verstärkte sich, und ich konnte ihn trotz Rubbeln und Reiben nicht loswerden. Als ich die Augen anhob und um mich blickte, hatte sich zu meinem grenzenlosen Erstaunen die Umgebung völlig verändert.

Statt der Steine und zusammengestürzten Gebäude war – wohin ich auch sah – nichts als Wasser – Wasser, in dem sich die Bläue des Himmels spiegelte, und es war richtig naß, und trotzdem war ich von ihm getrennt, insofern als mein Körper sich nicht darin befand! Ich gab mir alle erdenkliche Mühe, mir dieses seltsame Phänomen zu erklären, und dann bemerkte ich in einiger Entfernung ein Gebäude, dessen Säulen und Dach sich weiß im Wasser spiegelten, während das Gebäude selbst in eigentümlich fahlen, metallisch-grünen Schattierungen schimmerte. Es war nicht stabil, es vibrierte und bebte in der Luft wie eine gallertähnliche Substanz, fast so, als erblickte ich nur eine von Wellen getrübte Spiegelung auf dem Wasser. Die Strahlen der späten Nachmittagssonne wurden von seinen Säulen und einer Art bronzebeschlagenen Pforte zurückgeworfen. Als mein verwirrter Verstand endlich begriff, daß es sich hier um flüchtige Erscheinungen aus vergangenen Zeiten und den nicht mehr existierenden Tempel der Artemis handelte, begann sich der Spuk vor meinen Augen wieder aufzulösen – nicht heftig und schnell, sondern ganz allmählich, und wurde immer schwächer, wobei sich dieses »gallertartige Beben« noch einmal verstärkte, bis meine Augen es nicht mehr ertragen konnten. Und dann war es plötzlich dahin, und auch das mich umgebende Wasser. Ich blieb noch eine ganze Weile auf meinem Stein sitzen, um dem soeben Erfahrenen einen Sinn abzugewinnen, dann ließ auch das Summen in meinen Ohren nach, der Druck wich von meinem Schädel, und die Grillen zirpten wie eh und je. Ich wünschte, ich hätte die Geistesgegenwart besessen, diese seltsamen Bilder zu fotografieren, fragte mich aber, ob die Kamera auch so hellsichtig gewesen wäre! War es vielleicht nur eine subjektive Vision, so objektiv sie auch schien? Aber wenn sie nur subjektiv war, so dachte ich, hätte ich das Gebäude als strahlendweiß und nicht als blaßgrün wahrgenommen. Ich war unfähig, zu sagen, wie lange die Erscheinung gedauert hatte – möglicherweise nur einige Sekunden. Mir dünkte sie außerhalb jeglicher Zeit. An diesem Tag fiel es mir schwer, das Artemision wieder zu verlassen, und meine Hoffnung richtete sich auf eine Wiederholung dieses unglaublichen Schauspiels, aber leider vergeblich.

Natürlich habe ich noch oft versucht, die Ereignisse dieses

Nachmittags zu analysieren, und die einzige Erklärung ist wahrscheinlich in der Tatsache zu suchen, daß ich so viele Stunden meines Lebens damit verbracht habe, mich mit der Geschichte dieser Gegend zu befassen, hier herumzulaufen und mit anderen über die Stadt und die Göttin zu reden. Mein nimmermüdes Interesse an all diesen Dingen hat mich letztendlich für diese paranormale Erfahrung bereitgemacht, die nur mir zuteil wurde. Und dennoch fragte ich mich, ob mein Mann und Ergün die Vision mit mir geteilt hätten, falls sie in meiner Nähe gewesen wären.

Aber mein Instinkt sagte mir, daß dieses Erlebnis allein mir vorbehalten war und meinem unbezwingbaren Wunsch entsprang, mehr über diese ferne Zeit zu wissen, als die Welt noch jung war und die Göttin die Herzen der Männer und Frauen erfüllte – eine Zeit, als sie unangefochten regieren konnte, bevor die neue Religion ihr den Platz streitig machte.

13

Die Göttin im Altertum

Jedesmal, wenn ich mich mit vergangenen Zeiten beschäftigt oder in Gesprächen und Briefen mit einem Freund und Altertumsforscher auseinandergesetzt habe, verblieben mir bruchstückhafte Informationen, die ich getrost vergesse, sobald sie mir – wie Homer es ausdrückt – »den Weg zu den Pforten des Lichts und des Lands der Träume gewiesen haben«.
Eine dieser Informationen betraf die Hethiter, die um 2500 v. Chr. im (späteren) Kappadokien ihr Königreich gründeten, das bis etwa 1200 v. Chr. florierte. Hierzu schrieb mir mein Freund:

> »... ohne Frage war es der Untergang der Hethiter, der zur Belagerung von Troja führte. Den Griechen ging es um die Dardanellen – oder besser gesagt, den Zugang zum Schwarzen Meer. Es war also ein Handelskrieg, und das ganze Drum und Dran mit Helena und ihrer Hurerei ist nur eine amüsante Hinzufügung, die das Vorgehen im nachhinein rechtfertigen sollte... Die Griechen hatten zunächst Erfolg (sie beteten zur Hera von Argos), aber ihr Sieg hatte sie geschwächt, und die Dorer (mit Apollo und der Jägerin Diana) marschierten ein.

Es ist ganz normal, daß die Götter der Eroberer die Tempel und Altäre ihrer Vorgänger besetzen – nur heißt das nicht, daß sie deswegen mit ihnen identisch sind. Ich weiß zwar, daß manche Leute zwischen Jehova, dem alten Rachegott der Juden, Allah und dem christlichen Gott der Liebe und Vergebung gar keinen Unterschied machen, aber solche Vorstellungen sind unannehmbar und ohne Substanz. Andrerseits glaube ich, daß die Muttergottheiten viel Gemeinsames haben, ohne identisch zu sein. Darüber hinaus unterscheiden sie sich ganz wesentlich von den auf Weisheit, Krieg, Schicksal, Liebe, Tod etc. spezialisierten Göttern. In den letzten Jahren hat es zu viele Leute gegeben, die feststehende Tatsachen ganz einfach ihren Theorien anzupassen versuchen (Ranke-Graves zum Beispiel); so amüsant das sein mag, ist es doch nicht die wissenschaftliche Art, klassische Studien zu betreiben.«

Die Mythenforschung erkennt in Helena eine dreifaltige Göttin: Sie ist sowohl eine Inkarnation der jungfräulichen Mondgöttin wie auch der Zauberin und der Matrone – die Verkörperung der ebenfalls dreifaltigen Hekate. Sie war unter vielen Namen bekannt, zum Beispiel als Helle oder Selene, und ihr zu Ehren wurden die *Helenphoria* (orgiastische Spiele der Spartaner) gefeiert, wo sie den Korb *Helene* mit den Sexualsymbolen mit sich führte.
Die trojanische Helena heiratete Menelaos, den »Mondkönig«, dem aufgrund dieser heiligen Ehe Unsterblichkeit zuerkannt war. Doch Helena ließ sich von ihrem neuen Liebhaber Paris nach dessen Heimatstadt Troja entführen. Somit sah sich ihr Gemahl der Gefahr ausgesetzt, nicht nur seine Unsterblichkeit, sondern auch die ihm durch die Heirat zugefallenen

trojanischen Lehnsgüter zu verlieren. Er segelte ihr mit seinem Heer nach, und so begann der legendäre Trojanische Krieg, in dem die patriarchalischen Griechen den matriarchalischen Trojanern gegenüberstanden.

Als Elen, Elaine oder Hel-Aine war dieselbe Mondgöttin zugleich die Königin des heidnischen Britanniens – eine »Lily Maid« (»Lilienmädchen«), die als erste mit römischen Kaisern Bündnisse einging. Nach alter Überlieferung soll ein Verwandter der Helen, der Trojaner Brutus, erster britischer König gewesen sein. Als Troja gefallen war, segelte er westwärts, bis er die Insel Albion (England) erreichte, und gründete dort die Stadt New Troy – später nach seinem Abkömmling, dem Gott Lug, in Lugdunum (London) umbenannt.

Zwischen den Mythen der Göttin und den alttestamentarischen Geschichten von Moses gibt es interessante Verknüpfungen. Bei Forschungsarbeiten im Zusammenhang mit den Zehn Geboten der Bibel stieß man auf ein babylonisches Monument – das sogenannte Steinrelief des Hammurapi – mit der Darstellung der Übergabe einer Gesetzessammlung durch den Sonnengott Schamasch an König Hammurapi (ca. 1792–1750 v. Chr.). Die Unverletzlichkeit dieses Kodex' wurde genau wie bei Moses mit der Tatsache begründet, daß Hammurapi ihn persönlich von Gott Schamasch erhalten hatte, wie Moses von Jehova.

Moses, als ägyptischer Prinz aufgewachsen, war aufgrund seiner Erziehung mit den babylonischen und ägyptischen Gesetzen vertraut. Als er mit einem Stamm entlaufener Sklaven die Wildnis durchwanderte und nicht wußte, wie er diese Volksmasse bändigen könnte, formulierte er die Zehn Gebote aufgrund der ihm vertrauten Gesetze, und später wurde daraus die biblische Theorie von der göttlichen Eingebung.

Die von ihm vollbrachten Wunder sind zum großen Teil aus

ägyptischen Mythen entnommen, und dazu gehört die Durchquerung des Nils. Denn Isis war es, die schon vor Moses auf ihrer Reise nach Byblos (dem heutigen Dschebeil im Libanon) die Wasser des Phädros teilte. Auch Moses' Quellwunder wurde bereits von der Atalanta von Kalydon vollbracht, die unter Anrufung ihrer Göttin mit dem Speer gegen den Felsen schlug. Dasselbe tat Mutter Rhea, und sie war ebenfalls die Übergeberin von Gesetzestafeln auf einem heiligen Berg.

Eine weitere gesetzgebende Berggottheit war die Rhea vom Berg Dikte (bei Knossos) oder die sumerische Gebirgsgöttin Ninhursag. Wahrscheinlich waren sie die Vorgänger der männlichen Gesetzgeber. Die Geschichte von Moses und den Zehn Ägyptischen Plagen beruht wie so viele andere auf einem matriarchalischen Mythos. In der Dritten Dynastie unter König Djoser (den die Hebräer Joseph nannten) geschah es, daß die fruchtbringende Nilüberschwemmung sieben Jahre lang ausblieb und die Ägypter zu Tausenden verhungerten. In seiner Verzweiflung sandte der Pharao Boten zum Heiligtum der Mater (Mutter) von Nubien, um die Gunst der Göttin zu erflehen. Diese verwies sie auf die »Lagerstätte des Nils«, eine Doppelhöhle (genannt Qerti oder Khert) am Nilufer, repräsentativ für die »zwei Brüste, denen alle guten Dinge entströmen« – die Unterwelt der nubischen Göttin. Sie sagte den Boten, daß die Plage von einem eifersüchtigen männlichen Gott ausginge, der sich am liebsten selbst zum »Göttervater« und Hüter des Nilschlüssels gemacht hätte.

Als diese Geschichte nach Jahrhunderten in der späten ptolemäischen Epoche aufgeschrieben wurde, behaupteten die Priester des Ra, daß es ihr Gott gewesen sei, der die Dürre durch Überflutung der Felder mit »rotem Bier« beendet hätte. Damit wollte er das Ansehen, das Mutter Hathor genoß, mit dem Argument, sie würde das Volk umbringen, erschüttern. Bei diesem »Bier« soll es sich um »Menschenblut« gehandelt haben, das durch eine heilige Substanz aus der Nilquelle – genannt »Dedi« – dazu geworden war. Manchmal wurde dieses Dedi als salzige, ockerrote Erde beschrieben, in der Farbe vergleichbar mit dem Blut einer Menstruierenden. Andere erklärten die rote Farbe als durch Granatapfelsaft verursacht – ein weiteres Symbol für menstruelles Blut. In biblischen Zeiten repräsentierte der Granatapfel die weibliche Vulva und war ein Emblem der Göttin des heiligen Berges Rimmon (nordnordöstl. v. Jerusalem).

Was dem Nil tatsächlich die blutrote Farbe verliehen hatte, war nicht Moses magischer Stab, sondern der in den Flutzeiten vom Fluß mitgeführte rote Schlamm, in welchem man das lebensspendende Blut aus dem Uterus der Göttin zu erkennen glaubte.

Die Anhänger Moses behaupteten, daß Jahwe (Jehova) selbst die Tötung der erstgeborenen Söhne der Ägypter vollzogen hätte (2. Moses 12,29), während die Israeliten ihre erstgeborenen Söhne mit dem Blut von Lämmern freikaufen durften (2. Moses 13,15). Aber in Wirklichkeit hat Jahwe sein Vorgehen aus einer altägyptischen Tradition übernommen. Indem er sagte: »Weihet mir alle Erstgeburten! Jedes Kind, das als erstes von einer Frau geboren wird, und jedes Tier, das als erstes von einem Muttertier zur Welt gebracht wird, gehört mir«, ahmte er alte ägyptische Götter nach, die nur dann die Sünden vergaben, wenn ihre Altäre mit Blut getränkt waren. »Schuld wird nur vergeben, wenn dafür Blut geflossen ist« (Hebräer 9,22). Die Göttin ist zurückgekehrt, und ihre Heraufkunft ist eine Revolution – nicht so sehr für die katholische Kirche, wo sie seit langer Zeit integriert ist, wo sie anerkannt wird (wenn auch mit aufpoliertem, entsexualisiertem und purifiziertem

Image) und in Wahrheit sogar Priorität vor ihrem göttlichen Sohn genießt. Vielleicht ist es das, was mir die katholische Kirche so heimisch macht, wenn ich zum Beispiel bei Familienfesten, die meine Enkel betreffen – wie Taufe oder Erstkommunion –, an der Messe teilnehme und von dem Frieden der geheiligten Stätte umfangen werde. Wenn ich dort den Altar und den Gekreuzigten am Ende eines langen Kirchenschiffes sehe und darüber das überwältigend schöne Mosaik der Göttin, verkleidet als Jungfrau Maria, hoch über mir an den Wänden, dann lächle ich der Göttin zu und beuge mein Knie vor ihr und denke daran, daß sie, die von Millionen Menschen verehrt wird, in Wirklichkeit die Große Erdmutter ist, auch wenn die Gläubigen dies weder bedenken noch wissen.

Die Göttin ist die Erde; sie ist die Mutter, die uns ernährt und jegliches Leben hervorbringt, ist die Fruchtbarkeit und die Fortpflanzung. Alle Dinge beginnen in ihr und kehren zu ihr zurück. Sie ist das Leben in Bäumen und Pflanzen, in Körnern und Kräutern, und alles Lebendige ist ein Teil ihrer selbst. Sie ist die Luft und der Himmel und jegliches Element. Sie ist die Himmelskönigin und die Sternengöttin, die Muse, die den menschlichen Geist zur Kreativität anspornt. Sie läßt sich nicht einengen, nicht durchdringen, nicht begreifen. Wer kann schon das Unsagbare ausdrücken, das Unerfahrbare erkennen? Sie ist das große Mysterium, das den Wald, das Wasser und alles Lebendige erfüllt. Sie ist eingewoben in den Überfluß der Natur und manifestiert sich darin. Sie ist die Drei, und die Eins zugleich: als Mondgöttin ist sie die Mädchenhafte im zunehmenden Mond, die Mutter im vollen und die Matrone im abnehmenden Mond – die perfekte Trinität. Die Göttin ist die *Anima*, der feminine Aspekt im Mann. Die Geschichte der Zivilisation, deren maßgebendes Grundmuster durch die Arbeit des Mannes bestimmt war, ist die Geschichte von der Vorherrschaft des Mannes und eines patriarchalischen Gottes. Es ist eine dunkle Geschichte, weil die Männer nicht wahrhaben wollten, daß sie nur aufgrund des weiblichen Elements ihres eigenen Wesens kreativ sein können, und die Wiedergeburt der verlorenen Weiblichkeit, die auf Liebe sich gründet, ist der einzige Ausweg aus der Armut des Geistes. Im stillen Zentrum des Wirbels, der unser lärmendes Sein präsentiert, ist ein Ort, der wir selber sind. In seinem Werk LEVITICUM HOMILAE schrieb Origenes (185–254): »Du selbst bist eine eigene kleine Welt und umschließt in dir die Sonne, den Mond und auch die Sterne.« Unser Leben ist eine Reise zwischen Abschied und Wiederkehr, und es ist die Göttin selbst, die diese Reise und die kleine Welt in uns steuert. Obwohl unerkannt, zeigt sie sich uns inmitten eines unergründlichen Geheimnisses, und unsre Spiritualität verlangt nach dem Mysterium und nach Stille. Durch Meditation, innere Bereitschaft, Mühe und auch göttliche Eingebungen können sich uns tiefe Wahrheiten erschließen, und selbst wenn sie uns zu einer inneren Gewißheit geworden sind, wäre es unklug, darüber zu sprechen. Wo es um spirituelle Dinge geht, ist Schweigen und Zurückhaltung von großer Bedeutung. Innerhalb aller religiösen Traditionen gelten diejenigen am meisten, deren Denken, Sinnen und Handeln sich ohne viele Worte vollzieht. Denn es gibt ein Wissen, das der Stille entspringt und sich der Sprache entzieht.

»Wenn Seele von Seele dieses Wissen empfängt,
bedarf es keiner Bücher noch Zungen.
Dem entleerten Geist offenbart sich ein Mysterium,
das wir Erleuchtung des Herzens nennen.«

Mewlana Dschelal ed-Din Rumi, der diese Worte schrieb, wußte, daß spirituelle Erfahrung und der Zugang zu umfassenderen Realitäten eine Begnadung ist, die dem einzelnen widerfährt, und daß jeder Versuch, derartige Erfahrungen an Leute weiterzugeben, die dafür nicht bereit sind, unklug wäre. Zu einem späteren Zeitpunkt, wenn weitere Einsichten hinzugekommen sind, mag dies vielleicht möglich sein; doch unmittelbar nach dem Erlebnis ist es besser, solche Dinge für sich zu behalten.

Gegenwärtig besteht eine unübersehbare Tendenz, religiöse Einsichten in eine möglichst allgemeinverständliche Sprache zu kleiden; und tatsächlich können die Menschen durch allzu obskures und geheimnisvolles Gebaren der Religion entfremdet werden. Doch die Hexenreligion ist nicht für jedermann da, und zuviel Offenheit wäre hier fehl am Platze. Denn die Göttin in ihrer Unvergleichbarkeit ist ein Mysterium und sollte es auch bleiben.

Auf moslemischen Grabsteinen kann man zuweilen die Inschrift »Huwa al-Baqi« lesen, was soviel heißt wie: »Er ist der Eine, der fortdauern wird.« Denn am Ende aller Debatten, aller Untersuchungen und wissenschaftlicher Arbeit und nach ungezählten Jahren spiritueller Bemühung um tiefere Erkenntnisse und nach all den Einsichten unserer größten Mystiker, Heiligen und Gurus wird Allah, der Gott der Moslems, fortdauern und sein Geheimnis unangetastet bleiben. Und genauso ist es mit all den anderen Göttern und Göttinnen – sie sind nicht auf unsere Hingabe, unseren Eifer, unsere Verehrung und unser Verlangen angewiesen – sie sind unvergleichlich in ihrer Selbstgenügsamkeit und einsamen Größe; sie brauchen uns nicht – das ist ihr Mysterium. Wir sind es, die nach ihnen rufen.

Rumi erzählt die Geschichte von einem, der auf der Suche

nach Gott an die Tür des Heiligtums klopft. »Wer ist da?« ruft es von innen.

Und der Sucher antwortet: »Ich bin es.«

Und wieder tönt es von innen: »Ich kenne kein Ich.«

Nach einer Weile antwortet der Mann an der Tür: »Du bist es«, und er wird hereingelassen.

Um sich den Göttern zu nahen, bedarf es der Demut und völligen Selbstverleugnung; wir müssen uns darüber klar sein, daß es sich um Mysterien handelt, deren Geheimnisse nur Auserwählten zugänglich sind.

Anläßlich eines Gesprächs mit Sonja fragte ich diese einmal, was sie von Ritualen halte und wieweit sie bei ihren magischen Aktivitäten davon Gebrauch mache. Sie winkte ab und sagte nur: »Mein Garten ist mein Tempel – das ist alles, was ich brauche.« Bei der Ausübung von Hexerei hält sie alle rein formalen und zeremoniellen Elemente für überflüssig, wenn nicht sogar für ein »Nachäffen« kirchlicher Konventionen. Sie orientiert sich an der Einfachheit und Natürlichkeit heidnisch-pantheistischer Religionen, wie sie mir anhand folgenden Gebetes zu erläutern versuchte:

»O Göttin ohne Ende und ohne Beginn, Du bist das Beste, das allen, die Dich zu erkennen suchen, widerfahren kann. So, wie eine Spur von Licht in allem, was leuchtet, enthalten ist, so ist ein Funke Deiner Schönheit in jeglicher Kreatur. Alles, was uns mit Liebe erfüllt, was herrlich und schön ist, enthüllt sich als ein Stück Deines Wesens, als Offenbarung Deines Seins. Alle irdische Schönheit ist nur ein Schatten Deiner Göttlichkeit. Laß uns Dir bei all unserer Unvollkommenheit so ähnlich wie möglich werden, daß wir so weit an Deiner Glückseligkeit teilhaben können, wie unser Leben es erlaubt.«

Mein Tempel ist die Landschaft, in der ich wandere, ist die Wüste, die Wildnis und die Unerschütterlichkeit der Berge, wo die Welt still und schweigsam ist und ich in der Lage bin, mich dem unvergänglichen Sein tief im Herzen der Göttin zu nähern, welche Sonja als ihre Herrin bezeichnet.

Der Gott neben der Göttin, der Herr des Todes und der Auferstehung, ist für mich weniger real. Seine schattenhafte Gestalt erscheint mir nur selten in meinen Träumen und Visionen. Eine seiner Varianten ist Pan, der Gott der Natur, und manchmal, wenn ich auf einem meiner Lieblingsplätze, einem grasigen Hügel, meditiere, meine ich den Klang seiner Flöte zu vernehmen, den der Wind aus einem fernen Gehölz zu mir herüberträgt. Dann gleiten meine Gedanken in die Jahre meiner Kindheit zurück, zu moosigen Ufern an murmelnden Bächen, zu sorgloseren Tagen im warmen Sonnenschein. Eine Wehmut überfällt mich wie in Stockhausens Hymnen:

> Mir bläst ein tödlicher Hauch
> aus jener fernen Landschaft ins Herz.
> Was bedeuten die blauen Hügel,
> die Türme und Höfe meiner Erinnerung?
> Es ist das Land der verlorenen Seligkeit.
> Ich seh' sein stilles Leuchten,
> die glücklichen Straßen, auf denen ich schritt
> und kann nie mehr zurück.
>
> A. E. HOUSMAN

Zwei der bedeutendsten Weltreligionen haben der Göttin bereits in der Vergangenheit den Kampf angesagt. Im Arabien des 7. Jahrhunderts war es der Prophet Mohammed, der es besonders darauf angelegt hatte, der landesweiten Verehrung der Sonnengöttin Allât und einer anderen namens al-'Uzzâ ein Ende zu setzen. Ursprünglich war Allât mit der arabischen Aschera identisch. Mohammed erzwang die Verehrung von Allah als dem höchsten Gott. »Allah« bedeutet »Gott«, so wie »Allât« »Göttin« bedeutet, und der Prophet übernahm viele der Legenden und Traditionen des Alten und Neuen Testaments in den Koran, das heilige Buch des Islam. Er war es auch, der gesagt hat; »Als Eva erschaffen wurde, freute sich der Teufel.«

Bis zum heutigen Tag gibt es Männer unter den Juden, denen beigebracht wird, folgendes Gebet täglich zu sprechen: »Gesegnet seist Du, Herr, unser Gott, König des Universums, daß Du mich nicht zu einer Frau gemacht hast!« Der Begriff »Sabbat«, der aus dem Hexentum stammt, hat mit den modernen, kultischen Vorstellungen der Juden nichts mehr zu tun, wahrscheinlich ist er verwandt mit dem französischen Wort »s'ébattre« (»sich freuen, herumtollen«) – in der Tat, eine sehr zutreffende Beschreibung des fröhlichen Treibens bei Hexenkonventen. Daneben hat er die Bedeutung von »Göttlichkeit« mit dem besonderen Hinweis auf die Göttin Schekina, die noch heute in jeder Synagoge in den Freitagabendgebeten mit den Worten: »Komme, o Braut« willkommen geheißen wird, wobei dieser Gruß seine alte mystische Bedeutung völlig verloren hat und einen rein poetischen Ausdruck unbestimmten Inhalts darstellt.

Ungeachtet der Tatsache, daß Jahwe (Jehova), der Stammesgott der Juden, ursprünglich ein Vulkangott mit zwei Gemahlinnen gewesen war, konnte sich eine so traurige Geschichte wie die Verbannung des weiblichen Aspektes der Gottheit – der Schekina als Herrin, Königin oder Matrone – ereignen, womit sich insbesondere Raphael Patai in seinem Buch über die hebräische Göttin befaßt. Denn genau wie im tantrischen Hinduismus – bekannt durch seine religiöse Einbindung von sexuellen und visionären Elementen – dem Gott Shiva die Konsortin Shakti zugesellt war, hatte auch Jehova einst eine Geliebte, die Göttin Schekina oder Sabbat. Laut orthodox-jüdischer Auffassung besuchte sie die Häuser in der Nacht vom Freitag zum Samstag, die dem sexuellen Verkehr vorbe-halten war, und deshalb ist der Sabbat in der jüdischen Tradi-tion so geheiligt – nicht nur als Tag der Ruhe, sondern als Zeit des Träumens und des Nachdenkens, der Liebe, der Poesie und inneren Einkehr. Doch heute ist das alles zu einer rein formellen Angelegenheit geworden, und die ursprünglichen Inhalte sind längst vergessen.

Die Ausgrabungsstätte Katal Hüjük hat die Form einer ausge-dehnten Kuppe und befindet sich 42 km südöstlich von Konia zwischen den türkischen Städten Kuckkoy und Karkin. Um das Jahr 1959 herum wurden hier alte Töpfereien zutage ge-fördert, die das Aufsehen der Archäologen erregten und An-laß zu weiteren Ausgrabungen gaben. Was dort gefunden wurde, waren die Überreste einer bis dahin unbekannten Zivi-lisation aus der Zeit von ca. 9000–7000 v. Chr., von Men-schen, die der Schrift noch nicht kundig waren, aber eine so hohe Entwicklungsstufe erreicht hatten, wie sie in der damali-gen Welt ohne Beispiel war. Zu ihren stummen Zeugen gehö-ren Tempel, Paläste, Wohnhäuser, Waffen, Tongefäße (die zum Teil noch Reste von Nahrungsmitteln enthielten), vor allem aber Statuetten einer Muttergottheit. Die weißverputz-ten Mauern aus luftgehärteten Ziegeln waren mit Fresken in Form von Menschen- und Tierdarstellungen versehen. Das Innere der Häuser, die sich dicht aneinander schmiegten, war von den Dächern aus über eine Treppe zugänglich, und in den Räumen befanden sich Öfen. Man fand auch Stein- und Lehmfiguren schwangerer Frauen, woraus hervorgeht, daß die Große Göttin die zentrale Figur der damaligen Religion gewesen sein muß. Bemalte Töpfe und Schüsseln waren mit geometrischen Ornamenten von besonderer Qualität und Schönheit verziert. Es wurden auch Waffen gefunden, aber in Ermangelung von Metall waren diese aus Obsidian hergestellt. In einem der ausgegrabenen Häuser wurde das Grab seiner Besitzerin entdeckt. Neben dem Skelett lag ein schimmernder Handspiegel aus schwarzem, polierten Obsidian, und an der anderen Seite stand ein kleiner Tontiegel, der dunkelrote Farbe enthielt – wahrscheinlich für kosmetische Zwecke gedacht.

Weitere Funde – diesmal aus der Zeit um 5800 v. Chr. – wurden in der Nähe von Hacilar (Zentralanatolien) gemacht. Auch hier waren es wieder Tonfiguren von Muttergottheiten, während männliche Statuetten nur als Liebhaber der Göttin oder als Kinder erscheinen. Die Statuetten, die ich im Museum der Anatolischen Zivilisationen (Ankara) betrachtet habe, dünkten mir in ihrer unglaublichen Schönheit als beredtester Ausdruck einer Epoche, in der eine noch junge Menschheit der Großen Göttin all die Verehrung zukommen ließ, die ihr gebührt.

Daß diese Zivilisation alles andere als primitiv war, bezeugen auch goldene Juwelen von höchster Güte, die darauf hinweisen könnten, daß hier Könige oder Fürsten bestattet waren. Zu den Grabbeigaben gehören eine goldene Kanne, ein goldener Becher, Halsketten, Broschen, ein Schwertgriff – auch diese aus reinem Gold –, dazu bronzene Sonnenscheiben und Hirschfigürchen, kurz, Kunstgegenstände jeglicher Art, die lange vor der Epoche der bronzezeitlichen Hethiter entstanden waren. Kupfer, Blei, Zinn, Gold, Silber und die verschiedensten Legierungen wie Bronze und Elektron waren den damaligen Bewohnern Anatoliens bereits bekannt. Für den alltäglichen Gebrauch verwendeten sie tönerne Krüge,

Fruchtschalen mit Füßen, Teekannen mit eingepaßten Filtern und Vasen und Schüsseln, die häufig mit geometrischen Mustern überzogen waren.

In den zahlreichen, dickschenkeligen Göttinnenfiguren mit Hängebrüsten und gewölbten Leibern glaubt man die nur roh ausgefertigten Modelle späterer Statuen zu erkennen. Andere hochstilisierte Statuen, wie man sie zum Beispiel im ephesischen Artemision fand, sind Werke, die mit viel Hingabe und erstaunlichem Geschick von Künstlern geschaffen wurden. Eine besonders schöne Statue wurde 1955 in Ephesos entdeckt, und Archäologen haben sie dem zweiten vorchristlichen Jahrhundert zugeordnet; doch wegen ihrer unübersehbaren stilistischen Abweichungen von allen bisher bekannten Artemisstatuen gab sie den Experten manches Rätsel auf. Aus aller Welt strömten Gelehrte herbei, um die »schöne Artemis« zu begutachten.

Diese stehende Göttin trägt eine Krone auf ihrem Haupt und ist in ein langes Gewand gehüllt. Sie scheint sich gegen ein mit Tierfiguren verziertes Kissen zu lehnen, ihr Gesichtsausdruck ist ernst, aber lieblich, ihre Augenbrauen sind hochgezogen, die Augen selbst mandelförmig und die Lippen voll und üppig. Sie trägt eine Kette um den Hals, und wieder erkennen wir die obligaten drei Reihen eiförmiger Symbole. Die Tücher, die ihren Leib umhüllen, sind ebenfalls mit heiligen Tieren verziert. In ihren beiden Händen hält sie jeweils einen Stab, und zu ihrer Linken wie zu ihrer Rechten befindet sich ein Hirsch. Experten glauben, in ihr die Muttergöttin Kybele wiederzuerkennen, die in Anatolien über viele tausend Jahre hinweg verehrt wurde – oder genauer gesagt, eine Artemis als neue Version der traditionellen Muttergottheit. Typisch sind auch die ephesischen Bienensymbole auf ihren Gewändern, die sie als Stadtgöttin der Epheser ausweisen.

Der Kult der Weiblichkeit, der Muttergottheit, ist so alt wie die Menschheitsgeschichte, und uns Hexen ist sehr daran gelegen, der Welt diese spezifische Form der Religion und Spiritualität zu erhalten. Doch die Hexenreligion, die eine Herausforderung für das patriarchalische Christentum ist, kann nie zu einer Weltreligion werden. Ich denke dabei an ein kirchliches Traktat aus dem 16. Jahrhundert, in dem es heißt: »Die Frau ist fleischlicher als der Mann; seit sie geschaffen wurde, haftet ihr ein Gebrechen an, denn sie wurde aus einer gebogenen Rippe geformt. Sie ist unvollkommen und neigt zu Betrügereien. Auch Hexerei entspringt der fleischlichen Lust. Frauen sollten züchtig leben und sich dem Mann unterwerfen.«

Und vom TIMES-Korrespondenten für religiöse Angelegenheiten war folgender Bericht in der Zeitung zu lesen:

»Der Bischof von Exeter, Dr. Mortimer, erteilte der Kirchensynode von Canterbury den ausdrücklichen Hinweis, daß eine Zulassung von Frauen zum Priesteramt innerhalb der Kirche von England eine gefährliche Annäherung an die alten heidnischen Religionen zur Folge hätte.

Priesterinnen waren – so erklärte er – in den alten Naturreligionen gang und gäbe. ›Doch wir alle wissen, welche Art von Religionen das waren und sind.‹ Die Kirche habe sich in der Vergangenheit zu oft den wechselnden Bedingungen angepaßt und müsse in einer ›sexbesessenen Welt‹ doppelt vorsichtig sein.«

Was mich persönlich betrifft, habe ich keinerlei religiöse Vorbehalte. Für mich sind Religionen nichts anderes als Ströme, die in den gleichen Ozean münden. Es macht mir nichts aus, mich mit anderen Religionen zu befassen und an deren Ritualen teilzunehmen. Ob ich einen christlichen oder einen moslemischen Gottesdienst besuche, macht für mich keinen Unterschied, und ich kann mich mit einem Mohammedaner auf dem Boden seiner eigenen Religion verständigen und nötigenfalls auch das moslemische Totengebet rezitieren: »Inna li Allah, wa, inna, iłayhi raji'un. La illaha ila Allah, wa Muhammad rasul Allah.« (»Zu Gott gehören wir, und zu ihm kehren wir zurück. Es gibt keinen anderen Gott als Allah, und Mohammed ist Sein Prophet.«)

Die Göttin ist allgegenwärtig, und überall werden wir an sie erinnert. Vom nächtlichen Himmel blickt sie als Mondgöttin zu uns herab; schon im 7. Jahrhundert v. Chr. hat sie Sappho zu folgenden Zeilen inspiriert: »Die Sterne rund um die liebliche Mondin flimmern und scheinen gleich weniger hell, wenn sie in ihrer runden Pracht ihr silbernes Licht über die Erde verströmt« – und diese Worte wurden von den Klängen eines Jagdhorns begleitet, die in der französischen Soldatensprache »La Diane« (ein morgendliches Wecksignal) genannt werden, was darauf hinweist, daß Diana, die Jagdgöttin, nun wieder aus ihrer nächtlichen Gestalt als Mondgöttin herausschlüpft und zur Erde zurückkehrt.

Auch in England gibt es Zeugnisse für einen frühgeschichtlichen Göttinnenkult, verbunden mit Fruchtbarkeitsriten. In der Nähe einer zugeschütteten Feuersteinmine bei Brandon in Norfolk – einer Grabungsstelle, die unter dem Namen »Grimes Graves« bekannt wurde – fand man eine große Anzahl von Hirschgeweihen, die als Spitzhacken in Kreidegruben verwendet wurden. Einige der alten Schächte wurden wieder freigelegt, und einer davon kann besichtigt werden. Es ist nicht geklärt, ob die Bergleute selbst auf die Jagd gingen oder lediglich mit Rotwildjägern Tauschhandel betrieben.

Die interessanteste Entdeckung machte man auf einer Schachtsohle, wo der Flintabbau endete. Hier befand sich offensichtlich eine Kultstätte und in ihr die primitive Statuette einer schwangeren Frau in der Art der oben beschriebenen Göttinnen, ferner ein Phallus und aus Kreide geschnitzte Hodensymbole, daneben ein Haufen aus Flintblöcken und Geweihhacken. Vielleicht sollte mit diesen Opfergaben die Erdmutter beschwichtigt werden, um die nächste Flintmine ergiebiger zu machen. Jedenfalls trägt die Göttin alle Merkmale eines Kultes, der weit über das Neolithikum bis in paläolithische Zeiten zurückreicht.

Diese Vermutung wird durch einen weiteren Fund in Grimes Graves erhärtet. Auf einem Plättchen Flintgestein entdeckte man die etwas ungelenke Gravur eines Hirsches, die aufgrund stilkritischer Erwägungen dem Mesolithikum zugeordnet werden muß (der Periode zwischen Alt- und Neusteinzeit).

Obgleich die Göttin im Verlauf des Altertums unter den verschiedensten Namen bekannt war, ist Isis ihr wahrer Name, und sie verfügte über zweierlei Gestalt. Zum einen war sie die Urheberin alles Lebendigen, die Mutter und Ernährerin, zum andern aber auch die Zerstörerin. »Isis« bedeutet »uralt«, und manchmal wurde sie »Maat« genannt, was soviel heißt wie »Wissen« oder »Weisheit«, und demnach könnte man Isis/Maat mit »uralte Weisheit« umschreiben. Es ist das Wissen über die Dinge, wie sie wirklich sind und schon immer waren – zugleich ein tiefverwurzeltes und breites Anpassungsvermögen gegenüber dem augenblicklichen Zustand, aber auch unvermeidlichen Wandel der Dinge in ihrer Beziehung zueinander: die Weisheit des Instinkts.

Da Isis sowohl Zerstörerin als auch Lebensspenderin ist, wurde sie zum einen als die Schwarze Göttin – und zum andern als Jungfrau mit Kind (die ihren Knaben Horus säugende Mutter) dargestellt. Letzteres führte dazu, daß ihre Statuen in christlicher Zeit als Maria-mit-Kind-Darstellungen mißinterpretiert wurden. Aber schon immer war die Göttin die Mutter des jungen Gottes und wurde zudem wie viele Mondgöttinnen als Jungfrau verehrt. Ganz richtig erkennt Robert Briffault in seinem 1927 erschienenen Buch THE MO-THERS eine enge Beziehung zwischen der Jungfrau Maria und dem Mond. Katholisch-orthodoxe Geistliche nannten sie den »Mond der Kirche«, »unseren Mond«, den »spirituellen Mond« oder den »vollkommenen und ewigen Mond«. Man sagt ihr nach, daß sie den Lauf des Mondes und aller Gestirne überwacht und nennt sie die »Stella Maris« (»Stern der Meere«) und »Beherrscherin des Ozeans«. In Frankreich wird der Mond als »Notre Dame« und in Portugal als »Mutter Gottes« bezeichnet.

Aus Mexiko wird berichtet, daß Mütter ihre kleinen Kinder dem Mond entgegenheben, um die Göttin für sie um ein ewiges Leben zu bitten. Nach Sir John Barrows Erkundungen im Fernen Osten TRAVELS IN CHINA, erschienen 1806 in London, hieß die populärste unter den weiblichen chinesi-schen Gottheiten Shing-Moo oder Heilige Mutter, und die ersten jesuitischen Missionare stellten eine auffallende Ähn-lichkeit zwischen ihr und der Jungfrau Maria fest. Die Statue der Shing-Moo wurde in einer Wandnische hinter dem Altar aufgestellt, wo sich auch die Kapelle der christlichen Mutter Gottes befand. Sie war verhüllt und hatte ein Kind auf ihrem Schoß oder in den Armen und einen Heiligenschein um den Kopf. Auch von ihr wurde erzählt, daß sie ihr Kind als Jungfrau empfangen und geboren hatte.

Die Große Mutter ist in der Vorstellung der Menschen stets eine Jungfrau gewesen, obwohl sie Liebhaber hatte und einen eigenen Sohn, der alle Jahre sterben mußte, um wiedergeboren zu werden. J. G. Frazer wies darauf hin, daß das griechische Wort »parthenos«, welches wir mit »Jungfrau« übersetzen, nicht mehr oder weniger bedeutete als eine unverheiratete Frau und daß mit der Verheißung Jesajas von »einer Jungfrau mit Kind« ebenfalls eine junge Frau gemeint ist, eine korrekte Übersetzung jedoch das Wunder der unbefleckten Geburt überflüssig gemacht hätte. Und Philo von Alexandria machte die scharfsinnige Bemerkung: »Denn der Geschlechtsverkehr zur Hervorbringung von Kindern macht aus Jungfrauen Frauen; aber sobald Gott sich mit der Seele verbindet, bewirkt er, daß die Frau wieder zur Jungfrau wird.«

Die Frauen des Altertums erkannten in der Muttergöttin ihre eigene feminine Natur, und nicht anders wird die Jungfrau Maria von vielen heutigen Katholikinnen verstanden.

In Indien wird die Große Göttin noch immer in den verschiedensten Verkleidungen verehrt; die westliche Welt hat sich von ihr abgewandt; ihre Tempel sind verfallen, und ihre Statuen säumen die Wände der Museen. Doch das Prinzip der Weiblichkeit erlebt eine neue Auferstehung als religiöses Bekenntnis und als psychologische Kraft, die sich im Bewußtsein der Menschen wieder Geltung verschafft.

Als die Vernunft am heidnischen Himmel heraufdämmerte, ging der Glaube an die Göttin verloren, aber das tiefe Sehnen nach ihr ist erhalten geblieben.

14

Hallowe'en

Das Hallowe'en-Fest ist das wichtigste Datum im Hexenkalender. Es gehört zu den vier großen Hexensabbaten und ist in den angelsächsischen Ländern so populär wie kaum ein anderes Fest. Es findet alljährlich am 31. Oktober statt, dem Vorabend des keltischen Samhain oder »Sommerende«, da nach alter Vorstellung der Winter am 1. November seinen Anfang nimmt. In dieser Nacht und der darauffolgenden Woche wurden überall große Feuer angezündet, in denen man die Nöte des vorangegangenen Jahres zu verbrennen gedachte. Im Winter ist das Feuer ein Ersatz für die Sonne, es sorgt für Licht und Wärme und garantiert das Überleben. Die Feuerrituale wurden aus zweierlei Gründen veranstaltet: Zum einen dienten sie als Sympathiemagie, mit deren Hilfe die Sonne zur Rückkehr bewegt werden sollte, zum andern sollte die geheiligte Flamme die Menschen von allen Übeln befreien und die übernatürlichen Mächte des Bösen fernhalten.

In der gleichen Nacht erneuern die nordamerikanischen Hopi-Indianer das Feuer auf der gemeinsamen Herdstätte des Stammes. Dazu muß die Glut des alten neu entfacht werden, denn das Feuer darf das ganze Jahr über nicht ausgehen. Mit dieser Zeremonie werden nur Männer beauftragt, die alle

Initiationsriten durchlaufen haben. Sie müssen acht Tage in völliger Abgeschlossenheit in unterirdischen *Kivas* verbringen, bevor sie am neunten Tag an dem sehr feierlichen und langen Ritual teilnehmen dürfen. Nach unserem Wissen ist dies den Samhain-Feuerfesten der eisenzeitlichen Kelten durchaus vergleichbar. Die irischen Oberdruiden trafen sich zwölf Meilen entfernt von Tara, ihrem heiligen Hügel, um das für ihre Opfer benötigte Feuer zu entfachen. Allerdings mußten in Irland an diesem Abend zuerst alle Feuer ausgelöscht und an der heiligen Flamme neu entzündet werden.

Für das keltische Gemeinschaftsleben war das Samhain-Feuer von essentieller Bedeutung, und daran hat auch die sehr früh einsetzende Christianisierung (im 4. Jahrhundert) nichts geändert. Noch bis zum 8. Jahrhundert wurde der 1. November allgemein als Neujahrstag gefeiert, und stellenweise hat sich der Brauch bis ins 18. Jahrhundert gehalten. Das gilt besonders für die Isle of Man, wo sich die Kirche vergeblich gegen die Praxis der Winterfeuer auf den Kämmen der Hügel wandte, denn die Menschen glaubten so sehr an die Kraft der heiligen Flammen, daß sie – um die Fruchtbarkeit zu steigern – ihr Vieh hindurchtrieben, und aus ähnlichen Gründen sprangen auch die jungen Männer über die Samhain-Feuer. Es wird berichtet, daß noch im 19. Jahrhundert Fackeln an den Flammen entzündet und auf die Felder getragen wurden, um Saat und Pflanzen zu segnen, wie die Sonne es tut.

In Lancashire hieß der 31. Oktober »Teanday« – eine Ableitung vom keltischen Wort »tan« oder »teindh« mit der Bedeutung von »Feuer« oder »Licht«. In dieser Nacht sammelten und bündelten die Familien das auf den Feldern verbliebene Stroh und beteten dabei für die Seelen ihrer Verstorbenen. In Findern Common, Derbyshire, wurden am 1. November Feuer angezündet, um den Seelen den Weg aus dem Fegefeuer zu weisen.

In Schottland gab es noch bis zum Ende des 18. Jahrhunderts in jedem Dorf Samhain-Feuer. Die halbwüchsigen Jungen versuchten so nah wie nur möglich sich neben das Feuer auf den Boden zu kauern, so daß der Rauch über sie hinwegstrich, während ihre Kameraden abwechselnd über sie hinwegsprangen.

Das englische Wort »bonfire«, das alle Arten kultischer Feuer bezeichnet, ist eine Ableitung von »bone fire« (»Knochenfeuer«); was hier verbrannt wurde, waren die Knochen von dem zu Winterbeginn geschlachteten Vieh. Auf solchen Feuern wurden auch die Opfergaben an die Götter dargebracht. Als Landbewohner teilten die Kelten ihren Kalender nach Nächten bzw. nach Wintern und nicht nach Tagen und Sommern ein. Samhain stand am Beginn der dunklen und kalten Zeit und bezeichnete den Jahresanfang. Sicherlich lagen den Neujahrsopfern auch rein praktische Überlegungen zugrunde, denn nicht für alle Tiere war genug Winterfutter vorhanden, und so war es gut, sie zu schlachten, solange sie noch gut im Futter standen.

Die Annahme, daß auch Menschen geopfert wurden, ist nicht von der Hand zu weisen. Mancher alt und kraftlos gewordene Stammesführer könnte zugunsten eines jungen und starken Nachfolgers sein Leben geopfert haben, denn es war eine große Ehre, für den Stamm zu sterben. Freilich, im Lauf der Jahrhunderte kam man davon ab und entschied sich für ein Tier oder einen symbolischen Gegenstand.

Diese Opfer – ganz gleich, ob sie konkret oder symbolisch praktiziert wurden – ließen Samhain zu einem ausgesprochenen Totenfest werden. Die Kelten erkannten in der Phase des Übergangs von hellen zu dunklen Monaten eine magische Zeit, in der die Grenzen zwischen den Bereichen des Natürlichen und des Übernatürlichen, zwischen der Welt der Lebendigen und derjenigen der Toten durchlässiger waren als in den übrigen Jahreszeiten. Sie fühlten die Nähe der Verstorbenen, aber fürchteten zugleich die Begegnung mit ihnen und machten sich deshalb unkenntlich, indem sie ihre Gesichter schwärzten oder sich Masken überstülpten. Trotzdem wollten sie den Toten, falls sie kämen, ein herzliches Willkommen bereiten. Überall blieben an Hallowe'en die Türen unverriegelt, und die Leute stellten den Verstorbenen ein Essen auf den Tisch und hielten das Herdfeuer in Gang.

Allgemein wurde angenommen, daß ebenso wie die Toten auch die Feen in dieser Jahreszeit unruhig waren und besänftigt werden mußten, denn sie zogen jetzt unstet umher auf der Suche nach einem neuen Wohnort. Wer dabei irgendwo auf sie stieß, dem war kein Glück beschieden. Man hielt Haselnüsse bereit und auf der Isle of Man sogar Reste vom Abendessen und einen Krug mit Wasser. Bei zeremoniellen Zusammenkünften wurden die Mahlzeiten mit den Geistern geteilt und in Knutsford (Cheshire) sogenannte »Seelenkuchen« gebacken und verzehrt, wobei der Raum mit Kerzen erleuchtet wurde, um es den Toten leichter zu machen, in ihr einstiges Zuhause zurückzufinden.

Samhain galt – ebenso wie Weihnachten bei den Christen – als eine Zeit des guten Willens, in der nach Möglichkeit jeder Streit beigelegt und ein neuer vermieden wurde, damit böse Geister nicht die negativen Schwingungen für ihre Zwecke gebrauchten. Mit dem Erstarken der Kirche versuchte deren Geistlichkeit, das Samhain-Fest für sich zu beschlagnahmen und machte daraus Allerheiligen (= »All Hallows Eve«, woraus »Hallowe'en« abgeleitet ist), aber der heidnische Charakter der Feierlichkeiten blieb trotzdem erhalten. Schließlich sah sich die Kirche gezwungen, das bunte Treiben an Hallowe'en ganz zu verbieten. Erst 1928 wurde es wieder erlaubt, weil angeblich die heidnischen Inhalte inzwischen aus dem Bewußtsein entschwunden und die keltischen Götter zu christlichen Heiligen konvertiert waren.

In früheren Zeiten war es in diesen Tagen üblich, nach Vorzeichen für die Zukunft zu forschen, und eine der dazu angewandten Methoden, die noch im 18. Jahrhundert praktiziert wurde, war folgende: Es wurden Steine mit einem individuellen Zeichen versehen, die dann von den einzelnen Familienmitgliedern am Abend ins verglühende Kaminfeuer geworfen wurden, um am folgenden Tag wieder herausgeholt zu werden. Falls sich herausstellte, daß einer dieser Steine nicht mehr zu finden war, war dies ein schlechtes Omen für das Geschick der Familie im kommenden Jahr. Manchmal wurden auch Haselnüsse zu einem ähnlichen Zweck verwendet: Je heller sie brannten, desto mehr Glück brachten sie dem einzelnen. Aber wenn sie nur knackten und lediglich schwarz wurden, stand ein allgemeines Unheil, wenn nicht ein Todesfall bevor.

Auch das Tauchen nach Äpfeln gehörte zu den Hallowe'en-Bräuchen. Der Apfel hatte seit jeher eine hohe Symbolkraft zwischen Menschen und Göttern. Die Druiden glaubten, daß die Seelen auf ihrem Weg nach Avalon, dem Land der Äpfel und der Unsterblichkeit, ein heiliges Wasser überqueren mußten. Von dieser Vorstellung ist nur noch der Brauch übriggeblieben, aus einem mit Wasser gefüllten Eimer Äpfel nach oben zu holen. Auch aus ihrer Schale ließ sich die Zukunft lesen. Dazu mußte sie in einem langen Streifen vom Apfel geschält und aus seiner jeweiligen Form ein Buchstabe erkannt werden, der einen Hinweis auf den Namen des zukünftigen Lebenspartners abgab. Glückbringend war jedoch schon das bloße Verspeisen von Äpfeln am Samhain-Abend.

Die an Hallowe'en getragenen Steckrüben- oder Kürbismasken erinnern an die viel älteren Maskentänze des Samhain-

Festes. Auch wurden – wie ich schon sagte – die Gesichter geschwärzt, entweder um die Toten nachzuahmen oder um sich vor ihnen zu verstecken. Es kam zu Possenspielen und Streichen, zum Beispiel wurden die Kamine mit Grassoden zugestopft. Die umherziehenden »Trickster« (Possenspieler) verbargen sich hinter Masken vor der Rache der Genarrten.

Ganz anders geht es bei den Hallowe'en-Ritualen der Hexen zu. Hier gilt noch die alte Bedeutung von Samhain als Totenfest, wo der Verstorbenen gedacht wird. Da Hexen generell an Reinkarnation glauben, betrachten sie den Tod lediglich als Tor zu einem zukünftigen Leben. Sie sind überzeugt, daß die Seelen der Verstorbenen noch immer ein Interesse an den Lebendigen haben und bereit sind, ihnen – wenn nötig – zu helfen. Für uns Hexen ist Hallowe'en eine großartige Zeremonie, an der sich die Geister der jenseitigen Welt beteiligen. Die Hellsichtigen unter uns können ihre Anwesenheit innerhalb unseres magischen Kreises und ihre Freude an unserem gemeinsamen Sabbat wahrnehmen.

Ich erhalte laufend Briefe, in denen ich um Auskünfte über die Zeremonien und Rituale der Hexen sowie die Bedeutung der vier großen Sabbate gebeten werde. Ich möchte all diese Feste als eine feierliche Würdigung der ständigen Gegenwärtigkeit des Vergangenen bezeichnen. Sie stellen Gemeinsamkeit her und finden auf einer subtilen Ebene unter Einflußnahme der Ahnen statt, wobei unsere Verbindung zur Vergangenheit deutlich wird und im Ritual ihren Ausdruck findet. Überall auf der Welt sind Rituale ihrem Wesen nach etwas sehr Konservatives und müssen es sein, um Wirkung zu haben. Ein Ritual muß immer auf die gleiche Weise vollzogen werden, und daher ist auch seine Sprache sehr konservativ. Hindu-Mantras zum Beispiel benutzen Sanskrit, eine sogenannte »tote« Sprache, so wie die katholische Kirche sich bis vor kurzem der lateinischen Sprache bediente oder die russische Kirche das Altslawische und die koptische Kirche Ägyptens ein altes Ägyptisch verwendet.

Rituale verbinden uns mit den Menschen, die unser Ritual als erste vollzogen haben – mit dem frühesten Ritualakt. Das so bedeutsame jüdische Passahfest gemahnt die Gläubigen an jene erste Ritualhandlung, als die Israeliten dem Gott Jahwe Lämmer anstelle ihrer Erstgeborenen opferten und deshalb von der schrecklichen Rache verschont blieben, die ihr Gott über die ungehorsamen Ägypter verhängte. Sie bestrichen ihre Türen mit dem Blut des Lammes und essen auch heute noch das traditionelle Passahmahl.

Die Eucharistiefeier der christlichen Kirche übernimmt das Passahfest in Gestalt des Abendmahls, wobei sie an den Tod Christi zur Zeit des Passahfestes erinnert. Er ist das Lamm Gottes, und wenn die Gläubigen Leib und Blut Christi zu sich nehmen, vollziehen sie das ursprüngliche Lammopfer. Sie beten oder singen das *Agnus Dei* (»Lamm Gottes«), bevor sie das Brot essen und den Wein trinken.

In der Offenbarung des Johannes läßt sich ein deutlicher Bezug zwischen den sieben letzten Katastrophen, denen die Welt ausgesetzt wird, und den ägyptischen Plagen herstellen. Am 5. November wird in England die Entdeckung der Pulververschwörung von 1605 und die Verbrennung des Bildnisses von Guy Fawkes (eines der Verschwörer) gefeiert, aber man glaubt, daß dieses Ritual eher etwas mit dem großen keltischen Totenfest – mit Hallowe'en – zu tun hat, das einen Riß im zeitlichen Geschehen markiert und wo Lebendige und Tote einander begegneten. Grundsätzlich entsprechen die Guy-Fawkes-Gebräuche der Idee des Feuerfestes, wenn auch in zeitlicher Verschiebung.

Der konservative Charakter der Rituale beruht auf einer Art

»morphologischer Resonanz«, da ja rituelle Handlungen stets auf die gleiche Weise vollzogen und immer dieselben Worte verwendet werden. Ein formaler Zusammenhang wird erkennbar mit jenen, die sich schon in der Vergangenheit an die uralten Gepflogenheiten gebunden fühlten. Die Einstimmung – das »Tuning-in« – ist es, was uns das Gefühl der Kontinuität vermittelt.

Innerhalb des Hexenkultes gibt es geheime Worte und Rituale, über die keine einzige Silbe nach außen dringt. Und wenn ich für andere Menschen Magie betreibe, warne ich sie von vornherein, mit keinem darüber zu sprechen. »Wissen, wagen, wollen und schweigen« – das ist eine der wichtigsten Hexenmaximen. Im einzelnen heißt das: Als Hexe muß ich über ein besonderes Wissen verfügen, ich muß das Vertrauen und den Mut haben, es anzuwenden, ich muß wollen, daß die Dinge geschehen, und ich muß schweigen können. Darüber zu reden würde die Energie buchstäblich verpuffen lassen. Sobald ich jemandem meine Hilfe zugesagt habe, rate ich ihm: »Bitte sprich mit keinem Menschen darüber, was ich für dich unternehme, an keinem Ort und zu keiner Zeit. Und wenn mein Wirken erfolgreich war, darfst du niemandem enthüllen, auf welchen Wegen du ans Ziel deiner Wünsche gekommen bist. Kurz gesagt: Vergiß, daß du dich an mich gewandt hast!« Auch innerhalb unseres Covens gelten die gleichen Regeln. Wenn wir unsere Arbeit getan haben, versiegeln wir die dazu benötigten Gegenstände in einem entsprechenden Umschlag und kommen nie mehr auf die Angelegenheit zurück. Wenn eine Fotografie zurückgeschickt werden muß, geschieht das ohne Begleitschreiben in einem neutralen Kuvert.

Die Inder bedienen sich heiliger Formeln oder Mantras, die bei ihrer Anwendung eine spezifische Kraft entwickeln, welche sich dem Bewußtsein des Meditierenden mitteilt. Da jedes

Mantra schon vorher benutzt wurde – zum Beispiel von einem Guru, der es nicht nur seinem Schüler weitergibt, sondern selbst von seinem Lehrer erhalten hat –, entsteht auch hier eine kontinuierliche Kette vergleichbarer meditativer Zustände. Mit anderen Worten: Was einem Guru durch sein Mantra vermittelt wurde, kann sich in adäquater Weise aufgrund desselben Mantras auch seinem Schüler offenbaren.

Ein Mantra ist nur für den mystischen Gebrauch bestimmt und darf nie preisgegeben werden, es würde sonst seine Kraft verlieren. Eine solche Handlungsweise wäre Blasphemie, und keine Religion würde dies tolerieren. Genausowenig würde eine Hexe die Namen ihrer Götter an Uneingeweihte verraten, denn Mantras und heilige Worte sind nicht nur Worte. Sie sind Träger bestimmter Frequenzen, die mit höheren Bewußtseinszuständen verknüpft sind und sich aufgrund der »morphologischen Resonanz« bis in die Bereiche des Unbewußten erstrecken.

Ein gutes Beispiel für ein Mantra ist das Wort »Amen« oder »Amin«, das sowohl zur jüdischen wie auch christlichen und islamischen Tradition gehört. Es bedeutet soviel wie »so sei es« und steht für gewöhnlich am Ende eines Psalms, eines Gebetes oder der *Gloria*. Ursprünglich war es der Name des großen ägyptischen Gottes Amen oder Amon aus jener Zeit, als die Juden noch in Ägypten waren – des Gottes, der in den berühmten Tempeln von Karnak und Luxor verehrt wurde. Wahrscheinlich wurde der Pharao Tutanchamun (oder Tut-Ankh-Amen) nach ihm benannt. Auch die Juden hatten in Ägypten ihre Tempel gebaut, so ist es sicher kein Zufall, wenn Gebetswort (Mantra) und Gottesname sich gleichen. Muhyiddin Ibn Arabi, ein Heiliger und Mystiker des 12. Jahrhunderts, sagte einmal: »Alles, was uns überliefert wurde, sind bloße Worte; es liegt an uns, herauszufinden, was diese Worte bedeuten.«

Alle religiösen und mystischen Bestrebungen dienen letztendlich der Transzendierung des eigenen Bewußtseins, und ihr Zweck ist nicht ein besseres Leben in dieser Welt. Es kann nicht der Sinn buddhistischer Techniken sein, sich zum Besitzer eines Rolls-Royce zu transformieren. Einem moslemischen Sufi, einem katholischen Mönch oder einem Zen-Buddhisten geht es allein um die Einswerdung mit Gott oder dem, was er darunter versteht. Meister Eckehart erklärte es einmal so: »Wir müssen so klar wie Glas werden, durch welches Gott hindurchscheinen kann« – für uns Hexen müßte das heißen: »durch welches die Göttin hindurchscheinen kann«, und dies setzt eine gewisse Art von Selbstaufgabe voraus, die sich fast wie ein kleiner Tod anfühlt.

Wir traditionellen Hexen weihen unser Leben ausschließlich dem Dienst und der Verehrung unserer Herrin, der Großen Mutter der vielen Namen und vielfältigen Gestalt, und dem Gott als ihrem Gemahl. Dies erfordert eine Kultivierung unserer Einstellung zum Leben als Manifestation des Göttlichen. Göttin und Gott, sie sind Repräsentanten des Auf und Ab von Leben und Tod, des Rituals der sich ewig wandelnden Gezeiten dieser Welt, die auch unsern Lebensrhythmus widerspiegeln. Und so lautet die Devise der Göttin: »Kein Gesetz außer Liebe ist mir bekannt, mit ihrem Namen ward ich benannt. Denn alle lebendigen Dinge sind mein, ihr Ursprung und Ende bin ich allein.«

Jede Kultur und jede Zivilisation hat ihre eigene Sprache entwickelt, um religiöse oder philosophische Vorstellungen zum Ausdruck zu bringen – ein oft vergebliches Bemühen, da Unvermittelbares sich nicht vermitteln läßt, bestenfalls in Form von Andeutungen.

Es wird viel von den Fähigkeiten des Menschen gesprochen, die ihn vom Tier unterscheiden, von seinem Wissen um eine

Wirklichkeit, die außerhalb seines Erkenntnisvermögens liegt und sich deshalb jeder Beschreibung entzieht. Er kann sie zwar nicht beweisen, aber sich ihr doch in Form von Analogien nähern. Er kann Ausdrucksformen entwickeln, die jenseits der Wortsprache liegen.

Damit meine ich zum Beispiel das Symbol, das wegen seiner Allgemeinverständlichkeit von allen Religionen benutzt wurde, um Unaussprechliches zur Sprache zu bringen. Bei den Hexen ist es vor allem das Dreieck, welches von Buckminster Fuller als »wichtigster Baustein des Universums« bezeichnet wurde. Viele alte Kulturen erkannten in ihm ein Symbol des Wachstums, und in ihm liegt der Schlüssel zu zahlreichen Mysterien wie Sphinx und Pyramide. Gurdjieff sah in ihm die »drei heiligen Kräfte der Schöpfung«. Es ist die Grundform der Heiligen Dreifaltigkeit.

In seiner Grundposition mit der Spitze nach oben repräsentiert es das Feuer sowie das Streben nach höherer Einheit oder geistiger Konzentration als Gegentendenz zur Ausdehnung, die durch die Grundlinie des Dreiecks signifiziert wird – es ist die Position, die die Sehnsucht nach dem Ursprung oder dem Ausgangspunkt aller Strahler und somit auch den Gott der Hexen symbolisiert.

Das umgekehrte Dreieck mit der Spitze nach unten repräsentiert die Große Göttin. Zwei gleichschenklige Dreiecke, die so aufeinandergelegt werden, daß eines nach oben und eines nach unten zeigt, bilden zusammen einen sechszackigen Stern – auch »Salomonssiegel« genannt –, der sowohl Feuer wie auch Wasser bedeutet und in dieser Doppelsymbolik die menschliche Seele darstellt. Ein von Hörnern gekröntes Dreieck war das Symbol der karthagischen Göttin Tanit.

Im Dasein des Menschen verkörpert die Dreiheit die Urkraft des Wachstums, und ein Dreieck mit einem Lebensfunken

(»Bindu«) in der Mitte wird mit der dreifaltigen Göttin als Herrscherin über Vergangenheit, Gegenwart und Zukunft assoziiert. Für die christliche Kosmologie ist das Leben aus der Einheit der Dreiheit, welche die drei Dimensionen von Breite, Tiefe und Höhe verkörpert, hervorgegangen.

Die römische Göttin Hekate* wurde wegen ihrer drei Gesichter auch »Göttin der drei Wege« genannt. An Kreuzwegen brachten die Menschen ihr Opfer in Form verschiedener Geschenke wie Geld, Kuchen oder Früchte dar. Am Trevi-Brunnen in Rom befand sich ursprünglich eine ihrer Kultstätten, von daher erklärt sich der auch heute noch geübte Brauch, drei Münzen in das Wasserbecken zu werfen, was als glücksbringend gilt.

Die alten Araber nannten das dreiblättrige Kleeblatt »shamrakh« (in Irland heißt es »shamrock« und ist das irische Nationalemblem), es symbolisierte den männlichen Dreizack der Fruchtbarkeit. Der ehemalige irische Gott Trefuilngid war der Schutzherr des Kleeblatts. Er hieß auch »Dreifacher Träger des dreifachen Schlüssels«, eine Bezeichnung, die ebenso auf Shiva, Astarte und Ischtar zutrifft, und alle drei repräsentierten die dreieinige Göttin.

Im alten Ägypten war das Dreieck ein Symbol der Men-Nefer, der alten Stadtgöttin von Memphis, und seine Anbetung versetzte die Menschen in einen Zustand des Einsseins mit der Mutter des Universums als Repräsentantin von Geist, Materie und Leben.

Die dreifältige sumerische Ischtar (»Stern«) wird in babylonischen Schriften als Licht der Welt, Schoßöffnerin, Sündenvergeberin, Gesetzgeberin und Heerführerin bezeichnet. Wir

---

* Ursprünglich die griechische Göttin der Kreuzwege, häufig mit drei Leibern, drei Köpfen und Hundemeute dargestellt; eine alte Totengöttin. Anm. d. Übers.

verdanken es ihren zahlreichen Legenden, daß die Geschichte vom Einstieg in die Unterwelt auch Bestandteil unserer mythologischen Überlieferung wurde. Aus Hexengeschichten erfahren wir, wie die unsterbliche Göttin, die ohne Anfang und Ende ist, sich der Schönheit des Lebens erfreut und all ihre Gefährtinnen, die sie leiden und sterben sieht, überlebt. Aber trotz ihrer zauberischen Kräfte und Fähigkeiten erreicht auch sie einen Punkt, wo das irdische Leben durch das Wissen um sein unvermeidliches Ende schal wird. Aus Liebe und Mitgefühl für die Geschöpfe der Erde beschließt sie, die Unterwelt und den Tod selbst aufzusuchen, um hinter die Ursache des Leidens zu kommen. Schließlich besiegt die Lichtgöttin die dunklen Mächte des Todes, und das Leben wird neu geboren. Das Dreieck ist das Symbol der Transformation. »Erkenne dich selbst«, lautete das Gebot Apollons und der Mystiker unter den altgriechischen Philosophen. Wenn es uns gelingt, das Prinzip des Geistigen zu erkennen, könnten wir das Mysterium des Universums besser verstehen. Meister Eckehart äußerte sich folgendermaßen zur Idee der Heiligen Dreifaltigkeit: »Gott lachte und erschuf den Sohn. Gemeinsam lachten sie und erschufen den Heiligen Geist. Und aus dem Gelächter der Drei wurde das Universum geboren.«

Die Moslems haben – so sagt man – 99 Namen für ihren Gott Allah, die seine Eigenschaften beschreiben, aber wie sein hundertster Name lautet, wüßte nur das Kamel, und das wäre letztendlich der Grund für das hochmütige Gebaren dieses Wüstentieres. Namen stellen eine gewisse Macht dar, sie haben ihre eigenen Schwingungen, und die alten Völker glaubten, daß eine Hexe, sobald sie den Namen einer Person kannte, diese in ihrer Gewalt hätte. Die Ägypter sahen in ihm einen Spiegel der Seele. Der Name bestimmt den Charakter und das Schicksal, und das um so mehr, je eindeutiger seine

Aussage ist. »Osiris« zum Beispiel bedeutet: »er, der sich auf der obersten Stufe befindet«, und »Arabia« heißt: »er, der in der Stille wandelt«.

Besonders Hexen messen der Namensgebung eine große Bedeutung zu, denn gleich nach der Initiation erhält jedes neue Covenmitglied einen speziellen, meist heidnischen Vornamen, der normalerweise nur im Zusammenhang mit magischen Aktivitäten benutzt wird und dessen Schwingungen eine gewisse Aussagekraft haben.

Die Namen für Subud-Anhänger* werden auf spiritueller Ebene durch paranormale Einwirkung ihres verstorbenen Führers Bapak (= Vater) Subuh ermittelt und bezeichnen den Charakter ihres jeweiligen Trägers sowie die Richtung des einzuschlagenden Weges. Dabei ist die (graphische) Form des Anfangsbuchstabens von spezifischer Bedeutung: »H« zum Beispiel bezeichnet einen hohen Grad an Ausgeglichenheit – sowohl in einem weltlichen wie auch spirituellen Sinn.

Die Mewlewij-Derwische verleihen ihren neuen Ordensmitgliedern häufig arabische oder orientalische Namen – nicht zuletzt wegen ihres unverkennbar spirituellen Charakters. Die neuen Namen verdrängen in der Regel die alten, weltlichen und werden tagtäglich benutzt.

Wie ich bereits an anderer Stelle gesagt habe, bleiben die Namen der Hexengöttinnen und -götter für Außenseiter ein absolutes Tabu und werden nur an initiierte Hexen weitergegeben. Nur so ist gewährleistet, daß sie nicht mißbraucht werden, noch ihre evokative Kraft geschwächt wird.

Ein weiteres wichtiges Hexensymbol ist das Schwert, ohne das ein magisches Zeremoniell nicht denkbar wäre. Es be-

---

* Subud – eine spirituelle Methode zur Harmonisierung der Persönlichkeit, oft in Verbindung mit Krankenheilung. Anm. d. Übers.

zeichnet die Wunde und die Macht, zu verwunden, und von daher auch Freiheit und Stärke. Als maskulines Symbol bildete es in der Megalithkultur das Gegenstück zum Spinnrocken als femininem Symbol der Kontinuität des Lebens. Schwert und Rocken stehen für Tod und Lebensfülle, wobei das Schwert die physische Auslöschung, aber auch die psychische Entschlußkraft, den Geist und das Wort Gottes bezeichnet. Dank seiner magischen Eigenschaften werden die dunklen Mächte am Eingreifen verhindert. Der westliche Schwerttypus gilt wegen seiner gestreckten Klinge als besonders maskulin. Einige Hexencoven bevorzugen das gekrümmte orientalische Schwert, weil seine Form an die Mondsichel erinnert und eher weiblich ist. Beide wurden schon immer als ein Symbol der spirituellen Entwicklung und des transzendenten, allesbezwingenden Geistes verstanden.

Die alten Skythen opferten jährlich dem Schwertsymbol – als Attribut des Kriegsgottes – etliche ihrer Pferde, und die Römer glaubten, daß dem Eisen wegen seiner Beziehung zum Mars die magische Kraft innewohne, böse Geister zu vertreiben.

15

Die wichtigsten Feste

Ein Nebeneffekt meiner Freundschaft mit Edgar Peel war, daß ich in das Haus Robert Neills, eines berühmten Verfassers historischer Romane – unter anderem über das Hexentum – eingeladen wurde. Leider ist Robert Neill inzwischen verstorben, doch damals bewohnten er und seine Frau ein herrliches Haus im Lake District, wo ich freundlich willkommen geheißen wurde. Er betrachtete mich mit großer Neugier, und so standen wir uns plötzlich gegenüber: er, der einen großen Teil seines Lebens mit dem Schreiben von Hexenromanen verbracht hatte, und ich, eine real existierende Hexe.

Er schien Gefallen daran zu finden und begann, mir gezielte, aber keineswegs aufdringliche Fragen über mein Leben und meine Aktivitäten als Hexe zu stellen. Er war ein kleiner, etwas ängstlicher, aber redseliger Mann, und der Sessel, in dem er saß, war für ihn ein wenig zu groß. Doch sein Glaube an die Hexenkunst war unerschütterlich, und die Faszination, mit der die ihm noch unbekannten Qualitäten des Okkulten ihn erfüllten, wuchs von Stunde zu Stunde.

Während wir uns nach dem Tee gemütlich unterhielten, wurde ich plötzlich der Präsenz eines Geisteswesens in Gestalt eines jungen Mannes gewahr, der offensichtlich mit meinen beiden Gastgebern zu kommunizieren wünschte und mir ziemlich hartnäckig zu verstehen gab, daß ich doch für ihn vermitteln möchte. Zunächst zögerte ich, unser geselliges Beisammensein damit zu belasten, außerdem kannte ich die Neills viel zuwenig, um ihre Reaktion richtig einschätzen zu können, aber die Erscheinung ließ nicht locker, und nach einem tiefen Atemzug begann ich meinen Freunden zu eröffnen, was dieser junge Mann ihnen mitzuteilen hatte.

Beide sahen mich ziemlich verdutzt an, Mrs. Neill wurde bleich, aber keiner gab mir irgendeine Erklärung ab. So konnte ich nicht beurteilen, ob das, was ich ihnen gesagt hatte, korrekt war. Dennoch hatte ich das Gefühl, etwas Wahres gesagt zu haben.

Robert Neill schrieb kurz nach meinem Besuch ein weiteres Buch mit dem Titel WITCHFIRE AT LAMMAS (»Hexenfeuer zu Lammas«) – ich glaube, es war sein letztes. Er schickte mir ein signiertes Exemplar und schrieb dazu, daß ich ihn zu diesem Werk inspiriert hätte.

Es überraschte mich nicht, daß er gerade diesen Titel gewählt hatte; ich erinnere mich noch recht gut, wie sehr ihn die vier großen Hexensabbate interessierten , zu denen auch Lammas (am Vorabend des 2. August) gehört. *Lammas**** ist einer der vier Tage des Jahresgevierts und bezeichnet den Beginn des Herbstes und der Ernte. Der Name kommt wahrscheinlich von dem angelsächsischen »Hlaf-mas« – das ist die Zeit, in der das erste Korn geerntet wird. Der frühgeschichtliche Mensch erkannte im Korn ein Symbol der Lebenskraft – personifiziert im »grünen Mann«, einer göttlichen Figur, die während des Frühlings und Sommers wächst und gedeiht, zur Erntezeit der

---

* »Lammas« – eine Ableitung vom altkeltischen »Lughnasadh«, einem druidischen Fest, das zu Ehren des Sonnengottes Lugh Anfang August gefeiert wurde. Anm. d. Übers.

Sichel zum Opfer fällt und während des Winters in der Erde ausruht, um schließlich im Frühling in einem frischgrünen Gewand wieder zurückzukehren. Dieser Kreislauf wurde an bestimmten Tagen rituell gefeiert.

Es gab einen englischen König namens Wilhelm Rufus, der im Jahr 1100 auf mysteriöse Weise im New Forest ums Leben kam. Dieser Rufus nimmt in der Tradition der Hexen einen besonderen Platz ein, und sein Name spielt bei den namensgebenden Zeremonien der männlichen Hexen eine große Rolle. Die Gelehrten zählen ihn zu den Vertretern der Alten Religion, für die er den Opfertod starb. Laut Überlieferung wurde er in der Nähe einer Eiche von einem Pfeil ins Auge getroffen. Der Baum ist längst durch Vandalismus zerstört, und auch eine Gedenksäule von 1745 wurde in all den Jahren derart verschandelt, daß man sie schließlich durch ein massiveres Denkmal ersetzte. Bei der bäuerlichen Bevölkerung genoß Rufus (der »rote König«) ein hohes Ansehen, aber die Kirche wetterte gegen ihn. Die Zeit seiner Ermordung fällt mit einem alten druidischen Fest zusammen, das Anfang August zu Ehren des keltischen Sonnengottes Lugh begangen wurde. Sein walisischer Name ist Llew, der – wie das MABINOGION* berichtet – ebenfalls getötet und dann wieder zu neuem Leben erweckt wurde.

Für uns Hexen ist Lammas ein sehr fröhliches Fest. Wir danken der Sonne, die mit ihren Strahlen die Erde erwärmt und die Früchte hervorbringt. Aber gleichzeitig künden sich an Lammas die ersten Boten des Herbstes an. Die Tage werden bereits merklich kürzer und kühler. Für unsere Ahnen war dies wahrscheinlich eine etwas bedrückende Zeit, die

---

* Mabinogion: eine Sammlung walisischer Mythen, vermutlich im 11. Jahrhundert erstmalig aufgezeichnet, die über das Alltagsleben und die Magie der Kelten Aufschluß geben. Anm. d. Übers.

schon von den Gedanken an den nahenden Winter getrübt
war. Aber es blieb auch die Hoffnung auf den Lichtmeßtag
am Vorabend des 2. Februar, an dem die Ankunft des Frühlings festlich begangen wurde. Lammas war der Ehrentag der
Großen Göttin des Korns mit ihren vielen Namen. Bei den
Römern hieß sie Ceres, Ops oder Juno Augusta, die Herrin
des Herbstmonats August, und bei den Griechen war sie vor
allem als Demeter bekannt.

Lichtmeß wurde von den Kelten »Imbolc« genannt oder auch
»Murmeltiertag«, weil die Tiere an diesem Tag aus ihrem
Winterquartier hervorkommen und damit das Ende der kalten
Jahreszeit ankündigen. Eine alte englische Wetterregel besagt:

> Ist Lichtmeß leuchtend und schön,
> wird der Winter so bald nicht vergehn.
> Doch wenn es regnet und schneit,
> ist der Frühling nicht mehr weit.

Für die Römer war Lichtmeß der Tag, an dem die Göttin Juno
Februata – jungfräuliche Mutter des Mars – mit Lichterpro-
zessionen gefeiert wurde, der aber zugleich allen Frauen und
der Göttin der Liebe heilig war. Für die Hexen ist er die
Ankündigung des Frühlings und der Erneuerung allen Lebens. Zum Lichtmeßritual gehört folgende Invokation des
Hexengottes:

> »Gefürchteter Herr des Todes und der Auferstehung,
> Herr des Lebens und Lebensspender (Herr, der Du in
> uns selbst bist, dessen Name das Mysterium der Myste-
> rien ist), ermutige unsere Herzen, laß das Licht unser
> Blut durchdringen und unsre Auferstehung wahr wer-
> den, denn nichts ist in uns, das nicht von den Göttern
> kommt...«

Lichtmeß gehört zu jenen heidnischen Festen, die später ins Kirchenjahr integriert wurden. Es wurde zum »Tag der Reinigung Mariä«, denn es fiel auf den 40. Tag nach Weihnachten, und 40 Tage ist die Zeitspanne, nach der im Sinne der jüdisch-christlichen Tradition eine Frau, die ein Kind geboren hat, wieder rein ist und erstmals wieder die Kirche betreten darf, denn laut Bibel macht die Geburt eine Frau unrein. Bei Töchtern muß sie gar 80 Tage warten, denn ein weiblicher Mensch ist nach Ansicht der Kirche doppelt unrein. Soviel ich weiß, ist diese kirchliche Praxis offiziell noch nicht überall abgeschafft, wird aber immer seltener angewandt.

Es gibt Hinweise, daß ein Februarfest schon lange vor der keltischen Zeit gefeiert wurde. In Castlerigg bei Keswick in Kumbrien befindet sich eine megalithische Kultstätte, deren Steine so exakt auf den Sonnenaufgangspunkt des Lichtmeßtages ausgerichtet sind, daß von einem Zufall wohl kaum die Rede sein kann.

Das Maifest oder *Beltane* (am Vorabend des 1. Mai, in Deutschland Walpurgisnacht) ist das vierte der großen Hexenfeste, und ich liebe es sehr, weil es den Sommer schon ahnen läßt und die Luft von einer heimlichen Erregung erfüllt ist. Die Natur ist jetzt voll erwacht, die Erde ist wieder grün, die Pflanzen wachsen und blühen, die Vögel fangen zu brüten an, und die Menschen sind voller Vorfreude auf die bevorstehenden langen Tage und warmen Nächte.

Die Winterfeste sind dem Gott der Hexen geweiht, aber der Sommer gehört der Göttin, und das Maifest ist ihre glorreichste Zeit. Wir danken ihr für die wärmende Sonne und die Fruchtbarkeit der Erde.

»Wir rufen Dich an, o mächtige Mutter, wir beschwören Dich, Mutter, in Samen und Wurzeln, Stengeln und Knospen, Blatt und Blüte und Frucht, im Leben und in der Liebe beschwören wir Dich.«

Das Maifest wurde schon immer von der ländlichen Bevölkerung gefeiert. In England führten die Morisken ihre fantasievollen Tänze auf mit Robin Hood, Will Scarlet, Maid Marion, dem Narren mit Kappe und Glöckchen, Little John und natürlich auch einem Steckenpferd. Dies alles sind Symbole früher ritueller Magie, und auch der Maibaum, um den die Mädchen mit ihren flatternden, farbigen Bändern tanzen, ist als phallisches Symbol zweifellos heidnischen Ursprungs. Ich erinnere mich, wie auch ich als Kind um den Maibaum tanzte, und besitze sogar noch ein Foto davon.

Der Mai ist der Monat der Göttin, und die Fruchtbarkeitsriten zu ihren Ehren haben einen engen Bezug zu den römischen Frühlingsspielen, die am 28. April jeden Jahres zu Ehren der Göttin Flora abgehalten wurden. Hierzu gehört auch der Glaube, daß der Morgentau des ersten Maitags gut für die Haut sei. In manchen Teilen Europas pflegen sich die Mädchen an diesem Morgen nackend auf taufrischen Wiesen zu wälzen.

Das Fest der Wintersonnenwende wird von uns Hexen *Jul* oder Julfest genannt – ein Begriff aus den skandinavischen Sprachen. Gemäß alter Bardentradition schnitt der Oberdruide zur Einleitung der Riten einen Mistelzweig aus dem heiligen Eichenbaum. Die Verwendung dieser Pflanze zur Weihnachtszeit wird von manchen christlichen Kirchen wegen ihrer heidnischen Konnotationen mißbilligt. Plinius berichtet, daß die Mistel wegen ihrer heilenden Eigenschaften in hohem Ruf stand und als heilig verehrt wurde. Wer sich einen

Mistelzweig ansteckte, war gegen jeden bösen Zauber gefeit. Der Pflanze werden auch aphrodisische Kräfte zugeschrieben, und das könnte der Grund für den in England verbreiteten Brauch sein, daß sich junge Paare an Weihnachten unter einem Mistelzweig küssen.

Die Wintersonnenwende ist das Fest der Wiederkehr des Tagesgestirns, und diese Idee ist in der Tradition der alten Völker so tief verankert, daß die Kirche nicht umhin konnte, sie zu übernehmen, und daraus das christliche Fest der Geburt Jesu machte. Bei den heidnischen Römern wurden gleichzeitig die Saturnalien – ein Erntefest zu Ehren des Saatgottes Saturn – zelebriert. Wie heute bei uns wurden schon damals Geschenke ausgetauscht, und auch der englische Brauch, Münzen im Weihnachtspudding zu verstecken, ist eine Erbschaft von ihnen: In Speisen verborgen, wurden Lose verteilt, um den König des Festes bzw. den Herrn der herrschaftslosen Zeit zu bestimmen.

Zum Julfest gibt es auch die Tradition des Julfeuers, die für die Hexen von besonderer symbolischer Bedeutung ist. Während dieses Zeremoniells steht die Magistra hinter dem Hexenkessel, in dem ein Feuer brennt, und die übrigen Mitglieder des Covens tanzen mit flammenden Fackeln in der Richtung des Sonnenumlaufs um sie herum. Dieses Ritual wird »Tanz des Rades« oder »Jultanz« genannt und sein Sinn ist, »die Sonne zur Wiedergeburt zu veranlassen«. Der Kessel repräsentiert den Schoß der Großen Mutter und das Feuer das in ihm eingebettete Sonnenkind.

Unser heutiges Wort »Jul« geht zurück auf ein altnordisches Wort, das »Rad« bedeutete. In frühgeschichtlichen Zeiten wurde das Jahr mit einem sich drehenden Rad verglichen. Seine Speichen symbolisieren für uns Hexen die verschiedenen jahreszeitlichen Feste wie Sonnenwende, Tagundnachtgleiche und die vier Jahresgevierttage Lichtmeß, Maifeier, Lammas (Erntefest) und Hallowe'en (Totenfest).

Für unsere Wintersonnwend-Rituale haben wir eine besondere Beschwörungsformel:

Königin des Mondes, Königin der Sonne,
Königin der Himmel, Königin der Sterne,
Königin der Gewässer, Königin der Erde,
welche uns das Kind der Verheißung bestimmt hat.

Es ist die Große Mutter, die es zur Welt bringt.
Es ist der Herr des Lebens, der wiedergeboren wird.
Dunkelheit und Tränen sind hinter uns geblieben,
und der Leitstern geht beizeiten auf.

Goldene Sonne der Hügel und Berge,
erleuchte das Land, erleuchte die Welt.
Erleuchte die Meere, erleuchte die Flüsse.
Der Kummer lege sich und die Freude steige auf.

Gesegnet sei die Große Mutter,
ohne Anfang, ohne Ende,
für immer und in Ewigkeit.
Ivo Evoh! Sei gesegnet!

An der entgegengesetzten Seite des Rades ist die Sommersonnenwende, zu welcher der Kessel mit Wasser gefüllt und mit Blumen bekränzt wird. Die Magistra ruft dann die Sonne mit folgenden Worten an:

»Großer Gott des Himmels, o Macht der Sonne, wir beschwören Dich bei Deinen uralten Namen Michael,

Balin, Arthur und Lugh, komm zurück in dieses, unser Land, geh zu den hohen Stätten hinauf wie in alten Zeiten. Erhebe Deinen leuchtenden Lichtspeer, um uns zu schützen. Vertreibe die Mächte der Dunkelheit. Gib uns liebliche Wälder und grüne Felder, blühende Obstgärten und kräftiges Korn. Führe uns auf die Anhöhen der Eingebung und weise uns den Weg zu dem herrlichen Reich der Götter.«

Viele primitive Völker erkennen in Sonne und Mond, die ihren Standort zu beiden Seiten der »Weltachse« haben, die zwei Augen des Himmels, und es gibt vorgeschichtliche Felszeichnungen und Ritzungen, die dementsprechend interpretiert werden. Unsere Vorahnen betrachteten die Mittsommernacht als eine gefährliche Zeit, in der böse Geister ihr Unwesen trieben und Hexen auf Röstgabeln und schwarzen, dreibeinigen Pferden zu ihren Sabbaten ritten. In einigen Teilen Jugoslawiens glaubte man, daß sie die Christen mit Baumstümpfen attackierten, und so wurden diese sicherheitshalber schon im voraus weggeschafft. Man munkelte ferner, daß jemand, der um Mitternacht im Kirchenvorraum säße, eine Geisterprozession sehen würde, die in die Kirche hineinging, und diejenigen, die nicht wiedererschienen, müßten im kommenden Jahr sterben.

Es gab auch den Brauch, daß junge Mädchen am Mittsommerabend Schafgarben von eines Mannes Grab holten und unter ihr Kopfkissen legten. Dies sollte bewirken, daß sich ihnen im Traum der Geist oder Schatten ihres zukünftigen Mannes zeigte.

Farnsporen – am Mittsommerabend gesammelt – können angeblich einen Menschen unsichtbar machen. Das hat Shakespeare bereits in seinem HEINRICH IV. erwähnt: »Wir haben das Rezept des Farnsamens. Ungesehen gehen wir unsrer Wege.« Andrerseits soll er das Versteck vergrabener Schätze durch ein bläuliches Aufleuchten des Erdreichs anzeigen. Der Glaube an die magischen Kräfte der Vegetation während der kürzesten Nacht des Jahres war über ganz Europa und den Mittleren Osten verbreitet.

Die vermeintliche Fähigkeit der Hexen, sich unsichtbar zu machen, ist eher ein »Nichtgesehenwerden« als ein tatsächliches Unsichtbarsein; es hängt vom individuellen Vermögen und einem ganz spezifischen Training ab. Das menschliche Hirn sendet ständig elektrische Impulse aus, die auf die entsprechenden elektrischen Felder anderer Individuen einwirken und durch die ein Mensch sich seinen Mitmenschen bemerkbar macht. Durch Übung läßt sich erlernen, diese elektrischen Impulse abzuschwächen und sich selbst so unauffällig zu machen, als wäre man gar nicht mehr existent. So kann man sich, ohne beachtet zu werden, durch eine Menschenmenge hindurchbewegen. Wie gut das funktioniert, weiß ich aus eigener Erfahrung.

Seit dem Erscheinen meines ersten Buches haben mich unzählige Leute angeschrieben. Die meisten von ihnen erhoffen sich irgendwelche Ratschläge oder auch magische Hilfen; einige jedoch haben spezielle Fragen, die meine Ausführungen von damals betreffen. So schrieb mir eine Amerikanerin:

»Zunächst geht es mir um das Phänomen, als Hexe geboren zu sein. Wenn man als solche geboren wird, ist einem das auch bewußt? Oder kann jede, die an Hexerei interessiert ist, ohne daß sie in sich selber besondere paranormale Fähigkeiten entdeckt hat, Wicca studieren, ihre Kräfte entwickeln und eine Hexe werden? Muß man denn schon sein ganzes Leben lang von seiner eigenen Begabung gewußt haben, oder kann diese auch später entdeckt werden?«

Nach meiner Erfahrung kündigen sich außersinnliche Fähigkeiten und andere paranormale Kräfte schon sehr früh im Leben einer »geborenen Hexe« an und werden oft als störend empfunden. Viele von ihnen berichten, daß sie sich schon als Kind sehr stark zur Natur hingezogen fühlten, eine große Liebe zu Tieren entwickelt und ein unausgesprochenes Einverständnis mit der Weiblichkeit des Göttlichen in sich selbst erfahren haben. Damit einher geht oft das Gefühl der Fremdheit inmitten einer patriarchalisch orientierten Welt und deren religiösen Institutionen.

Ich halte es für möglich, daß jemand, der ernsthaft daran interessiert ist, die ihm vorgegebenen parapsychischen Kapazitäten auch zu entfalten vermag, doch macht ihn das nicht automatisch zu einer Hexe. Einem Hexer oder einer Hexe werden die Fähigkeiten, Magie zu betreiben, seine Umgebung zu manipulieren und Dinge – in welcher Entfernung auch immer – geschehen zu lassen, bereits in die Wiege gelegt. Sicher lassen sich durch Ausbildung und Übung noch allerlei Techniken und Anwendungsformen hinzulernen, aber die Kraft als solche ist angeboren, und irgendwann beginnt sie sich von selbst zu manifestieren – auf welche Weise auch immer.

Einer Hexe aus meiner Bekanntschaft ist dies folgendermaßen bewußt geworden: Irgend jemand aus ihrer Umgebung hatte sie so verärgert, daß sie ihm etwas sehr Schlimmes wünschte – und es erfüllte sich tatsächlich. »Seitdem«, so schrieb sie mir, »entwickelte ich ein fast neurotisches Wohlwollen gegenüber jedermann – allein aus der Angst, daß aus bösen Gedanken eine schreckliche Wirklichkeit werden könnte. Erst als ich dich entdeckt hatte oder zu dir geführt wurde, lernte ich, diese seltsame Kraft in mir zu kontrollieren.«

Andrerseits ist es auch denkbar, daß paranormale Fähigkeiten ein halbes Leben lang überhaupt nicht in Erscheinung treten. Offensichtlich haben hormonale Veränderungen einen gewissen Einfluß auf deren Entfaltung. Ich möchte hierzu das Beispiel einer Hexe anführen, die als junges Mädchen und noch Jahre danach immer wieder außersinnliche Wahrnehmungen hatte. Später, als Berufstätige, schenkte sie ihnen kaum noch Beachtung, erst mit Beginn der Menopause begannen sie sich von neuem zu manifestieren und wurden immer stärker. Sie war selbst ganz überwältigt von der Entdeckung, daß sie durch bloße mentale Konzentration ein Ereignis herbeiführen konnte. Und es passierte ihr zu oft, um es noch als Zufall bezeichnen zu können. Der Zufall ist ja oft nur ein Alibi der Götter.

In diesem besonderen Fall mag das Einsetzen der Menopause und das zunehmende Alter eine gewisse Rolle gespielt haben, so auch der nachlassende Zeitdruck und die sich mindernde Verantwortung gegenüber der Familie – jedenfalls war die Frau auf einmal in der Lage, sich subtileren Dingen zuzuwenden.

»Meine zweite Frage«, schrieb die Frau aus Methuen, USA, »bezieht sich auf das Auseinanderhalten von guten (weißen) und weniger guten (schwarzen) Coven. Gibt es irgendwelche Anhaltspunkte, auf die man sich stützen könnte, um die Qualität eines Covens zu beurteilen?«

Als Grundregel würde ich sagen, daß man keinesfalls auf Inserate in gewissen okkulten Magazinen eingehen sollte, die so häufig den sogenannten »schwarzen Coven« – den Satanisten – als Tummelplätze dienen. Generell ist es äußerst schwierig, Zugang zu einem echten Coven zu finden, und Suchende werden systematisch entmutigt. Zuerst sollte man den Charakter, die Motive und allgemeinen Hintergründe aller Gruppen, die eine Initiation anbieten, sorgfältig untersuchen. Innerhalb der okkulten Szene gibt es eine Menge von Scharlatanen und Wichtigtuern, denen es nur darum geht, Macht auszuüben, indem sie die lauteren Absichten der Schwachen und Schwankenden auf ihrer Suche nach übersinnlichen Erfahrungen mißbrauchen und ihre natürlichen Talente auf blutsaugerische Weise ausbeuten. Die Zahl der unechten oder übelwollenden »Hexen« und »Coven« hat sich in allen Ländern der Welt bereits so vermehrt, daß man ihren widerlichen – ja sogar gefährlichen – Aktivitäten und Annäherungsversuchen mit äußerstem Mißtrauen begegnen und sich nur Leuten oder Gruppen anschließen sollte, die als integer bekannt sind.

Meine Freundin Sonja, über deren extreme Ansichten ich schon mehrfach berichtet habe, vertritt eine ganz entschieden ablehnende Haltung gegenüber jeglichem falschem Hexentum. Sie schrieb mir einmal folgende Zeilen:

»Eine Hexe zu sein erscheint mir als größtes Privileg, das ein Mensch haben kann – und ich meine damit eine geborene Hexe und nicht jene konvertierten Hexen und schon gar nicht solche, denen es nur um den Nervenkitzel zu tun ist (und die für gewöhnlich auf Anzeigen reagieren); an sich ist nichts Falsches daran, die Göttin zu verehren. Aber nach meinem Gefühl sind alle Möch-

tegern-Hexen, die sich kritiklos an irgendwelchen sogenannten Coven-Aktivitäten beteiligen, genauso bereit,
sich jeder anderen Art von Sekte wie ›Kinder Gottes‹,
Scientologen, Moonies, Mormonen, Krischna-Jüngern
etc. anzuschließen – je nach ihrer individuellen Veranla-
gung. Im großen und ganzen sind diese Überläufer zum
Heidentum ziemlich harmlos – es sei denn, sie bringen
das Hexentum in Verruf –, und man kann getrost über
sie lachen. Aber einige gibt es, die meinen gerechten
Zorn herausfordern – nämlich jene dekadenten und per-
versen Typen, die es darauf angelegt haben, in der Sen-
sationspresse Schlagzeilen zu machen und dabei mit der
wahren Schwesternschaft in einen Topf geworfen werden – jene orgiastischen Satansanbeterinnen und über-
geschnappten Nymphomaninnen. Etwas Widerwärtige-
res kann ich mir überhaupt nicht vorstellen.
Abgesehen von Dir, bin ich nie einer wirklichen Hexe
begegnet – aber ich lebe natürlich auch sehr zurückgezogen. Allerdings haben sich mir schon etliche, ziemlich
verrückte Personen genähert, die mich in einen Coven
hineinziehen oder einen solchen gründen wollten. Die
habe ich aber schnell abblitzen lassen und mit der Ver-
achtung behandelt, die sie tatsächlich verdienen.«

Und folgende Worte könnten für Sonja nicht typischer sein:

»Geborene Hexen haben eine unwahrscheinliche Ausstrahlung – und natürlich sind sie intelligent, kultiviert,
talentiert, redegewandt und attraktiv; sie besitzen die
größte aller Gaben überhaupt: die der Magie, des Wissens und des Hellsehens. Dabei haben sie eine gewisse
Neigung, leicht verletzbar sowie unkalkulierbar in ihrer

Handlungsweise zu sein. Bei all ihrer Heimlichkeit und Verstohlenheit können sie darauf pochen, der übrigen Menschheit immer einen Schritt voraus zu sein, und es gibt kaum einen Menschen, der in der Lage wäre, sie zu überlisten.«

Alle Nicht-Hexen bezeichnet Sonja gerne als »bloße Menschen«.

16

Fragen zum Hexenwesen

Der eben zitierte Brief aus den Staaten geht noch weiter:

> »Meine dritte Frage«, heißt es darin, »betrifft die Praxis
> des Hexenwesens. Muß man, um Magie zu betreiben,
> zu einem Coven gehören, oder kann man es auch alleine
> tun? Mir ist zwar klar, daß sich die magische Wirkung
> durch gemeinsame Aktivitäten vervielfältigen kann –
> doch ist die Mitgliedschaft in einem Coven wirklich
> nötig oder gar geboten?«

Viele Hexen meinen, daß Magie nicht so sehr eine Frage des
Erlernens als vielmehr des Erinnerns an vergangene Existenzen ist, in denen man schon einmal als Hexe gewirkt hat,
weshalb man in allen zukünftigen Leben eine solche bleibt.
Dies setzt natürlich den Glauben an Reinkarnation voraus.
Sonja teilte mir ihre Ansichten hierüber in einem Brief mit:
»Falls Du Deine Meinung in all den Jahren unsrer Freundschaft nicht geändert hast, sind wir uns nach wie vor in einer
der wichtigsten Grundfragen unsres Glaubens uneins – nämlich der Frage der Reinkarnation. Ich habe bis heute nicht
verstanden, wie so etwas möglich ist. Wie kannst Du eine

geborene Hexe sein, wenn Du es nicht schon in einem vergangenen Leben warst? Einmal Hexe – immer Hexe, und das über viele Existenzen hinweg!«

Es gibt nur sehr wenige Menschen, deren Erinnerungsvermögen sich tatsächlich bis in ein oder mehrere vergangene Leben zurückerstreckt und für die es daher nicht notwendig ist, ihre Fähigkeiten als Hexe neu zu erlernen oder zu entdecken. Immerhin bin ich einigen von ihnen begegnet. Sie führen ein sehr zurückgezogenes, einsames und ruhiges Dasein, betreiben ihre Magie allein und haben kein Verlangen nach gemeinsamen Aktivitäten. Zahlreiche historische Berichte handeln von alleinstehenden Frauen, die als Hexen verdächtigt und deshalb verfolgt wurden. Es waren die Weisen Frauen, die als Heilerinnen und Hebammen wirkten, über Kräuter und Arzneitränke Bescheid wußten und ihre Weisheit und psychotherapeutischen Fähigkeiten in den Dienst der Menschheit stellten. Grundsätzlich läßt sich anhand der überlieferten Zeugnisse sagen, daß Hexen in früheren Epochen viel eher auf sich selbst gestellt waren, als in Gruppen zu arbeiten.

Ich persönlich ziehe es dennoch vor, in einem Coven mitzuwirken, weil das gemeinsame Wissen und die gemeinsame Erfahrung uns alle bereichert – ganz abgesehen von der Tatsache, daß jeder gern mit Menschen zusammenkommt, die ähnliche Ziele verfolgen. Ein Coven verfügt über viel stärkere magische Kräfte, und für Hexen, die erst am Anfang ihrer Entwicklung stehen, ist die Hilfe und Anleitung von seiten erfahrener Mitglieder von unschätzbarem Wert:

»Meine vierte Frage«, schrieb meine amerikanische Briefpartnerin, »betrifft die materielle Entschädigung für Hexendienste. Aus Ihrem Buch konnte ich entnehmen, daß Sie niemals irgendwelche Vergütungen für

Ihre magischen Hilfen angenommen haben. Ist das unter Weißen Hexen generell üblich? Könnten am Ende die besonderen Fähigkeiten einer Hexe durch Entgegennahme eines Entgelts verringert werden oder gar verlorengehen? Hier in den Staaten wird man erst gar nicht zur Kenntnis genommen, wenn man einer Hexe (oder Leuten, die ihre paranormalen Dienste anbieten) nicht sofort mit einem größeren Geldschein winkt.«

Als ich vor etwa 30 Jahren in meinem ersten Coven initiiert und ausgebildet wurde, brachte man mir gleichzeitig jene idealistische Einstellung bei, nach welcher Hexen niemals um des Geldes willen ihre Arbeit verrichten. Die Macht ist uns Hexen gegeben, um der Menschheit zu helfen, und falls wir unsere Fähigkeiten mit Demut, Selbstlosigkeit und Mitgefühl anwenden, werden die Götter dafür sorgen, daß auch wir keinen Mangel erleiden.

Dies geschah in den vergangenen Jahrhunderten durch eine Art Tauschsystem: Wenn die Weise Dorffrau ihre Arbeit verrichtet hatte, erhielt sie als Gegenleistung ein Hühnchen, einen Stapel Feuerholz und dergleichen mehr. Für die moderne Hexe ist es eher eine Frage der inneren Einstellung, ob sie ein Honorar beansprucht oder vielmehr der Meinung ist, daß die Entgegennahme von Geld sich nachteilig auf ihre magischen Fähigkeiten auswirken könnte.

Zweifellos kostet es sie einen enormen Aufwand an Zeit und Energie, wenn sie all den Erwartungen ihrer Klienten gerecht werden will. Viele der an sie herangetragenen Probleme sind äußerst verwickelt und nur mit größter Mühe zu entwirren. Manche Leute bestehen auf individueller Beratung und haben das Bedürfnis, ihre Sorgen und Nöte bis ins letzte Detail auszudiskutieren. Eine Hexe muß Fähigkeiten auf vielen Gebieten haben: Sie muß oft Psychiater, Therapeut, Sexual-, Ehe- und Rechtsberater in einer Person sein, und deshalb sehe ich keinen Grund, weshalb sie nicht auch entsprechende Gebühren beanspruchen sollte, so wie andere Experten es tun. Auch sie ist eine Expertin in ihren eigenen Bereichen.

Die meisten Hellseher, Kartenleser und Geistheiler haben in der Regel keine andere Einkommensquelle, und sie brauchen Wohnung, Nahrung und Kleidung wie wir alle. Es überrascht mich schon sehr, wenn sich Leute zum Beispiel darüber beklagen, einen Geistheiler bezahlen zu müssen. Zwar gibt es einige, die ihre Dienste gratis anbieten, und andere stellen es ihren Klienten frei, was sie bezahlen wollen. Doch was ist daran falsch, wenn eine bestimmte Vergütung von vornherein festgelegt wird? Wir leben in einer materiellen Welt, und wer seine Arbeit tut, soll auch gebührend entschädigt werden.

So weit, so gut. Doch wie anderswo auch, gibt es unter Okkultisten eine gewisse Gruppe erbarmungsloser Geschäftemacher, die ihre Kunden nach Strich und Faden ausbeuten. Vorsicht, Vernunft und Scharfsinn sind immer am Platze, ehe man sich auf übertriebene Forderungen für sogenannte »Initiationen«, für magische Dienste, Zaubertränke oder andere okkulte Leistungen einläßt, kurz – »caveat emptor« (»der Käufer möge wachsam sein«).

»Meine letzte und vielleicht wichtigste Frage betrifft die ›Kraft‹ als solche – die eigentliche Energie, die der Weißen und Schwarzen Hexerei zugrunde liegt. Soviel ich erkenne, gibt es zwischen beiden gewisse Ähnlichkeiten (zum Beispiel hinsichtlich der Symbole, Rituale und des Hexenalphabets). Woher beziehen Weiße Hexen ihre Energien? Ist es die gleiche Quelle wie die der Schwarzen Hexerei, nur daß die Kraft unterschiedlich eingesetzt wird? Mit anderen Worten: Beziehen Weiße wie Schwarze Hexen ihre Energien vom Satan? Wenn man all das äußere Beiwerk wie Symbole, Rituale, Glaubenssätze etc. wegläßt, ist dann die Kraftquelle in beiden Fällen dieselbe?«

Die Energie selbst ist sowohl physisch als auch emotional. Ihren Ursprung hat sie jedoch in einer mentalen und spirituellen Kraft, die als solche völlig neutral ist und für gute oder üble Absichten eingesetzt werden kann – das hängt von den jeweiligen Vorstellungen oder dem Willen desjenigen ab, der sich ihrer bedient. Wir Weißen Hexen glauben, daß die Kraft unserem eigenen Geist und Körper entspringt. Gewisse Rituale – kombiniert mit Techniken der mentalen Konzentration – bewirken ein Zusammenströmen unserer Energien, die wir sodann auf das erstrebte Ziel lenken. Durch die Anrufung der Schutzgeister unseres Kreises ziehen wir eine weitere Kraft zu uns herab – als Gabe der Götter, die wir verehren. Insgesamt ist die Kraft durchaus derjenigen unserer Muskeln vergleichbar, insofern sie sich sowohl für gute als auch üble Zwecke gebrauchen läßt; ein Mensch, der unter Einfluß seines eigenen Lebens einen Ertrinkenden aus dem Wasser holt, könnte mit gleicher Muskelkraft eine alte Frau überfallen und ausrauben – die Anstrengung ist dieselbe, aber die Motive unterscheiden sich. Im ersten Fall ist es Mitgefühl, im zweiten gefühllose Habgier. Ebenso lassen sich geistige und spirituelle Energien für gute oder schlechte Ziele verwenden – praktisch läßt sich alles auf die eine oder andere Weise gebrauchen: Elektrizität zum Beispiel kann sowohl todbringenden als auch nützlichen Zwecken dienen.
Gemäß der Tradition meines eigenen Covens gibt es bei uns keinerlei Verbindungen zum Teufel. Der Teufel oder Satan ist

ja erst von den Juden und Christen zum Symbol des Bösen erklärt worden. Für uns Heiden hat dieses Symbol keine Bedeutung. Und was die Symbole, Rituale und das Alphabet der Weißen Hexen angeht, welche für Uneingeweihte denen der Satanisten so ähnlich erscheinen, bestehen zwischen beiden doch wesentliche Unterschiede, denn die Satanisten haben mit uns Hexen überhaupt nichts zu tun. Unglücklicherweise wird der Begriff »Hexerei« seit langem als Sammelbegriff für alle Arten okkulter Aktivitäten mißbraucht.

Es wäre falsch, den Satanisten einen Mangel an Intelligenz zu unterstellen – das Gegenteil ist viel eher der Fall –, aber Menschen, die sich ausschließlich auf die negativen Aspekte ihre Wesens berufen und einen Teufelskult betreiben, haben für mich ein gestörtes Verhältnis zur Realität. Vielleicht hoffen sie, durch betonte Kultivierung des Bösen und Korrumpierung des Guten auf einem kürzeren Weg in den Besitz von »Kraft« (paranormale Kräfte) zu gelangen. Aber ich maße mich nicht an, ihre Motive zu verstehen.

Meine Freundin Sonja, die sich gar zu gern als Schwarze Hexe begreift, ist dennoch keine Satanistin. Sie gebraucht lediglich ihre parapsychischen Fähigkeiten für Zwecke, die mit den meinen und denen anderer Hexen meiner Bekanntschaft nicht übereinstimmen. Und sollte jemand ihre Aktivitäten kritisieren – sie ließe sich davon nicht beirren! Doch muß ich hervorheben, daß sie in einer vermeintlich unbeobachteten Situation durchaus zu generösen und hilfreichen Aktionen fähig ist. Sie gibt sich zuweilen exzentrisch und ist dennoch intellektuell, kultiviert, verständlich, redegewandt und sehr belesen – kurz gesagt: Sie weiß, was sie will, und schert sich nicht um die Meinung der übrigen Welt. Wenn sie in der entsprechenden Stimmung ist, macht es ihr nichts aus, auch mir die Leviten zu lesen, vor allem, wenn es um Fragen der Reinkarnation geht. Dazu schrieb sie mir folgenden Brief:

»Wahrscheinlich warst Du (in einem früheren Leben) eine jener leisetreterischen, selbstnegierenden Christen mit all Deinem Geschwätz über Weiße Hexerei. Da Dir meine Einstellung längst bekannt ist, brauche ich wohl kaum zu wiederholen, daß die Magie (für mich) weder schwarz noch weiß ist und daß die Kraft an sich völlig neutral ist. Und was, bitte, ist der Zweck einer Elite, die sich ihrer Möglichkeiten bewußt ist und sie dennoch nicht unumschränkt zur Anwendung bringt? Niemand anderes als wir selbst hat ein Recht, über unsere Taten zu richten, und wenn wir die Macht nicht ausüben und sie nicht ständig erproben, wird sie zwangsweise verkümmern, und wir werden wieder zu gewöhnlichen Sterblichen. Weshalb hat die Göttin ihre Töchter dermaßen beschenkt, wenn solche Gaben nicht bis zur Neige ausgekostet werden? (Übrigens habe ich – weder früher noch heute – Männer jemals als Hexen anerkannt. Sie sind für mich nur eine Art Prinzgemahl. Und noch etwas: Zur Erhaltung unserer übersinnlichen Energien sollten wir auf Sexualität verzichten – ein weiterer Punkt, in dem wir nicht übereinstimmen.)

In Anbetracht der Friedfertigkeit und Autonomie unsrer heidnischen Religion sind Christentum und Islam für mich völlig unverständliche Dinge. Hat man je davon gehört, daß Heiden einen Heiligen Krieg geführt hätten? Die Menschen sind dermaßen von sich selbst eingenommen und glauben, daß sie der einzige Sinn der Schöpfung wären – was für eine Arroganz! Die Große Mutter trifft keine solchen Unterscheidungen, in ihren Augen ist alles, was lebt und atmet, Teil jenes Seins, das sie an ihren nie versiegenden Brüsten ernährt. Und wir von der Alten Religion sind die Hüterinnen dieser herrlichen Erde. Wir sind nicht geringer als die Götter selbst und andrerseits nicht wichtiger als die winzigste Kreatur.

Was macht es schon, wenn infolge ihrer eigenen Habgier und Unmoral die Menschheit der Vernichtung anheimfällt, solange der Planet selbst mit all seinen unzähligen Lebensformen überlebt und auch in Zukunft gedeiht? Was haben die Menschen denn je zum Erhalt unserer Erde beigetragen, außer sie im Namen ihrer selbsternannten Herrlichkeit, ihrer Habsucht und Machtgelüste – des ›Fortschritts‹, wie sie meinen – auszubeuten, zu plündern und zu zerstören? Sieh Dir doch selbst einmal an, was die Kreuzritter, die Inquisitoren, die Konquistadoren und die Missionare im Auftrag ihres Gottes angerichtet haben. Die einheimischen Religionen, die den urzeitlichen Stämmen über lange Zeiten hinweg Zufriedenheit und Wohlstand gewährt haben, haben sie hinweggefegt und den Betrogenen ihren selbstverneinenden Glauben aufgezwungen. Die Geschichte der orthodoxen Religionen ist eine endlose Kette aus Grausamkeiten, Blutvergießen und Intoleranz.

Doch uns Hexen kann niemand etwas vorwerfen, wir brauchen uns unserer selbst nicht zu schämen. Wir haben lediglich versucht, uns und unsere Religion vor den Anschlägen der patriarchalischen Eindringlinge, die unsere wohlmeinende Lady und deren gehörnten Gemahl diskriminieren wollten, zu verteidigen.

Die Menschen sollten endlich zur Kenntnis nehmen, daß wir nicht die verrunzelten, von Warzen verunstalteten häßlichen Alten sind, die in schmutzigen Lumpen herumlaufen, in stinkenden Bruchbuden wohnen und in

Kesseln giftige Zaubertränke brauen. In Wirklichkeit sind wir kultivierte Frauen, die in gepflegten Gärten Wildblumen und Kräuter züchten, gesellige Dinnerpartys veranstalten, CD-Platten mit Bachkonzerten anhören und mit Vorliebe Jeans und grüne Gummistiefel tragen!«

In den öffentlichen Diskussionen im Anschluß an meine Vorträge über das Hexenwesen werden mir manchmal verschämte Fragen gestellt – und meistens von Männern –, ob es denn wahr sei, daß Hexen ihre Arbeit nackt verrichten, und wenn die Presse in schöner Regelmäßigkeit dieses so faszinierende Thema von neuem aufgreift, wird mit aufreizenden Schlagzeilen und Beschreibungen von Teufelsanbetern inmitten rauschender Sexorgien weiß Gott nicht gespart.

Und dennoch war die Nacktheit in heidnischen Zeiten ein elementarer Bestandteil religiöser und magischer Rituale, begründet durch das Verlangen nach größtmöglicher Nähe und Einswerdung mit der Natur. Nacktheit als Ausdruck der Freiheit bot sich ganz selbstverständlich für diese Riten an. Im alten Persien pflegten junge Frauen ganz früh aufzustehen und nackt in der Morgendämmerung zu tanzen. Auch auf den Britischen Inseln vollzogen junge Frauen zu Plinius' Zeiten ihre religiösen Verrichtungen in voller Nacktheit. Nach alter Überlieferung kann eine Frau von Unfruchtbarkeit geheilt werden, wenn sie am Mittsommerabend nackend in ihrem Gemüsegarten tanzt.

C. G. Leland empfiehlt in seinem Buch ARADIA – DIE LEHREN DER HEXEN allen Hexen als Nachfolgerinnen der Göttin Diana, bei ihren Zeremonien nur nackt zu tanzen, um ein Zeichen zu setzen, daß sie wirklich frei sind, und in der Tat wird diese Anregung auch heute noch von vielen – wenn auch nicht allen – Coven befolgt.

Andere Hexen haben sich für die traditionellen magischen Roben entschieden, die oft von Hand gearbeitet und mit prächtigen Stickereien versehen und nur für rituelle Zwecke bestimmt sind. Ihre farbliche Gestaltung richtet sich zuweilen nach den maßgebenden Farbtönen in der Aura der jeweiligen Trägerin.

Einer der Hauptgründe für rituelle Nacktheit war der Glaube, daß die Körperporen Energien aussenden könnten, denen durch das Tragen von Kleidern der Weg versperrt wäre. Dies hat sich jedoch als unrichtig erwiesen. Hexen, die heute noch nackt zelebrieren, tun das, weil sie sich so viel wohler fühlen und sicherlich nicht, um ihre Reize zu zeigen. Doch wie kann man das gewissen Leuten plausibel machen? Noch nie habe ich von irgendwelchen Sexualorgien erfahren, die innerhalb von Coven veranstaltet wurden. Bei deren Mitgliedern handelt es sich häufig um verheiratete Paare, und im übrigen erscheint es mir schlechterdings absurd, sich ausgerechnet in einem magischen Kreis zu treffen, um Zeit und Kraft an derartige Vergnügungen zu verschwenden.

Ich habe Sonja einmal gefragt, ob sie ihre Rituale nackt vollziehe. Aber ihr Blick verriet mir sofort ihre Empörung. »Das kommt überhaupt nicht in Frage!« sagte sie. Sie ist ziemlich viktorianisch erzogen.

Ob nackt oder bekleidet – in einem magischen Kreis sind Hexen die Träger starker Energien, welche durch Verwendung von Kerzenlicht noch intensiviert werden. Man sagt, daß die lebendigen Flammen negative Ionen freisetzen, ähnlich wie schäumendes Wasser unter der Brause – und in beiden Fällen kann man von einer belebenden Wirkung sprechen.

Viele meiner Korrespondenten möchten mehr über die Funktion von Männern innerhalb des so sehr auf Frauen ausgerichteten Hexenwesens wissen. Während wir Frauen den Kraftkegel errichten, dienen Männer als Erdung für die sich entwickelnden Energien. Männliche Hexen werden oft als »Zauberer«, »Hexer« oder »Hexenmeister« bezeichnet. In diesem Buch wird der Begriff »Hexe« so weit gefaßt, daß er auch die männlichen Hexen mit einschließt.

Weil es innerhalb unsrer Hierarchie drei verschiedene Grade gibt, werde ich manchmal auf die Ähnlichkeit mit dem Freimaurertum hingewiesen. Einige Hexen, die zugleich Freimaurer sind, haben mir bestätigt, daß zumindest im Bereich der Initiation einige Parallelen vorhanden sind, soweit dies die ersten drei Grade (Lehrling, Geselle, Meister) betrifft. Aber damit endet auch jegliche Verwandtschaft, denn die Freimaurerei ist von ihren Ursprüngen her rein männlich dominiert und weitaus dogmatischer als das Hexenwesen.

In einer Radiosendung unter Beteiligung der Hörer fragte mich ein Rundfunkteilnehmer einmal: »Da Hexen doch zaubern können – warum tun sie dann nichts gegen all das Elend in unserer Welt? Können sie denn gar nichts daran ändern?« Ich glaube, meine Antwort lief damals darauf hinaus, daß es zu wenig echte Hexen gäbe und wir – obwohl durch eine Art Netzwerk miteinander verbunden – zwar in der Lage sind, einzelnen Individuen zu helfen, unsere Zahl aber dennoch zu gering ist, um das Weltgeschehen zu beeinflussen. Es ist besser, ein kleines Licht anzuzünden, als die Dunkelheit zu verdammen.

Laut Überlieferung wird Hexen die Fähigkeit zugeschrieben, auf einem Besenstiel durch die Luft zu fliegen. Jeder intelligente Mensch weiß, daß solche Dinge nicht möglich sind, aber mir werden immer wieder Fragen darüber gestellt, aus denen ich eine gewisse Sehnsucht nach einer vergangenen Welt voller Wunder herausspüre. Deshalb will ich zumindest auf den Ursprung dieser Legende eingehen.

An anderer Stelle habe ich bereits angemerkt, daß die ältesten diesbezüglichen Berichte nichts über tatsächliche Levitationen aussagen, aber etliche Informationen über die sogenannten Flugsalben enthalten, die den Hexen bei ihrer Initiation direkt in die Haut einmassiert wurden. Zusätzlich legte man ihnen eine Binde um die Augen. Die Hauptbestandteile der Salben waren: Roter Fingerhut (der den Puls beschleunigt), Eisenhut (um Füße und Hände gefühllos zu machen), ferner Tollkirsche und Wasserschierling, welche beide zur Verwirrung der Sinne beitragen. Der Initiantin wurde Luft ins Gesicht geblasen, und wenn die Gifte ihre Wirkung entfalteten und sie keinen Grund mehr unter den Füßen fühlte, begannen die übrigen Hexen laut einen alten Zauberspruch zu schreien, in England zum Beispiel den (unübersetzbaren) Vers:

> Horse and hattock
> Horse and go
> Horse and pellatis
> Ho, ho, ho.*

Ein solches Zeremoniell wird auch heute manchmal noch nach einer Initiation ausgeführt, doch mehr zum Vergnügen und ist nicht Bestandteil irgendeines Rituals.

Wir wissen aus alten Berichten, daß Hexen vor ihren »Flügen« auf Besen, Stöcken, Mistgabeln oder tierähnlichen Dä-

---

* Bedeutung und Herkunft der Begriffe »hattock« und »pellatis« sind selbst der Autorin nicht bekannt. Anm. d. Übers.

monen sich selbst und ihr Vehikel mit magischen Salben eingerieben haben. Autoren des 16. und 17. Jahrhunderts geben
verschiedene Rezepte für Flugsalben, die durchweg Extrakte
giftiger Pflanzen enthielten; die fettige Grundsubstanz soll
aus dem Knochenmark und dem zarten Fett ungetaufter Säug-
linge bestanden haben.

Als weitere Ingredienzen werden genannt: Fünffingerkraut,
Gemeiner Kalmus, Pappelblätter, Fledermaus- oder Kiebitz-
blut, Petersilie, Ruß und Öl, falls auf menschliches Fett verzichtet wurde. Die damaligen Gelehrten waren sich nie ganz
darüber einig, ob Hexen tatsächlich fliegen konnten oder es
sich nur einbildeten, und einige meinten, daß ihre Bekennt-
nisse (bei gerichtlichen Verhören) auf allzu lebhaften Träumen oder Halluzinationen beruhten. In meinem Grimoire ist
eine Story eines gewissen Nider von 1517 (aus dem FORMICA-
RIUS) enthalten, in der von einer magischen Salbe die Rede ist.
Gleichzeitig schildert er das Erlebnis einer Frau, die sich
damit eingerieben hatte, während sie in einem Backtrog saß;
nachdem sie vom Schlaf übermannt wurde, begann sie vom
Fliegen zu träumen und rüttelte dabei so heftig an dem Trog,
daß sie herausstürzte und sich eine Kopfverletzung zuzog.

Wie man weiß, wirkt die Flugsalbe sehr stark auf die menschliche Psyche ein – um so mehr, wenn sie auf verletzte Haut-
partien wie Kratzer oder Insektenstiche aufgetragen und einmassiert wird. Eisenhut (ein äußerst gefährliches Gift) ruft
Herzrhythmusstörungen hervor, Schierling und Tollkirsche
führen zu Erregungszuständen und Delirium, und eine Kombination dieser drei Drogen ist schließlich für jene Wahnvor-
stellungen verantwortlich, welche den Hexen das Gefühl des
Fliegens vermittelten.

Die Legende vom Hexenflug hat möglicherweise noch eine
andere Ursache. Es gab eine besondere Form von Sympathie-

magie, die das Wachstum des Korns beschleunigen sollte – eine Art »Stabhochsprung«, der von Hexen auf Getreidefeldern praktiziert wurde: je höher der Sprung, desto höher das Wachstum des Korns. Man könnte sich vorstellen, daß ein halbbetrunkener Bauer auf seinem nächtlichen Heimweg ein derartiges Ritual beobachtet und geglaubt hatte, fliegende Hexen zu sehen.

Als mein ältester Sohn mit etwa zwölf Jahren unter Bronchialasthma litt, verschrieb ihm der Arzt ein spezielles Medikament, dessen Namen ich hier besser verschweige. Jedenfalls hatte der Junge daraufhin ein sehr seltsames Erlebnis.

Ich war an dem betreffenden Nachmittag in sein Krankenzimmer gegangen, um sein Befinden zu überprüfen. Er schien zu schlafen, fuhr aber plötzlich erschreckt hoch und erzählte mir dann voller Angst: »Mammi, ich bin geflogen! Ich hab' mich selbst im Bett liegen sehen und flog durchs Fenster und über die Dächer und bin auf der Spitze des Kriegerdenkmals in der Stadt gelandet. Ich hab' unter mir zwischen meinen Füßen die Autos fahren sehen. Ich hab' mich so gefürchtet und gewünscht, ich wäre wieder zu Hause. Und dann war ich auf dem Gehsteig und hab' zu meinem Schlafzimmerfenster raufgeschaut. Ich wollte wieder ins Bett zurück, und dann bist du gekommen und hast mich aufgeweckt.«

Nachdem ich diese Geschichte dem Arzt erzählt hatte, bekam mein Junge eine andere Medizin, doch hinterher habe ich mich oft gefragt, ob die pflanzlichen Bestandteile jener ersten Droge irgend etwas mit Flugsalbe zu tun gehabt haben.

Der Stiel des traditionellen Hexenbesens besteht in der Regel aus Eschenholz. Am unteren Ende werden sodann Birkenreiser mit Korbweidenruten befestigt. All diese Hölzer haben eine magische Bedeutung: die Birke, weil sich in ihren Zweigen die bösen Geister verfangen; der Eschenstab ist angeblich ein Schutzmittel gegen Ertrinken. Deshalb wurde er den Hexen entrissen, bevor man sie ins Wasser stieß. Die Weide war von jeher der Hexengöttin Hekate in ihrer Gestalt als dreifältige Mondgöttin heilig.

Ein solcher Besen spielt auch in gewissen Hexenritualen eine Rolle. Er ist ein weibliches Symbol, so wie die Heugabel mit ihren drei Zinken dem Mann zugeordnet wird. Eine Nachbarin meiner Tante, im Norden Englands, die ich als Kind besuchte, verließ nie ihre Wohnung, ohne einen Besen gegen ihre Haustür zu lehnen, oder sie schob ihn mit den Borsten voran in den Kamin hinauf, daß er oben herausschaute.

Ein alter Aberglaube besagt, daß Hexen ihre Häuser stets durch den Schornstein verlassen, und von einer jugoslawischen Freundin habe ich erfahren, daß die Leute in ihrer Heimat am Hallowe'en-Abend Flintenschüsse gegen fliegende Hexen abfeuern und den Erdboden mit Sicheln spikken, damit sie nicht allzu sanft landen, wenn sie herunterfallen.

Besen sind generell ein beliebtes Motiv in alten und auch jüngeren Legenden.

Wenn ein Paar ohne den Segen der Kirche zusammenlebte, sagte man in Nordengland, sie hätten »über dem Besenstiel geheiratet«. Von einem holländischen Admiral wird berichtet, daß er an seinem Schiffsmast einen Besen befestigt hatte; damit wollte er seine Absicht bekunden, alle englischen Schiffe aus den Weltmeeren hinwegzufegen.

17

Besuche aus dem Jenseits

Viele meiner Leserbriefe sind mit der Bitte um Heilung von allerlei Krankheiten verbunden, und die haben bei mir Priorität. Obwohl meine Stärke eher auf anderen Gebieten liegt, gibt es doch etliche Mitglieder innerhalb meines Covens, die bereits großartige Heilerfolge erzielt haben, und ich bin stets bereit, mit meinen parapsychischen Qualitäten auf der Basis eines tiefen Mitgefühls dazu beizutragen. Durch unser Zusammenwirken werden praktisch die vitalen Energien von 13 starken und gesunden Individuen auf eine durch Krankheit und Schmerzen gezeichnete Person übertragen. Was wir für solche magischen Rituale benötigen, ist ein »Bindeglied« aus dem ganz persönlichen Besitz des zu heilenden Patienten, auf das sich unsere Bemühungen stellvertretend konzentrieren – zum Beispiel eine Haarlocke, ein Foto oder eine Handschriftenprobe. Am wirkungsvollsten wäre ein Blutstropfen auf einem Stück Löschpapier – doch wer sticht sich schon gern in den eigenen Finger!

Das Prinzip eines Heilrituals besteht vor allem darin, daß wir uns den Patienten mit der ganzen Kraft unserer Imagination als gesund und völlig genesen vorstellen. Ich werde oft gefragt, worin sich unsere Methode von derjenigen der Geistheiler oder Spiritualisten unterscheidet, und kann nur sagen, daß all die zur Anwendung kommenden Energien der gleichen Quelle entspringen und nur auf verschiedene Weise »angezapft« werden. Hexen arbeiten als Gruppe und lenken ihre konzentrierten Kräfte auch über große Entfernungen auf die Zielperson, und was meinen eigenen Coven betrifft, geben wir nur selten Kontaktheilung an Einzelpersonen. In meinem ganzen Leben gab es nur wenig Fälle, wo ich mich dazu inspiriert fühlte, aber ich hatte dabei im Handumdrehen erstaunliche Erfolge. Doch sage ich dies mit Vorbehalt; auch wir Hexen sind uns bewußt, daß nicht jede Verbesserung im Befinden eines Kranken allein auf unsere Bemühungen zurückgeht. Eine ganze Reihe von Faktoren können dazu beitragen. Wichtig ist nur, daß ein Leiden geheilt werden konnte, und nicht, wem dies zu verdanken war.

Bei vielen solcher Fälle, die mir zu Ohren kamen, handelte es sich um Kranke, die von der wissenschaftlichen Medizin für unheilbar erklärt worden waren. Ich kann mir nichts Schlimmeres vorstellen, als ständigen Schmerzen ausgesetzt zu sein; es gibt nichts, was unser Lebensgefühl nachhaltiger beeinträchtigen könnte. Eine ältere Witwe schrieb mir von ihrer multiplen Sklerose und meinte, sie könnte damit leben, wenn sie wenigstens beim bloßen Sitzen und Stehen nicht von so schrecklichen Schmerzen geplagt würde. Nur beim Liegen konnte sie etwas Erleichterung finden. Die Ärzte hatten sie längst aufgegeben, und sie selbst sah keinen anderen Weg mehr, als ihrem Dasein ein Ende zu machen. Leider wüßte sie nicht, wie das zu bewerkstelligen sei. Ich war sofort bereit, ihr zu helfen, und schon bei unserem nächsten Hexentreffen richteten wir unsere gemeinsame Kraft darauf, sie von ihren Schmerzen zu befreien.

Auf Betreiben meines Mannes wandte sich einer seiner

Freunde an mich, weil er seit seinem 17. Lebensjahr mit ständigen Rückenschmerzen zu tun hatte. Er wußte, daß ich mich selten als Heilerin betätige, doch in diesem Falle konnte ich mich ganz auf meine Inspiration verlassen. Ich versuchte es mit Handauflegen – und wenn es stimmt, was er mir bis heute bestätigt, ist er seither von seinem chronischen Leiden befreit.

Ganz anders erwies sich die Situation bei einer meiner Freundinnen, die wegen einer Zyste im Eierstock operiert worden war. Während des Eingriffs stellten die Ärzte eine bösartige Wucherung fest, die eine operative Entfernung der Gebärmutter notwendig erscheinen ließ. Als Nichtengländerin ist meine Freundin ziemlich emotional und empfindlich, und aus einer Narkose zu erwachen und erfahren zu müssen, daß ihr eine weitere, größere Operation bevorstand, löste bei ihr einen traumatischen Schock aus. Aufs äußerste erregt, rief sie mich sofort aus der Klinik an. Sie weinte und schluchzte, so daß ich ein großes Verlangen empfand, sie so gut wie möglich zu trösten. Ich unterhielt mich ganz ruhig mit ihr und versprach, ihr zu helfen, damit sie auch diesen Schicksalsschlag überstehen und am Ende sich alles zum Besten wenden würde. Aber sie konnte nicht aufhören zu klagen: »Ach, Lois, hilf mir doch – ich hab' solche Angst – ich möchte nicht sterben!«

Noch am gleichen Abend war eine Zusammenkunft meines Covens vorgesehen. Ich verfügte bereits über ein Foto meiner Freundin, aber auch ohne dieses hätten wir ein Ritual für sie durchgeführt, denn die wichtigste Voraussetzung für magisches Wirken war ja schon mit unserm Mitgefühl und unsrer Liebe gegeben. Wir beschlossen, für sie eine Aura des inneren Friedens, der Ruhe und Zuversicht zu schaffen, so daß alle Spannungen und Ängste von ihr abfielen und sie neuen Mut fassen konnte.

Am Morgen darauf erhielt ich den nächsten Anruf aus dem Krankenhaus. Meine Freundin erzählte mir, daß sie sich den ganzen Tag über sehr elend und unglücklich gefühlt und immer nur geweint hätte. Sie fuhr fort: »Aber am Abend, so etwa um zehn Uhr, als ich immer noch aufrecht im Bett saß, war es mir plötzlich ganz friedlich zumute, und es kam mir vor, als ob mein Bett und ich selbst in ein goldenes Licht gehüllt wären. Auf einmal wußte ich, daß alles gut werden würde.«

Ich hatte ihr nichts von dem Ritual erzählt, das wir am gleichen Abend für sie durchgeführt hatten. Zwar weiß sie, daß ich eine Hexe bin, aber sie gibt dieser Tatsache kein besonderes Gewicht, und wir sprechen auch nie darüber. Auch später habe ich sie nie über unsere Aktivitäten informiert. Wichtig war nur, daß wir ihr tatsächlich helfen konnten. Die Operation hat sie ohne Komplikationen überstanden, und in den vielen Jahren seither haben sich keinerlei Metastasen gezeigt.

Es ist seltsam, daß ein Zauber über größere Entfernungen hinweg oft unmittelbare Wirkungen hat, während unsere Erfolge bei geringfügigeren Aktivitäten im Durchschnitt zehn Tage auf sich warten lassen. Eine nur flüchtige Bekannte bat mich einmal, ihren dreijährigen Sohn von seinen Asthmaanfällen zu heilen. Sie war in einer Notlage, weil sie von einer zweiten Geburt, die einen Kaiserschnitt erforderte, noch nicht genesen war und es kaum schaffte, sich neben dem Baby auch noch der Pflege ihres kranken Jungen zu widmen.

Unser Coven entschloß sich sofort zu einem Heilritual; drei Tage danach erkundigte ich mich telefonisch bei der jungen Mutter nach dem Befinden ihres Söhnchens und erfuhr, daß unsere Bemühungen noch am selben Abend spürbare Besserungen bewirkt hatten. Mir war während des Rituals in einer hellseherischen Eingebung klar geworden, daß das Asthma durch die plötzliche Präsenz eines »rivalisierenden« Geschwisterchens hervorgerufen war – eine Tatsache, die der Junge psychosomatisch noch nicht bewältigt hatte. Ich riet der Mutter also, ihm die gleiche liebevolle Aufmerksamkeit zu widmen, um seiner Eifersucht entgegenzusteuern.

Dieser Fall kann auch als Beweis dafür dienen, daß eine Heilung ganz ohne das Wissen oder den Glauben des Betroffenen möglich ist. Um diese Frage geht es in vielen Leserbriefen, und sie läßt sich anhand von vielen weiteren Beispielen positiv beantworten. Wir Hexen sind lediglich Instrumente einer größeren Energie, die auf dem Weg über unsere Körper den Kranken erreicht, was freilich ohne unser Zutun und einen gewissen Beitrag an eigener Energie nicht funktioniert. Wir können nur innerhalb bestimmter Grenzen Erfolge erzielen und sind wie alles Lebendige den Gesetzen der Natur unterworfen. Wir können den Zerfallsprozessen des Älterwerdens nicht Einhalt gebieten, aber glücklicherweise die sie begleitenden Schmerzen reduzieren.

In letzter Zeit erhalte ich auch Briefe von AIDS-Infizierten, zumeist Opfer unverantwortlicher Bluttransfusionen. Obwohl wir in allen Notlagen zu helfen bereit sind, empfehle ich jedem dieser Unglücklichen, sich zunächst und zusätzlich zu unseren eigenen Hilfsangeboten einer gründlichen Behandlung durch anerkannte Fachärzte zu unterziehen.

Die erschütterndsten Hilferufe kommen von Leuten, die aufgrund einer unheilbaren Erkrankung bereits vom Tod gezeichnet sind und von mir eine Bestätigung erwarten, daß er nicht das Ende des Lebens, sondern einen Übergang in eine andere, höhere Form des Daseins darstellt. Sie berufen sich auf die Schilderung meiner Erlebnisse mit den Geistern von Verstorbenen, wie ich sie in meinem ersten Buch, der AUTOBIOGRAPHIE EINER HEXE, gegeben habe. Als junge Krankenschwester konnte ich solche Erscheinungen häufig am Bett meiner sterbenden Patienten beobachten, und meine Leser wollen von mir wissen, ob ich auch jetzt noch ähnliche Visionen habe.

Seit ich nicht mehr in Krankenhäusern arbeite, habe ich kaum noch Gelegenheit, mit Sterbenden zusammenzusein, falls es sich nicht um Mitglieder meiner eigenen Familie handelt, und in solchen Fällen sind diesbezügliche Beobachtungen meist von starken Gefühlen überlagert. Trotzdem ist mein Wahrnehmungsvermögen für all diese subtilen Dinge keineswegs schwächer geworden, und das betrifft insbesondere den eigentlichen Vorgang des Sterbens, wenn die Seele den Körper verläßt.

In Briefen und persönlichen Gesprächen komme ich immer wieder auf meine früheren Erfahrungen, aber auch auf solche aus jüngster Vergangenheit zurück.

Es ist noch gar nicht so lange her, daß sich mein Schwiegervater wegen einer schweren Erkrankung einer klinischen Behandlung unterziehen mußte. Als ich ihn eines Abends besuchte, schien es mir, als ob sein Körper von einem zweiten ätherischen Leib umhüllt sei, der sich wie ein silbrig-trüber Schatten von seinem Kopfkissen abhob. Sein Blick wurde auf einmal so durchdringend, daß ich mich in meinen eigenen Wahrnehmungen durchschaut fühlte. Mein Mann, der den Ernst der Situation offenbar nicht erkannt hatte, äußerte sich zuversichtlich über die Möglichkeit einer baldigen Genesung und bevorstehenden Entlassung aus dem Krankenhaus. Ich konnte mich nicht enthalten, ihm klarzumachen, daß dies nicht der Fall sein würde und er sich mit der veränderten Situation vertraut machen müsse. Ich sollte recht behalten: Acht Stunden später war sein Vater bereits tot.

Ein ähnliches Erlebnis widerfuhr mir in einer Krankenstation, wo ich eine ältere Dame besuchte. Wir führten ein sehr angeregtes Gespräch miteinander, als mein Blick rein zufällig in die andere Ecke des Raumes schweifte. Dort – an einem Bett, in dem eine ältere Patientin zu schlafen schien – bemerkte ich eine Gruppe von Geistwesen, eine männliche und zwei weibliche Gestalten. Erst wollte ich meinen Augen nicht trauen und schaute weg und dann wieder hin, aber sie waren immer noch da: ätherisch, nebelhaft und von einem seltsamen, überirdischen Licht durchwoben. Ich entschuldigte mich kurz bei meiner Bekannten und eilte auf dem schnellsten Weg zur Rezeption, wo eine Ärztin mit dem Eintragen irgendwelcher Notizen beschäftigt war. »Entschuldigen Sie bitte«, sagte ich zögernd, »ich fürchte, dort drüben im Zimmer stirbt eine Patientin.« Die Angesprochene schaute mich etwas perplex an, aber folgte mir dennoch zu dem genannten Raum. Sie untersuchte die Frau und innerhalb weniger Sekunden kamen zwei Schwestern, die das Bett mit der Sterbenden in eine andere Abteilung brachten, wobei die Ärztin mich noch einmal erstaunt musterte.

Meine einzige Schwester – eine sehr unabhängige und aktive Persönlichkeit – war am Ende ihres langen Lebens aufgrund zerebraler Thrombosen zur Invalidin geworden. Sie war nicht nur zur Unbeweglichkeit verurteilt, sondern litt auch zeitweise unter schweren Sprachstörungen, die durch eine geeignete Therapie bis zu einem gewissen Grad korrigiert werden konnten. Doch ihre mißliche Lage und die langen Wochen ihrer Hospitalisierung machten sie sehr ungeduldig und rebellisch, und sie wünschte sich sehnlichst den Tod herbei. Eines Tages traf ich sie weinend an und erfuhr, daß unsere Mutter ihr erschienen sei und gesagt habe: »Betty, du mußt jetzt versuchen, dich mit deiner Situation abzufinden.« Aber Betty konnte das nic. Durch diesen Vorfall wurde mir ein weiteres

Mal klar, wie sehr die sogenannten Toten an unseren Sorgen und Anfechtungen teilhaben und auf jede erdenkliche Weise sich einzuschalten und uns zu helfen versuchen.

Dann kam der Tag, an dem meine Schwester das Ende ihres mühevollen und von Schmerzen gezeichneten Lebens erreichte. Sie war bereits bewußtlos, aber vielleicht half ihr meine Anwesenheit, die letzten, beschwerlichen Phasen des Hinübergehens zu erleichtern. Ich saß neben ihr und spürte, wie schwer ihr das Atmen wurde, und plötzlich sah ich, wie ihr ätherischer Leib sich mehr und mehr aus seiner physischen Hülle befreite, und entdeckte dahinter das Bild eines Flusses, über den sich ein vibrierendes Gewebe aus golddurchwirktem Nebel breitete. Auf dem entfernteren Ufer erblickte ich meine verstorbenen Angehörigen – zuerst erkannte ich meine Eltern und Brüder. Aber sie erschienen mir alle viel jünger und vitaler, als ich sie in Erinnerung hatte, und dennoch konnte ich die verschiedenen Generationen auseinanderhalten. Dann kamen noch andere Leute hinzu, die ich nur von Fotografien her kannte, aber nie lebendig erlebt hatte – zu meiner Überraschung auch ein Neffe, der schon im frühen Kindesalter verstorben, aber jetzt offensichtlich zu einem erwachsenen Mann mit tief kastanienbraunem Haar herangereift war.

Mir fiel auf, wie glücklich und ein wenig ungeduldig sie waren, als ob sie in der Tat ein geliebtes Wesen erwarteten. Mir war sehr deutlich bewußt, wie realistisch sich in meiner Vision die einzelnen Personen bewegten, wie sie miteinander sprachen, sich anlächelten und vor allem, wie sie auf etwas zu warten schienen. Ich hatte den Eindruck, daß all ihre Gebärden und Mienen allein auf die Rückkehr eines nahestehenden Familienmitglieds von einer langen und ermüdenden Reise hinzuweisen schienen. Den Hintergrund dieser ganzen Szenerie bildete eine grüne Landschaft, in der es auch Gebäude gab, die wie die Lichtstrahlen eines lebhaft schillernden Opals in tausend Farbnuancen erstrahlten.

Diese Vision dauerte etwa 30 Sekunden, und danach fühlte ich mich sonderbar getröstet und wußte, daß sie mir eigens als Bestätigung des natürlichen Übertritts meiner Schwester in eine andere Existenz gewährt worden war – als Botschaft aus einer jenseitigen Welt, in der sie erwartet und mit Liebe empfangen wurde. Und während sie mir friedlich entglitt, überkam mich inmitten meiner Trauer die frohe Gewißheit, daß all ihre Leiden nunmehr beendet waren und sie sich wieder im Kreis ihrer geliebten Familie befand.

Einige Wochen danach wurde ich während einer Konferenz von einer seltsamen, mir unbekannten Frau angesprochen: »Mrs. Bourne, ich muß Ihnen sagen, daß schon seit Stunden ein weibliches Geistwesen in ihrer Nähe verweilt. Es hat sich als Ihre Schwester zu erkennen gegeben und möchte Ihnen ausrichten, daß sie sehr glücklich ist. Sie verweist ständig auf Hände und Fingernägel und sagt, Sie würden diese Gebärde verstehen.« Und ob ich diese Gebärde verstand! Jedesmal, wenn ich sie in der Klinik besucht hatte, nahm ich die Gelegenheit wahr, sie zu maniküren, da die Krankenschwestern für derlei Dinge am allerwenigsten Zeit hatten. »Und im übrigen«, fuhr die Frau fort, »deutet Ihre Schwester ununterbrochen auf ihre Haare. Hat das für Sie eine besondere Bedeutung?« Mir fiel gleich ein, daß Betty in bezug auf ihre Frisur immer sehr heikel war und es nie ertragen konnte, einen ungepflegten Eindruck zu machen.

Wenn ich mich in die Lage versetzt sehe, unheilbar Kranke oder die Hinterbliebenen erst kürzlich Verstorbener trösten zu müssen, bediene ich mich deren eigener religiöser Vorstellungen. Ich kann nicht erwarten, daß sie an meinem heidnischen Glauben interessiert sind, um so mehr jedoch an den

Fähigkeiten, die mir – anders als ihnen – einen gewissen Zugang zu außersinnlichen und spirituellen Wahrheiten ermöglichen.

Das Leben ist meistenteils hart und unerbittlich, und keinem von uns bleiben Sorgen und Leid erspart. Aber schließlich ist es alles, was wir haben, bis der Tod uns erlöst. Viele von uns brauchen den Glauben an ein göttliches, allesvermögendes Wesen, das unserem fragwürdigen Dasein einen Sinn verleihen könnte, obgleich das, was wir finden, oft nichts anderes ist als eine »im Dunkeln tappende, einsame Liebe zu einer unbekannten göttlichen Präsenz« (D. H. Lawrence).

Ich selbst habe schon sehr früh eine heftige Abneigung gegen Leute entwickelt, die sich im alleinigen Besitz der Wahrheit wähnen. Für mich ist sie ein funkelnder Diamant mit unzähligen Facetten, der all unsere tiefverwurzelten Sehnsüchte nach Sicherheit, Frieden und Gewißheit reflektiert. An was wir glauben, ist bei weitem nicht so wichtig wie das, was wir für uns selbst und andere tun. Unsere Meinungen über Gott und die Welt werden sich noch oft genug ändern, unsere Taten – als Ergebnisse unseres Glaubens oder auch Nichtglaubens – werden uns überdauern.

Krishnamurti sagte einmal, daß »das ständige Pochen auf den Glauben eher ein Zeichen von Angst« sei; die Menschen fürchten den Tod, ob sie es zugeben oder nicht. Aber er ist ein Thema, über das in unserer Gesellschaft kaum gesprochen wird, und wir Menschen setzen unsere ganze Lebensenergie dazu ein, um diese letzte, unvermeidliche Konfrontation noch möglichst lange zu vermeiden.

Was muß ich also jenen unheilbar Erkrankten und untröstlichen Hinterbliebenen, die mich in ihrer Not und Verzweiflung aufsuchen, sagen? Ich erzähle ihnen von meinen vielen Erfahrungen mit Sterbenden und sogenannten »Toten«, von meinen Visionen und dem Wissen, das uns aus der Weisheit der Alten überkommen ist, und sage ihnen, daß nichts aus reinem Zufall geschieht und daß die Zahl unserer Tage auf Erden vorherbestimmt ist und niemand vor dem ihm gesetzten Ende stirbt.

Unter den Mohammedanern kursiert eine Geschichte über den Todesengel Azrail:

> Der Todesengel kam einst in sichtbarer Gestalt zu Salomon und sah höchst erstaunt auf einen Mann, der neben ihm saß. Und der fragte Salomon, wer da gekommen sei. Salomon antwortet: »Der Todesengel.« Der Gast sagte: »Er scheint mich zu suchen. Deshalb befiehl dem Wind, mich von hier nach Indien zu tragen!« Und dies geschah. Daraufhin sagte der Engel zu Salomon: »Ich schaute so erstaunt auf den Mann, weil mir aufgetragen war, seine Seele in Indien zu suchen, und nun entdeckte ich ihn bei dir in Palästina!«

Seit meine Mutter starb, sind schon viele Jahre verstrichen, und dennoch vergesse ich nie, was sie mir bereits einige Zeit vor ihrem Tod bei anscheinend guter Gesundheit gesagt und geschrieben hat. Sie sprach schon damals von mehreren nächtlichen Erscheinungen, unter anderem der eines Engels in männlicher Gestalt und bekleidet mit einer weißen Robe. Von ihm sei ein so unglaublich heller Schein ausgegangen, daß das ganze Schlafzimmer von einem goldenen Licht erleuchtet gewesen und sie selbst davon wach geworden sei. Bei seinem ersten Erscheinen verharrte er ganz still an ihrem Bett, nur seine Augen verrieten seine unendliche Liebe und sein Mitgefühl, daß meine Mutter aus einem unbeschreiblichen Drang heraus weinen mußte. Sie schrieb mir: »Das Herz wurde mir ganz weit in der Brust – ich hatte nicht die geringste Angst.«

Mein praktischer Sinn veranlaßte mich sofort zu der Frage: »Warum hast du ihn nicht angesprochen, um zu erfahren, wer er ist?«

Bei seinem zweiten Besuch saß der Engel wie selbstverständlich auf der Bettkante, wovon meine Mutter wiederum erwachte. Und auch diesmal bedachte er sie mit liebevollen Blicken. Eingedenk meiner Worte, brachte meine Mutter diesmal die etwas verlegene Frage heraus: »Wer bist du?«

Sie ist kein Mensch der großartigen Worte, aber seine Stimme beschrieb sie als »tief und wohlklingend«, und er sagte zu ihr: »Ich bin dein Schutzengel.« Darauf fragte ich sie: »Und wie ist er wieder weggegangen?" Sie sagte: »Er hat sich einfach in Nebel aufgelöst, und dann ist auch der Nebel verschwunden.«

Ich ließ noch nicht locker und sagte: »Frag ihn doch mal, warum er zu dir kommt!« Bei seinem dritten Besuch, so erzählte sie mir, sei sie von den Klängen einer himmlischen Musik wach geworden: »Ich kann dir überhaupt nicht beschreiben, wie schön sie war – so etwas gibt es hier gar nicht auf dieser Welt. Und dann stand der Engel bei mir und lächelte mich an und streckte seine Hand nach mir aus. Ich fragte ihn: ›Warum bist du zu mir gekommen?‹ Und er sagte: ›Du hast bald das Ende deiner Reise erreicht – aber hab keine Angst, ich werde dich sicher nach Hause bringen.‹«

Jeder normale Mensch würde bei so einer nächtlichen Begegnung vor Schreck erstarren, doch meine Mutter hatte sich schon immer mit übernatürlichen und spirituellen Dingen befaßt und fürchtete sich nicht im geringsten, und auch die Botschaft des Engels konnte ihr nichts anhaben. Sie war damals schon weit über 70, und das Leben hatte sie müde gemacht. Sie sehnte sich nach einer besseren Welt und einem Wiedersehen mit all ihren Lieben, die sie schon lange zuvor verlassen hatten.

Und dann kam ein Brief von ihr. »Lois«, schrieb sie, »mir scheint, daß ich bald sterben muß. Aber ich werde nicht allein sein, und Du solltest Dir keine Sorgen machen, sondern froh sein, daß ich endlich erlöst bin. Deine Trauer würde mich nur am Weitergehen hindern. Ich versichere Dir, wenn Du stirbst, bin ich die erste, die Dich begrüßt.«

Drei Monate nach diesem Brief, den ich gut aufbewahrt habe, verstarb meine Mutter. Ihre letzten Stunden und Worte mit dem verheißungsvollen Versprechen, mich bald zu besuchen, was sie auch eingelöst hat, habe ich in meinem ersten Buch ausführlich beschrieben.

Und nun frage ich mich: Was für Rückschlüsse können wir aus all diesen leuchtenden Visionen meiner Mutter so kurz vor ihrem Tod für uns selbst ziehen? Sie war eine sehr ehrliche Person und keinesfalls geneigt, sich falschen Vorstellungen und Fantastereien hinzugeben, zudem war sie tief religiös, doch nicht in einem kirchlichen Sinne. Sie betete auf ganz eigene Weise um Kraft, Hilfe und Heilung, und zweifellos verhalfen ihr diese Gebete zu einem erweiterten Bewußtsein und versetzten sie schließlich in die Lage, ihren eigenen Schutzengel zu erkennen, der sie in ihrer Zuversicht bestätigte.

Ich habe nie Anlaß gehabt, an ihrer Wahrhaftigkeit zu zweifeln, und seit ihrem Tod haben mich in der Tat noch ähnliche Berichte über derartige Erscheinungen von ganz anderer Seite erreicht.

In meinem ersten Buch schrieb ich bereits über den plötzlichen Tod meines ältesten Bruders nach einem Sturz vom Dach eines hohen Gebäudes. Ich war damals erst vier Jahre alt und wußte nicht, was geschehen war, als mir sein Geistwesen in einer ersten Vision im Garten begegnete.

Seine Frau Ellen überlebte ihn viele Jahre, und als sie am Ende ihres Lebens todkrank in der Klinik lag, versuchte sie mehrmals, ihr Bett zu verlassen, um jemandem zu folgen. Wiederholt äußerte sie meiner Mutter gegenüber, daß sie John sehen könnte und er sie beim Namen rief und ihr zuwinkte, doch mitzukommen.

Viele meiner Bekannten oder auch Leser sprechen immer wieder von ihrer Angst vor dem Moment des Sterbens. Ich kann ihnen nur versichern, daß nach all den mir zugegangenen Informationen und auch eigenen spirituellen Kontakten der Tod eine fast schmerzlose und sogar seltsam wohltuende Erfahrung ist.

Als vor einigen Jahren ein mir nahestehender Freund bei einem Verkehrsunfall ums Leben kam – er war mit seinem Motorrad auf glatter Straße gegen einen Brückenpfeiler geprallt und auf der Stelle gestorben – marterte mich der Gedanke an die entsetzlichen, wenn auch kurzen Qualen, die er erlitten haben mußte.

Kurz nach seinem Tod kommunizierte er mit mir und übermittelte mir folgende Worte:

»Glaub mir, Lois, ich habe überhaupt nichts gespürt. Kurz vor dem Aufprall ist mein Bewußtsein aus dem Körper entwichen, und ich war sehr erstaunt, auf meinen entstellten Körper herunterzublicken, und fühlte mich trotzdem völlig unversehrt. Ich brauchte eine ganze Weile, um mir selbst klarzumachen, daß ich den Unfall nicht überstanden hatte. Ich sah so viele geschäftige Menschen, die sich um mich bemühten, die Polizei und das Sanitätsauto, und konnte gar nicht verstehen, weshalb sie soviel Aufhebens machten. Und dann war mein Vater neben mir und zog mich sanft von diesem ganzen Spektakel hinweg. Ich habe wirklich keine Schmerzen gehabt.«

Ein anderer Freund, der schon mehrere Herzattacken hinter sich hatte, beschrieb mir den genauen Verlauf seines dritten derartigen Anfalls. Er wurde in die Intensivstation seines örtlichen Krankenhauses eingeliefert und lag dort ganz ruhig auf seinem Bett. Er fühlte sich wieder sehr gut, nur ein bißchen schläfrig und schloß seine Augen, um ein kleines Nickerchen zu machen. Plötzlich vernahm er im Halbschlaf eine große Unruhe in seiner unmittelbaren Umgebung. Ärzte und Schwestern stürzten an sein Bett und machten sich an ihm zu schaffen.

Der Pfleger, der im anschließenden Raum den Monitor bediente, hatte eine bedrohliche Veränderung seiner Herzfrequenz festgestellt und gerufen: »Schnell, schnell, er stirbt!« Mein Freund erzählte mir hinterher, daß es so ein angenehmes und friedvolles Gefühl gewesen sei und er nie wieder Angst vor dem Tod haben würde.

18

Wenn ein Tier stirbt

Viele Tierfreunde können den irgendwann unvermeidlichen Tod ihres vierbeinigen Hausgenossen oft jahrelang nicht verwinden, und wer von ihnen hat sich nicht schon mal gefragt, ob auch Tiere den eigenen Tod überleben. Ich bin mir dessen ziemlich sicher, obwohl meine Überzeugung in diesem Punkt wahrscheinlich sehr subjektiv ist und manch einem als sentimental oder schrullig erscheinen mag. Trotzdem ist dieser Gegenstand einer Betrachtung wert.

Die Naturwissenschaft lehrt, daß Materie nicht einfach in nichts zerfällt, wohl aber einer ständigen Wandlung unterworfen ist. Die orthodoxen Religionen lehnen zwar den Gedanken einer Fortexistenz so niedriger Kreaturen von vornherein ab, in der esoterischen Literatur hingegen werden etliche Fälle angeführt, wo bei Séancen die Geister von Tieren ihre Anwesenheit zum Beispiel durch Bellen vernehmbar machen oder Medien in der Lage sind, längst verstorbene Tiere zu beschreiben. John Galsworthy vertritt in einem seiner Bücher folgende Ansicht: »Wenn wir eine unsterbliche Seele haben, dann haben auch Tiere eine solche; wenn wir nach unserem Dahinscheiden wissen, wer wir sind, dann wissen auch sie es.« Oder, um mit Milton zu sprechen: Wir sind zwar imstande, »ob wir schlafen oder wachen«, uns der ungeheuren

Vision »von Abermillionen unsichtbar die Erde bevölkernden Kreaturen« zu verschließen, aber eine aus Urzeiten überlieferte Weisheit lehrt uns, daß schon immer bestimmte Tiere durch menschliche Zuwendung erlöst wurden und als eigenständige Wesen auch nach ihrem Tod fortexistierten; niedrigere Kreaturen überleben in einer Gruppenseele ihrer Spezies, um irgendwann wiedergeboren zu werden.

15 Jahre lang hatte ich in Nana – einer Mischung verschiedenster Hunderassen – eine treue Gefährtin. Wenn nicht meine Familiare (Hausgeist), so war sie doch mein ständiger Schatten. Sie war eine zärtliche Hündin, aber auch eine perfekte Lady von ausgesprochener Persönlichkeit und Würde. Ihre Manieren waren so untadelig, daß es sich erübrigte, ihr irgend etwas beibringen zu wollen. Innerhalb der Evolution war sie für mich höchstens eine Rangstufe tiefer als der Mensch. Sie ließ sich manches gefallen, aber irgendwann setzte sie unserem Mutwillen auch Grenzen und gab dies deutlich genug durch einen vernichtenden Blick und ihren demonstrativen Rückzug ins Körbchen zu erkennen. Daß sie mich auf allen meinen Gängen begleitete, betrachtete sie als ihr natürliches Recht und auch als Pflicht, und wenn dies – aus welchen Gründen auch immer – nicht möglich war, sah sie mich so vorwurfsvoll an, daß ich es kaum ertragen konnte.

So vieles im Leben, was kostbar ist, nehmen wir gar zu rasch als gegeben hin. Daß auch Nana unsterblich war und ewig leben würde, kam mir erst im Moment ihres Hinscheidens voll zu Bewußtsein. Elizabeth Barrett Browning muß dies ähnlich empfunden haben, als sie schrieb:

> Mit der Hand auf ihrem Haupt
> spreche ich mein Dankgebet
> für alles und für immer.

Ich befand mich im gleichen Raum, als der Tierarzt sie durch eine Spritze von ihren Leiden erlöste. Selten ist mir – trotz vieler Kümmernisse in meinem Leben – der Abschied von einem lebendigen Wesen so schwer gefallen.

Unter einem Apfelbaum unseres Gartens, wo sie sich so häufig und gerne in der warmen Sonne geräkelt hatte, gab mein Mann ihr die letzte Ruhestätte. An einem dieser Sommertage – ich entspannte mich gerade an der gegenüberliegenden Gartenseite – vernahm ich das unverkennbare Geräusch, das ein Hund erzeugt, wenn er sich schüttelt. Ich richtete mich automatisch auf, um nach Nana zu schauen, und sah die flüchtige Figur ihres Schattens, die über das Grab hinweghuschte und ebenso schnell wieder verschwunden war.

Wenn ich früher an Sonntagen den Lunch zubereitete, hatte Nana die Angewohnheit, ihre Nase in den Türspalt zwischen Wohnzimmer und Küche zu stecken, um zu sehen, wie weit das Essen gediehen war, von dem sie sich eine Kostprobe erhoffte. Eines Sonntags stand ich wieder am Herd und warf einen traurigen Blick durch das Küchenfenster hinüber zum Grab, als sich plötzlich der Türspalt zum Wohnzimmer öffnete und wieder schloß. Mein Mann, der sich nicht so leicht etwas vormachen läßt, bemerkte ganz nüchtern: »Das war Nana.« Es waren keine Türen und Fenster offen, durch die ein Durchzug hätte entstehen können.

Ich habe sie noch manches Mal bei völlig verschiedenen Gelegenheiten gespürt und gesehen. Einmal zum Beispiel, beim Lesen, vernahmen mein Mann und ich ihr etwas pfeifendes Atmen und das Knistern und Knarren ihres Korbes, dessen Platz schon längst ein kleiner Tisch einnimmt.

Einmal, als Freunde von mir in den Urlaub fuhren, nahm ich deren Hund Susie in Pflege. Ich hatte im Garten ein wenig mit ihr gespielt und ging gerade wieder ins Haus zurück, als ich einen krachenden Laut hörte und gleich darauf feststellte, daß – und zwar ohne ersichtlichen Grund – Nanas Bild vom Bücherregal gefallen war. Begreiflicherweise nahm ich dies für ein Zeichen ihrer Mißbilligung, daß ich einen anderen Hund ins Haus aufgenommen hatte.

Die Monate strichen dahin, und so ganz ohne Tier erschien mir die Wohnung kalt und leer. Immer häufiger kam mir der Gedanke, mich wieder nach einem neuen Hund umzusehen, bis mir eines Tages der Zufall zu Hilfe kam und ich mir unter acht Labrador-Jungen, deren Mutter nicht mehr genug Milch hatte, eins aussuchen konnte. Sie waren erst vier Wochen alt und noch sehr winzig, aber konnten zumindest schon fressen. Ich entschied mich für eine der kleinen Hündinnen, die – wie ich fühlte – besonders der individuellen Fürsorge bedurfte, und gab ihr den türkischen Namen Güzel – »die Schöne«. Sie fühlte sich bald bei mir heimisch, wußte, wo ihr Futternapf zu finden war, und torkelte auf ihren wackligen Beinchen gar zu gern in meine Küche.

Eines Tages traf ich beim Einkaufen meine alte Freundin Louise, die sehr an Nana gehangen und ihren Tod kaum verwunden hatte. Ich erzählte ihr von Güzel und auch von den seltsamen Erfahrungen mit Nanas Manifestationen. Sie bat mich, das neue Hündchen sehen zu dürfen. Eines Abends läutete sie bei mir an, und Güzel war sogleich an der Tür.

Louise ist eine parapsychisch sehr begabte Frau, zugleich aber sehr realitätsbezogen und praktisch veranlagt. Ich hörte sie hereinkommen und zu Güzel sagen: »Ich weiß, was für ein niedliches Tierchen du bist, weil Nana mir das schon erzählt hat.« Das veranlaßte mich, sie höchst merkwürdig anzusehen, und während sie sich setzte, schossen mir tausend Fragen durch den Kopf. Was konnte sie nur mit ihrer seltsamen Begrüßung gemeint haben?

Und dann kam es heraus. Kurz nach unserem letzten Zusammensein hatte sie einen merkwürdigen Traum. Sie wäre am Strand entlangspaziert und hätte plötzlich in einiger Entfernung Nana erblickt, nur war sie viel jünger und lebhafter als in all den letzten Jahren. Sie sprang auf sie zu, und Louise erschien es plötzlich, als könnte und müßte sie telepathisch mit ihr kommunizieren.

An diesem Punkt war es ihr noch nicht ganz klar, ob sie bloß träumte oder tatsächlich eine außerkörperliche Erfahrung hatte. Es war alles ungeheuer real.

»Nana, was machst du denn hier?« sagte sie zum Hund, »weißt du überhaupt, daß Lois einen anderen Hund hat?«

Und das Unwahrscheinliche geschah. Nana antwortete: »Ja, ich weiß, und es macht mir überhaupt nichts aus. Es ist ein süßes, kleines Hündchen.«

Mir schwirrte der Kopf, und ich dachte: Sollte Nana von meinen Skrupeln hinsichtlich eines neuen Hundes gewußt haben und mir auf diesem Weg Mut machen wollen?

Kurz darauf bekam ich einen Brief von Louise. Während einer Meditation – so schrieb sie – sah sie sich mit beiden Hunden in mein Haus zurückversetzt, wobei Nana wie eine liebenswerte Tante dem kleinen Hündchen beim Spielen zugeschaut hätte.

Ich habe Nana seit dieser Zeit nicht mehr in meiner Umgebung erblickt oder gespürt. Offensichtlich befindet sie sich jetzt an dem ihr bestimmten Ort, um auf mich zu warten. Die Esoteriker sprechen von einem speziellen jenseitigen Reich für Tiere, wo diese versorgt und gepflegt werden, bis ihre einstigen Eigentümer nachkommen. In den von Stewart Edward White verfaßten Betty Books ist von einer verstorbenen Frau die Rede, mit der er zu kommunizieren pflegte. Sie ließ ihn wissen, daß all ihre Hunde bei ihr wären. Ich finde die

Vorstellung sehr tröstlich, in einem späteren Leben mit den Tieren, die einem soviel bedeutet haben, wiedervereint zu sein.

Louise erzählte mir auch von ihrem gehätschelten Kanarienvogel, dessen Käfig sich in einer Wandnische ihres Wohnzimmers befand. Seit seinem Tod passierte es zuweilen, daß sie und ihr Mann aus der Richtung dieser Zimmerecke das leise Klingeln des Glöckchens vernahmen, das einst in dem Käfig aufgehängt war.

Die frühere Katze meiner Nachbarin hatte die Angewohnheit, ihr und ihrem Mann zwischen den Beinen herumzulaufen, wenn sie im Garten knieten, um Unkraut zu jäten. Jetzt – nach ihrem Tod – macht sie sich immer noch auf die gleiche Weise bei ihnen bemerkbar.

Eine höchst merkwürdige Geschichte erfuhr ich von meiner Freundin Anita. Deren Schwester Miriam hatte einen Hund namens Beau. Sie liebte ihn sehr, doch plötzlich änderte sich sein Benehmen, und er wurde sehr aggressiv. Er bellte den Fernseher an, er bellte auch, wenn jemand telefonierte, und belästigte vor allem die Besucher des Hauses. Zu jener Zeit wurde Miriam sehr krank und konnte dieses laute Gebell nicht mehr ertragen. Ich war trotzdem sehr erstaunt, als sie auf einmal darauf bestand, ihn einschläfern zu lassen. Immerhin stellte es sich nach seiner Tötung heraus, daß Miriams Krankheit unheilbar war und sie in eine Klinik eingewiesen werden mußte. Als sie eines Tages von ihrer Schwester Anita und ihrer Mutter besucht wurde, empfing sie die beiden mit schwacher Stimme: »Ach, ich sehe, ihr habt Beau mitgebracht; ich wußte gar nicht, daß Hunde im Krankenhaus zugelassen sind...«, dann aber fiel ihr ein, daß Beau ja längst tot war. Und sie selbst starb ein paar Tage später.

Die alten Weisheiten lehren uns, daß der Geist eines durch

langes Siechtum geschwächten Menschen sich bereits mit der jenseitigen Welt vertraut macht und somit auf beiden Ebenen des Daseins zu Hause ist. Vielleicht war dies der Grund, weshalb Miriam ihren Hund schon vor sich sah. Während meiner Berufstätigkeit als Krankenschwester habe ich etliche derartige Erfahrungen gemacht. Die Gesichter so vieler Todgeweihter beginnen sich plötzlich noch einmal aufzuhellen, und schon im Sterben rufen sie verzückt die Namen ehemaliger Angehöriger; sie breiten, wie zur Begrüßung, ihre Arme aus. Dank meiner außersinnlichen Fähigkeiten konnte ich zuweilen Gestalten erkennen, die gekommen waren, um sie abzuholen.

Als der ehemalige Herzog von Windsor im Sterben lag, sollen seine letzten Worte: »Mama, Mama!« gewesen sein, und man glaubte darin den allzu späten Schrei nach Vergebung für seinen eklatanten Verzicht auf den Thron zu vernehmen; ich bin eher der Meinung, daß sein Rufen einen unschuldigeren Sinn hatte – weshalb sollte er sich nicht über das Erscheinen seiner Mutter Queen Mary gefreut haben, die gekommen war, ihren Sohn in das himmlische Reich heimzuführen?

Unsere Zivilisation ist von dem weitverbreiteten Vorurteil geprägt, daß nur Menschen über eine unsterbliche Seele verfügen; wenn Tiere sterben, leben sie höchstens in den Herzen derer, die sie geliebt haben, weiter. Ganz anders lautet ein Bericht des Autors Bill Schul in seinem Buch über die außersinnliche Kraft der Tiere. Darin beschreibt er das Erlebnis eines Freundes, der eines späten Abends mit seinem Auto eine enge, gewundene Gebirgsstraße hinauffuhr, als vor ihm ganz unvermittelt die Gestalt seines vor einem Jahr verstorbenen Collies Jeff auftauchte. Er hielt an, sprang aus dem Wagen, rief den Hund bei seinem Namen und rannte hinter ihm her, da sich dieser nach einem kurzen Blick auf seinen ehemaligen

Herrn immer weiter die Straße hinaufbewegte, bis er deren höchsten Punkt erreicht hatte. Von dort aus sah der Mann einen riesigen Felsblock weiter unten auf der Fahrbahn liegen, der durch einen Bergrutsch dorthin gelangt sein mußte. Zweifellos hätte er ihn zu spät entdeckt, um bei der Abwärtsfahrt noch rechtzeitig bremsen zu können, und jedes Ausweichmanöver hätte zu einem Sturz in den Abgrund neben der schmalen Straße geführt. Als er sich noch einmal nach dem Hund umsehen wollte, war dieser spurlos verschwunden.

Das gleiche Buch enthält einen weiteren Bericht über das mysteriöse Eingreifen eines tierischen Geistwesens. Der Autor beschreibt, wie eine Frau durch das Gebell ihres einstigen Lieblings Jock aus dem Schlaf aufgeschreckt wurde. Gleichzeitig vernahm sie eilige Schritte aus dem Erdgeschoß ihrer Wohnung und das Geknarre einer Tür. Kurz darauf stellte sich heraus, daß ihr Kühlschrank ausgeräumt worden war. Als sie sich noch schlaftrunken nach ihrem Hund umsehen wollte, kam ihr erst langsam zu Bewußtsein, daß er ja bereits vor drei Monaten gestorben war.

Wenn Tiere tatsächlich nach ihrem Tod fortexistieren, welcher Art könnte dann ihre Funktion innerhalb der gesamten Evolution sein? Was die menschliche Spezies betrifft – und nur diese –, scheint die Idee der Wiedergeburt und gleichzeitigen Vervollkommnung mit jedem neuen Erdenleben immer mehr an Boden zu gewinnen. Für alle, die sich ernsthaft mit der Psyche der Tiere und deren Qualitäten befassen, muß es als inakzeptabel gelten, in deren Liebe, Treue und Hingabe nur vergängliche, das heißt auf eine einzige Lebensspanne begrenzte Ausdrucksformen zu sehen, ohne die Möglichkeit einer Fortentwicklung zu höheren Bewußtseinszuständen.

Der große Sufi-Mystiker und Poet – Gründer des türkischen

Mewlewij-Derwischordens – Mewlana Dschelal ed-Din Rumi hat schon vor vielen Jahrhunderten Darwins Theorie der Evolution vorweggenommen, als er schrieb:

> Ich starb als Mineral und wurde Pflanze,
> als Pflanze starb ich und wurde Tier,
> als Tier starb ich und wurde Mensch –
> weshalb also die Angst, durch Tod zu vergehn?
> Beim nächsten Sterben
> wachsen mir Schwingen und Federn gleich Engeln,
> danach schwebe ich noch höher als diese –
> was ihr euch nicht vorstellen könnt,
> das werde ich sein.

Fast alle Lehren, die an Reinkarnation festhalten, erkennen in ihr ein kosmisches Prinzip, das für sämtliche Formen des Lebens gilt. Alles Leben hat danach einen gemeinsamen Ursprung und kehrt nach einer langen, evolutionären Reise – vom Mineralreich über Pflanze und Tier bis zum Menschen – zu seinem Anfang zurück.

Welche Bedeutung hat der Tod für ein Tier? Bisher wissen wir wenig darüber, doch möglicherweise ist er eine individuelle Erfahrung, die bei der Vielfalt der Tierarten auch ganz unterschiedliche Reaktionen hervorruft. Manche Tiere sind sich seines Herannahens nicht bewußt, andere treffen bestimmte Vorbereitungen, und es wurde beobachtet, daß Hunde oder Katzen vor dem Sterben nach versteckten Plätzen suchen, wobei sie offensichtlich wissen, daß ihnen der Tod bevorsteht. Eine meiner Bekannten erzählte mir eine Geschichte, aus der eindeutig hervorgeht, daß befreundete Tiere auf telepathische Weise vom Tod ihres Gespielen erfahren. – Die beiden Hunde Sally und Rex waren seit vielen Jahren gute Kameraden, die sich gern auf gemeinsamen Spaziergängen austobten. Sally war die einzige Hündin, der sich Rex nie wirklich als Rüde näherte! Eines Nachmittags lag Rex in seinem Korb, und um fünf Uhr stimmte er ohne ersichtlichen Grund ein entsetzliches, herzzerreißendes Geheule an, so daß selbst seinem Besitzer die Haare zu Berge standen.

Zwei Stunden später klingelte das Telefon. Es war Sallys »Frauchen«, welche die betrübliche Nachricht durchgab, daß ihre Hündin wegen schrecklicher Qualen an diesem Nachmittag eingeschläfert werden mußte. Auf die Frage, zu welchem Zeitpunkt die Spritze verabreicht wurde, sagte sie, es sei fünf Uhr gewesen!

Es gibt auch Beweise, daß Tiere sogar den Tod eines Menschen als körperliches Geschehen erkennen. In einer Nummer der Zeitschrift TOMORROW von 1953 wird die Geschichte eines Farmers namens Henry erzählt, eines Viehzüchters aus der Gegend von Trelawney, der sehr um seine Rinder besorgt war. Als er starb und sein Sarg für die lange Fahrt zum Friedhof auf einem Wagen verstaut war, sammelten sich viele Trauernde rechts und links der Straße. Während der Prozession entstand eine große Unruhe, denn die Rinder auf den angrenzenden Weiden begannen plötzlich zu blöken und zu brüllen. Sie drängten sich an die Zäune längs des Weges, warfen ihre Köpfe in die Höhe und zerstampften den Grund unter ihren Hufen. Ihr Gebrüll bildete ein ganz ungewöhnliches Lamento zu diesem traurigen Anlaß.

Eine andere Geschichte handelt von John Gambill, dem Gründer eines Tierparks für Wildgänse in der Nähe von Paris in Texas. Einst fand er einen verletzten Ganter und pflegte ihn wieder gesund. Im darauffolgenden Herbst kehrte das Tier aus seiner selbstgewählten Freiheit mit zwölf weiteren Gänsen zu ihm zurück, die bald völlig zahm wurden. Man schätzte, daß nach und nach mehr als 3000 Wildgänse auf seiner Reservation überwinterten. Als Gambill 1962 in einem Pariser Krankenhaus starb, kreisten zur gleichen Stunde Hunderte dieser Tiere über den Dächern des Hospitals. Ihre schrillen Schreie waren der unüberhörbare Ausdruck ihres unerklärlichen Wissens um den Tod.

Die alten Ägypter betrachteten zahlreiche Tiere als Reinkarnation ihrer Götter, wobei Hund und Katze – letztere als Objekt eines mystischen Kultes – eine besondere Rolle spielten. Der Archäologe Dr. George Reisner entdeckte eine steinerne Gedenktafel, die auf das pompöse Begräbnis eines Hundes – des »Leibwächters Seiner Majestät« – hinwies. Das Totenzeremoniell erfolgte auf Anordnung eines ägyptischen Pharaos, der zwischen 2600 und 2450 v. Chr. regiert hat. Das Tier stand in so hohem Ansehen, daß es nach seinem Tod als Geist eines Hundes vor dem Großen Gott erscheinen durfte, um auch im Jenseits seine Funktion als Leibwächter des verstorbenen Königs ausüben zu können.

In den ältesten Schriften von Hindus und Buddhisten sowie den religiösen Lehren von Altpersien und China, aber auch in den griechischen und skandinavischen Mythologien und sogar in den berühmten Erlassen des indischen Reichsbegründers Ashoka (1272–1231 v. Chr.) wird immer wieder die Auffassung vertreten, daß Tiere eine Seele haben und daß zwischen der Inkarnation von Menschen und Tieren eine enge Beziehung besteht. Mensch und Tier bilden durch Zuneigung und innere Verwandtschaft eine einzige, große Familie. Auf ähnliche Informationen stoßen wir in einigen Heiligenlegenden wie denjenigen des hl. Franziskus, der zu den Vögeln betete und den Wolf ermutigte, gut zu sein (und wie das, wenn er keine Seele hätte?). St. Rochus fand in Notzeiten Beistand durch seinen Hund, St. Hieronymus ist berühmt durch seine

Freundschaft mit einem Löwen, die hl. Kolumba durch ihren Kranich, St. Cuthbert durch seine Otter und St. Bernard durch einen Hasen.

Nach fast 60 Jahren parapsychischer Forschung schrieb Sir Oliver Lodge*:

>Ich wurde oft über die Fortexistenz der Tiere nach ihrem Tod befragt. Nun, da ist zunächst die Liebe, das wichtigste Phänomen des Lebens, das wie andere zentrale Phänomene fortbesteht. Mehr als alles andere lenkt und regiert sie das Universum. Realitäten wie sie können nie vergehen. Es gibt eine Reihe symbolischer Feststellungen, die dies auf überzeugende Weise unterstreichen – zum Beispiel, daß die Haare auf unseren Häuptern gezählt sind oder daß kein Sperling ohne das Wissen unseres himmlischen Vaters vom Dach fällt. Das Leben an sich kennt kein Ende, aber es kann sich aus seiner Bindung an die Materie befreien. Gewöhnliche Pflanzen und Tiere besitzen keine eigene Individualität, und deshalb gibt es für sie kein individuelles Fortleben. Hingegen haben höhere Tierarten menschenähnliche Qualitäten entwickelt und somit ein Stadium erreicht, in welchem mit dem Einsetzen des Erinnerungsvermögens bereits die ersten Merkmale von Individualität gegeben sind. Auf einer noch höheren Stufe befinden sich jene Tiere, bei denen die Liebe zum Menschen zur dominierenden Charaktereigenschaft geworden ist. Die jeweilige Körpergestalt spielt keine Rolle – was zählt, ist

---

* Sir Oliver Lodge (1851–1940): Parapsychologe und Physiker – u. a. Pionier der Radiotechnik; Forscher auf dem Gebiet der Gedankenübertragung und des Mediumismus. Sein Buch RAYMOND – ODER EIN LEBEN NACH DEM TOD ist 1925 in Deutschland erschienen. Anm. d. Übers.

die Seele mit ihren Fähigkeiten, die den Tod überdauert, falls sie wirklich und wahrhaftig existiert. Und dieses Stadium haben – wie mir scheint – in der Tat einige vierfüßige Kreaturen erreicht. Der Beweis oder die Bestätigung ist immer dann erbracht, wenn ihr Fortleben zu einem Stück Realität geworden ist.«

Sonja, »meine Schwester mit den finsteren Neigungen«, erzählte mir eine interessante Geschichte, die sie als Beweis für das Fortleben der Tierseele erachtet und die sogar Elemente von Reinkarnation beinhaltet:

»Vor vielen Jahren besaß ich ein weibliches Kätzchen, genannt ›Broomstick‹ (›Besenstiel‹), dem ich besonders zugetan war, wobei ich daran erinnere, daß ich im Laufe der Zeit eine ganze Schar von Katzen um mich gehabt habe. Es war ein hübsches, unauffälliges Tierchen – graubraun gestreift, und ihr einziges hervorstechendes Merkmal war eine rötlichbraune linke Hinterpfote. Es starb eines Tages in meinen Armen nach einer Herzattacke – es war ihr erster Geburtstag. Ich war untröstlich – niemals zuvor und auch nicht hinterher habe ich je so sehr über den Tod einer Katze getrauert.
Ein paar Wochen danach erschien mir Broomstick im Traum und sprach mit deutlich vernehmbarer Stimme: ›Ich bin so allein und möchte zu dir zurückkommen. Bitte hilf mir.‹ Tagelang zerbrach ich mir den Kopf, was ich denn tun könnte, um so ein schwieriges Kunststück zustande zu bringen. Ich wußte nur eins: Wenn es allein von meiner Willenskraft abhängig war, dann müßte ich es schaffen. Etwa zu dieser Zeit erwarb ich eine junge, schwarze Kätzin, die ich Hallowe'en nannte. Sie wurde

trächtig, durch welchen Kater auch immer (der Vater von Broomstick konnte es jedenfalls nicht gewesen sein), und bekam drei Junge, zwei davon so schwarz wie die Mutter selbst und das dritte graubraun gestreift – und mit einer rötlichbraunen Hinterpfote, allerdings der rechten. Das konnte nur Broomstick sein – oder etwa ihr Spiegelbild? Dieses Kätzchen entwickelte nach und nach all die Eigenheiten und Vorlieben seines Ebenbilds: Es entschied sich automatisch für Broomsticks Lieblingsplatz, hatte die gleichen Eßgewohnheiten und lief mir überall nach – so viele Ähnlichkeiten. Und dann – an seinem ersten Geburtstag – fand ich es tot auf. Vielleicht hätte ich mich nicht einmischen sollen; trotz meiner Anstrengungen war es ihm vorausbestimmt, an seinem ersten Geburtstag zu sterben. Ich habe nie wieder von ihm geträumt – doch einmal ist es mir erschienen, und eine Freundin, die bei mir war, kann das bezeugen. Sein Geist huschte quer durch den Raum und löste sich in der gegenüberliegenden Wand auf.«

In der parapsychischen Literatur kann man nachlesen, wie eine gewisse Mrs. Hewat McKenzie, die als Medium bei einer Séance fungierte, und etliche eigens hinzugezogene hochqualifizierte Wissenschaftler die Manifestation eines hundeähnlichen Wesens registrierten, das sich zärtlich einigen Teilnehmern näherte und mit seiner Nase in ihren Taschen herumschnüffelte. Danach erschien der Geist eines kleinen, etwa vierjährigen Jungen, der »Doggie, Doggie« zu rufen begann und dem Publikum zu verstehen gab, daß er den Hund aus dem Jenseits mitgebracht hatte, wo es seine Aufgabe sei, für ihn zu sorgen. Während all dieser Vorgänge befand sich das Medium in tiefer Trance und in einem sogenannten »Kabinett«, das für solche Sitzungen eigens bereitgestellt wird.

Auch Lord Alfred Tennyson (1809–1892) bekundet anhand folgender Zeilen seinen Glauben an die Fortexistenz aller lebendigen Kreaturen:

> That nothing walks with aimless feet
> That not one life shall be destroyed
> Or cast as rubbish to the void
> When God hath made the pile complete.*

Die östlichen Philosophien maßen der Wesensgleichheit aller Geschöpfe eine besondere Bedeutung bei, und der Prophet Mohammed verkündete: »Das wilde Tier und auch der Vogel, der über die Erde fliegt: Sie sind menschenähnliche Wesen wie du und ich.« Katzen hat er besonders geliebt, und es wird erzählt, daß er einmal den Ärmel seines Gewandes abgetrennt hat, nur um seine Katze, die darauf eingeschlafen war, nicht zu stören. Die Fähigkeit zur erweiterten Wahrnehmung und der Glaube an die Einheit alles Lebendigen scheint ein Charakteristikum aller erleuchteten Menschen zu sein. Einer von ihnen – Sri Ramakrishna (1836–1886) zog den Unwillen der Brahmanenpriester auf sich, als er die Speiseopfer vom Altar der Göttlichen Mutter einer hungrigen Katze gab, und der hl. Franziskus bezeichnete die Tiere in seiner Umgebung immer nur als seine kleinen Schwestern und Brüder.

Ganz gewiß stehen uns die Tiere viel näher, als wir ahnen, auch wenn sie nicht über die gleiche Sprache verfügen, doch viele ihrer mentalen Prozesse – wie Angst, Schmerzen oder Zuneigung – unterscheiden sich kaum von den unsrigen, ebenso ihre Emotionen, auch wenn sie ihnen nicht so bewußt

---

* Etwa: »(Denn) niemand schreitet ziellos dahin, / und kein einziges Wesen wird vernichtet werden / oder als wertloses Zeug ins Nichts verstoßen, / wenn Gott sein Werk vollendet hat.« D. Übers.

sind. Vielleicht mühen auch sie sich voran auf dem langen, schwierigen Weg zur Vollendung.

Hierzu fällt mir ein Gedicht ein, das ich vor längerer Zeit einmal gelesen und im Gedächtnis behalten habe (der unbekannte Autor möge mir verzeihen, wenn ich es nicht mehr exakt wiederzugeben vermag). Es handelt vom Tod eines Hundes, der nach klassischer Manier vom griechischen Fährmann Charon über den Fluß Styx ins Totenreich befördert wurde. Charon verzichtete auf seinen Obolus und setzte ihn am jenseitigen Ufer ab. Das Gedicht endet folgendermaßen:

Hier sollst du schnuppern, wenn die Kähne kommen,
dann senk den Kopf und zieh dich stumm zurück,
bis eines schönen Tags, in Hoffen und in Bangen,
dein Ohr erlauscht, was du so lang ersehnt –
die Herrin, die dem Kahn entsteigt,
der du entgegenspringst und nicht mehr von der Seite
weichst.

Ich hoffe, dieser Tag wird kommen.

19

Über Reinkarnation

Voltaire war der Meinung, daß es nicht verwunderlicher sei, zweimal statt einmal geboren zu werden, denn die gesamte Natur sei ständige Auferstehung. Auch die Glaubensvorstellungen der meisten Hexen meiner Bekanntschaft basieren – wie ich es bereits in meinem ersten Buch ausgeführt habe – auf der Theorie der Reinkarnation. Ich habe dabei klargemacht, daß ich selbst nicht hundertprozentig dieser Idee beipflichten kann, was wiederum einige Leser veranlaßt hat, mir zu diesem Thema ihre eigenen Auffassungen darzulegen.

Eine Leserin schrieb mir, daß sie die Konzepte von Karma und Reinkarnation grundsätzlich akzeptiere:

>»Ich weiß von Ihren Schwierigkeiten mit dieser Lehre, aber vielleicht können Sie mir trotzdem helfen, eine Antwort zu finden. Die Position, von der ich ausgehe, ist: ›Was einer sät, muß er auch ernten.‹ Die Grundmuster im Dasein eines Menschen richten sich nach seinen früheren guten oder schlechten Werken. Die Hindernisse sind jedem in den Weg gelegt; wenn er korrekt damit umgeht, entsprechend den ewigen Werten wie Geduld, Mut, Güte, Mitgefühl etc. wird er sie überwin-

den und überdauern – andernfalls kehren die Schwierigkeiten immer wieder zurück und erfordern einen erneu-
ten Anlauf. Sie sind vorherbestimmt aufgrund des früheren Verhaltens, aber der Mensch hat die Freiheit, sich
zu entscheiden, wie er damit umgeht. Er kann diesen
Prozeß durch Meditation, Gebet, Hingabe an Gott und
Menschenliebe beschleunigen und kann lernen, mit den
karmischen Herausforderungen besser fertig zu werden. Ich kann die in Ihrem Buch geäußerte Auffassung
von Karma nicht teilen. Richtig verstanden, dürften
daraus keine Gefühle der Resignation und Hilflosigkeit
entspringen. Im Karma erkenne ich vielmehr die größte
Herausforderung an den einzelnen, die anliegenden
Probleme von Geburt, Armut etc. anzugehen und zu
überwinden. Es ist vielmehr die islamische Lehre mit
ihrer fatalistischen Berufung auf den Willen Allahs, die
mir so gefährlich erscheint. All die Anfechtungen, denen wir uns zu stellen haben – Krankheit, Armut oder
emotionale Nöte – haben einen tieferen Sinn, und ich
frage mich, ob Hexen – indem sie wohltätige Magie
betreiben – nicht allzusehr in Gesetze der Natur eingreifen und einen Menschen unter Umständen der
Möglichkeit berauben, sich in einer schwierigen Situation bewähren zu können? Es gibt auch die Lehrmei-
nung, daß die Ausübung von Magie neues Karma für
den Magier schafft. Wenn Sie sagen, daß viele Hexen an
Reinkarnation und Karma glauben – wie kommen diese
dann mit solchen Problemen zurecht?«

Da ich der Theorie der Wiedergeburt nicht vorbehaltlos zustimmen kann, habe ich solche Fragen bisher nicht als Problem betrachtet. Möglicherweise sagt mir eine Stimme aus

meinem Unterbewußtsein, was ich tun kann oder lassen soll und ob etwas nützlich ist oder nicht. Ich helfe ja keineswegs jedem, der mich darum bittet. Und schließlich befinde ich mich nicht auf dem heiligen Gipfel des Olymp und maße mir auch nicht an, einem von schwerer Arthritis Geplagten zu sagen: »Ich kann deine Schmerzen gut nachfühlen, weiß aber, daß sie zu deinem Karma gehören und darf sie nicht heilen.« Vielmehr befiehlt mir mein Instinkt, zu helfen, wo ich nur kann. Wenn mein Versuch dann wirklich zum Scheitern verurteilt ist, könnte es sein, daß karmische Gesetze im Spiel sind.

Falls andrerseits meine magischen Bemühungen tatsächlich in ein Karma eingreifen, könnte ich mir denken, daß die betreffende Person gemäß der karmischen Gesetzmäßigkeit in Zukunft einer neuen Prüfung unterzogen wird. Was die Gefahr, ein ungünstiges Karma auf mich zu lenken, betrifft, so glaube ich, da es bei allen altruistischen Bestrebungen auf das Motiv ankommt, und meine Sorge gilt eher den augenblicklichen Nöten der anderen Menschen als meinem eigenen zukünftigen Karma.

Meine Freundin June, die von Zeit zu Zeit mit mir über Hellsehen und automatisches Schreiben Verbindung aufnimmt, ist keine ausgesprochene Anhängerin der Wiedergeburtstheorie; in ihrem gegenwärtigen Bewußtseinsstadium verfügt sie vielleicht noch nicht über das entsprechende Wissen. Sie glaubt aber, daß jedes Individuum eine gewisse Beziehung zu einer »Gruppenseele« hat, die nach ihrer Ansicht aus 100 bis 1000 Einzelseelen besteht. Als ich sie zum Thema »Rückführung« befragte, meinte sie, daß Leute, die im Zusammenhang mit oder auch ohne Rückführungstechniken über ein früheres Leben berichten, an das sie sich zu erinnern glauben, in Wirklichkeit die Erinnerungen derer anzapfen, die zu ihrer eigenen Gruppenseele gehören und bereits in das nächste Existenzstadium eingetreten sind.

Nach der Theorie von Frederic Myers (1843–1901), einem großen Parapsychologen, wird der Mensch sich erst auf der vierten Ebene der geistigen Existenz der eigenen Gruppenseele bewußt. Erst dann beginnt das Indiviuum, allmählich an den emotionalen und intellektuellen Erfahrungen seiner Seelenverwandten teilzuhaben. Wo eine Seele noch unentwickelt und zu sehr den irdischen Dingen verhaftet ist, sagt Myers, wird eine Reinkarnation unvermeidlich. Solche Seelen können nur in der irdischen Szenerie, auf die sich ihr ganzes Verlangen zentriert, zur Einsicht der Notwendigkeit von Fortentwicklung kommen. Myers eigene Erfahrungen mit der Mehrheit der Menschen bringt ihn letztendlich zu der Überzeugung, daß jeder Mensch zwei, drei oder gar vier Wiedergeburten erlebt – manchmal sogar noch mehr –, doch den hinduistischen Lehrmeinungen vom »Rad der Inkarnationen«, das eine schier endlose Folge von Wiederverkörperungen bezeichnet, kann er nicht beipflichten. Er glaubt, daß dem Individuum mit Erreichen der vierten geistigen Ebene der Zutritt zu den Lebensweisheiten der Schwestern und Brüder seiner eigenen Gruppenseele gewährt ist, wodurch ihm erspart bleibt, viele weitere Male in den physischen Leib zurückzukehren, um die fehlenden Erfahrungen selbst zu erwerben.

Myers erläutert dies folgendermaßen: »Dank der gemeinsamen Gruppenerfahrung bin ich sodann imstande, das Drama all der irdischen Reisen – sei es als buddhistischer Priester, amerikanischer Kaufmann oder italienischer Maler – im Geist nachzuvollziehen, und brauche sie nicht als körperliches Wesen zu durchleben! Verwandte Seelen vermitteln mir auf meiner irdischen Reise die persönlichen Konsequenzen aus ihren Taten, Gefühlen und Gedanken in allen Einzelheiten, und auf

diese Weise gewinne ich das Wissen über alle typischen Erder-
fahrungen.«

Im gleichen Zusammenhang kommt Myers auf das Karma
und die seelischen Beziehungen zwischen den Mitgliedern
einer Gruppenseele zu sprechen, die nach seiner Erfahrung so
eng sind, daß sich zuweilen das Karma einer Einzelseele spürbar auf das einer andern auswirkt. Er sagt, daß er vor Antritt
seines letzten Erdendaseins die karmische Erfahrung eines
anderen Mitglieds seiner Gruppe, das kurz vor seiner Neuge-
burt gestorben war, übernommen hätte. Er selbst wird nicht
noch einmal zur Erde zurückkehren, aber seine karmische
Erfahrung wird sich an eine jüngere Seele seiner Gruppe
weitervererben.

In jedem menschlichen Wesen laufen zwei Strömungen zusammen: Die eine ist Träger der physischen Eigenschaften
und kommt von den leiblichen Eltern, die andere bringt das
seelische Erbe herbei – teils aus eigenen Verdiensten, teils aus
denen seiner geistigen Verwandtschaft, deren Entwicklung
mit seiner eigenen eng verknüpft ist.

Während einige Einzelseelen die fünfte Seinsebene bereits
erreicht haben können, ist für die Gruppenseele als Gesamtheit diese Stufe erst dann zugänglich, wenn all ihre Mitglieder
die Voraussetzungen dafür erfüllt haben. Es kann vorkom-
men, daß die eine oder andere Seele nicht zur Unsterblichkeit
geeignet oder ihrer unwürdig ist; in diesem Falle wird ihr
Eigendasein ausgelöscht, und ihre wertvollen Erfahrungen
gehen an die Gruppenseele über.

Gelegentlich erzeugt – so sagt Myers – die göttliche Imagination einen Geist, der in engem Kontakt mit seinem Ursprung
bleibt, den langen Weg der Evolution nicht zu beschreiten
braucht und nach seinem irdischen Tod alle Seinsebenen ohne
Zwischenhalt durcheilt, um sogleich in unmittelbare Gemein-

schaft mit Gott inmitten der göttlichen Gesellschaft zu treten – kein Zweifel, daß Christus zu diesen gehörte.

Porphyrios (232–304 n. Chr.), der sich eingehend mit Plotins Werken befaßte, erklärte: »Die Einzelseelen sind verschieden, ohne voneinander getrennt zu sein; sie sind miteinander verbunden, ohne verschmolzen zu sein...« Dies erinnert sehr an Myers' Beschreibung der Gruppenseele.

Aus einigen Beispielen seines automatischen Schreibens können wir interessante Feststellungen zum Themenkomplex Wiedergeburt entnehmen. Myers klassifiziert die Menschen je nach Entwicklungsstufe in »Tiermenschen«, »Seelenmenschen« und »Geistmenschen«, und obwohl er diese drei Klassen nicht genauer definiert, ist es klar, daß mit Tiermenschen jene gemeint sind, deren Interessen weitgehend auf die Gefühlswelt und körperlichen Dinge zentriert sind. Seelenmenschen schätzen viel eher Werte wie Güte, Treue, Schönheit und Liebe, während Geistmenschen seltene Geschöpfe sind, die nur einmal wiedergeboren werden, falls nicht besondere Gründe für eine weitere Inkarnation vorliegen. Tiermenschen müssen anscheinend ständig wiedergeboren werden. Über Seelenmenschen äußert sich Myers wie folgt:

»Die Mehrheit der Menschen reinkarniert zwei-, drei- oder viermal. Doch falls sie einen bestimmten Zweck oder Plan zu erfüllen haben, kann sich diese Zahl auch auf acht oder neun erhöhen. Nähere Angaben sind hier nicht möglich – dazu bin ich nicht autorisiert. Diese kleine Skizze über derartige Seelenreisen zurück zur Erde bezieht sich nur auf meine persönlichen Erfahrungen und Einsichten.

Es gibt keine festgelegten Regeln in bezug auf Reinkarnation; an einem gewissen Punkt ihrer Entwicklung beginnt die Seele die Fakten, die ihre Eigenart bestimmen, zu reflektieren und abzuwägen und mit denen ihrer früheren Erdenleben zu vergleichen. Bei primitiveren Seelen ist diese Meditation eher von Instinkten – einer Art gefühlsmäßigem Denken, welches die Tiefen ihres Seins aufwühlt – bestimmt. Sie können frei über ihre Zukunft entscheiden, erfahren jedoch Hilfe durch ihren Geist, der ihnen den richtigen Pfad anzeigt, und in der Regel beherzigen sie diese Ratschläge.«

Solche Betrachtungsweise erhellt manches, was die Ungleichheiten der Seelen bei ihrer Geburt betrifft – ich denke dabei an einen Chopin oder Mozart, die beide schon in jungen Jahren über einen erstaunlichen Grad an musikalischer Reife verfügten, der sich weder mit Vererbung noch Umwelteinflüssen begründen läßt. Solche Beispiele findet man auch auf dem Gebiet der Mathematik oder als frühkindliche Spiritualität und ästhetische Sensibilität. Immer wieder sprechen ganz vernünftige Leute aufgrund eigener Erfahrungen von Einblicken in frühere Leben, und solche Aussagen kann man nicht einfach als bloße Phantastereien beiseite schieben.

Einer spanischen Zeitung entnahm ich die Geschichte eines zweijährigen Kindes namens Osel Iza Torres aus Granada, in welchem buddhistische Experten die Reinkarnation des Lama Yeshe erkennen. Dieser Junge wurde erst kürzlich zu einem Heiligtum nach Kopan gebracht, wo er formell als Nachfolger des Lamas eingesetzt werden soll, nachdem er zuvor noch vom Dalai Lama in Bodhgaya empfangen wurde.

Der kleine Osel, der noch nicht auf sein Babyfläschchen verzichtet, trägt bereits das Gewand eines Lamas. Sein Vater ist der Sohn eines nach Frankreich emigrierten spanischen Bauern und Anhänger des Buddhismus. Osel wurde in Bubion, einem Dorf bei Los Alpujarras geboren, wo seine Eltern zusammen mit anderen Gläubigen eine religiöse Zufluchtsstätte gegründet hatten. Seine Mutter berichtet uns eine Geschichte aus der Zeit, bevor sie mit Osel schwanger war: »In jenen Tagen hatte ich einen Traum, in dem ich mich in eine Kathedrale versetzt sah. In ihrer Mitte erblickte ich den Lama Yeshe, der – wie ich wußte – zwei Monate zuvor verstorben war. Wir gingen auf ihn zu, und er legte seine Hände auf uns. Ich fühlte in mir ein Strömen wie von den Wassern eines Springbrunnens in der Alhambra – eine tiefe Wohligkeit und Freude. Ein paar Tage später merkte ich, daß ich schwanger war.« Buddhistische Mönche, die nach Los Alpujarras kamen, fanden aufgrund von Prüfungen heraus, daß es sich bei dem Kind um eine Reinkarnation des Lama Yeshe handeln mußte. Als Osel später mit ehemaligen Jüngern des Lamas zusammentraf, kommunizierte er mit ihnen auf erstaunlich hohem Niveau. Sie legten ihm eine Reihe verschiedenartiger Gegenstände vor, und ohne Zögern wählte er denjenigen aus, der einst dem Lama Yeshe persönlich gehört hatte. Dies wurde als Beweis angesehen, daß er tatsächlich die Reinkarnation des verstorbenen Meisters war.

Dr. Ian Stevenson, Leiter eines amerikanischen Forscherteams, ist weltweit bekannt geworden für seine Spezialstudien über Reinkarnation, denn er konnte beachtliche Beweise zur Unterstützung einschlägiger Theorien vorlegen. Viele seiner Fallgeschichten wurden in Indien gesammelt, und einige Einwände wurden dagegen vorgebracht, die sich vor allem auf die Unzuverlässigkeit der Dolmetscher für all die verschiedenen indischen Dialekte und die Vorliebe der Orientalen für Übertreibungen bezogen.

Vor einigen Jahren hat er einen meiner Vorträge in der Universität von Cambridge besucht. Bei dem vorangegangenen gemeinsamen Abendessen habe ich ihn als einen charmanten, aber wortkargen Menschen kennengelernt, und trotz meiner wißbegierigen Fragen, die seine eigenen Vorstellungen über die Wiedergeburt betrafen, ließ er sich nicht zu einer persönlichen Meinungsäußerung verleiten, sondern beharrte auf seiner Objektivität als Wissenschaftler.

Der Autor Jan Wilson vertritt in seinem Werk MIND OUT OF TIME die Auffassung, daß viele der Erinnerungen, die während einer Rückführung an die Oberfläche gelangen, eher unbewußt aufgenommene Informationen und Ereignisse des aktuellen – aber nicht eines früheren – Daseins sind. Um dies zu beweisen, führt er den Fall einer jungen Frau an, die im Verlauf einer Rückführung sich erstaunlicherweise eines mittelenglischen Dialekts – genauer gesagt: der Sprache Geoffrey Chaucers (1340–1400) – bediente, im normalen Zustand jedoch keinerlei Kenntnisse davon besaß und jegliches Interesse daran bestritt. Sie erhielt eine weitere Rückführung – diesmal nicht in ein vergangenes, sondern in das vierte oder fünfte Jahr ihres gegenwärtigen Lebens. Dabei stellte sich heraus, daß sie in dieser Kindheitsphase einmal ihre Mutter in eine Bibliothek begleitet hatte. Während letztere nach einem bestimmten Werk Ausschau hielt, hatte sie zum Zeitvertreib in einem mittelenglischen Text herumgeblättert und – während sie nach Kinderart ein Liedchen vor sich hinträllerte – den Inhalt des Buches unbewußt gespeichert.

Falls der Rückführungstherapeut aus diesen Fakten ihre ungewöhnlichen Kenntnisse abzuleiten glaubt, wie läßt sich dann die Tatsache erklären, daß die junge Frau während des Trancezustandes sogar die schwierige Aussprache des Mittelenglischen beherrschte? Nur wenig Kinder können mit vier oder fünf Jahren einen so ungewöhnlichen Text lesen, immerhin bliebe zur Erklärung die Annahme eines »fotografischen Gedächtnisses« – aber woher wußte sie dann, wie das Gespeicherte auszusprechen war?

In dem bereits erwähnten Buch THE PSYCHIC DETECTIVES von Colin Wilson wird der Fall einer jugendlichen Analphabetin geschildert, die in einem Fieberwahn plötzlich griechische, lateinische und hebräische Sätze formulierte. Darüber war ein junger Arzt so verblüfft, daß er sich für die Vergangenheit des Mädchens zu interessieren begann. Bald hatte er herausgefunden, daß es im Alter von neun Jahren im Haus eines protestantischen Pfarrers wohnte, der die Angewohnheit hatte, sich laut mit seinen fremdsprachlichen Texten auseinanderzusetzen, während er im Pfarrhaus herumwanderte. Das Mädchen hatte natürlich kein einziges dieser Worte bewußt aufgenommen, aber in seinem Gehirn muß irgendeine Art von »Tonbandgerät« alle akustischen Impulse gespeichert haben.

Ich selbst habe kein großes Interesse an irgendeinem meiner Vorleben, doch ich kenne Leute, die angeblich sogar in der »Akasha-Chronik« lesen können. Mit dieser theosophischen Bezeichnung ist ein sogenanntes »Astralgedächtnis« gemeint, in dem alle Ereignisse, Gedanken und Gefühle seit Anbeginn der Welt gespeichert sind. Parapsychisch Begabte sollen in diese Dimension eintauchen, authentische Eindrücke aus x-beliebigen historischen Epochen und natürlich auch Informationen aus früheren Inkarnationen heraufholen können. Mit Hilfe dieser Technik sind einige der theosophischen Beschreibungen von Atlantis zustande gekommen.

In Istanbul bin ich zuweilen Gast einer sehr musikalischen Familie, deren Mitglieder die verschiedensten Instrumente spielen. Bei einem meiner Besuche wurde ich von den betörenden Klängen einer Rohrflöte – von den Derwischen »Ney« genannt – nahezu überwältigt. Ihr hat Rumi, der Gründer des Derwischordens, in seinem Buch MATHNAWI ein Gedicht gewidmet:

Lausche entzückt den Klängen des Rohrs,
dem ein Atem gegeben ward, seit es
dem rauschenden Dickicht entrissen –
Klängen von aufwühlender Liebe und Pein.

Das Geheimnis meines Liedes, obwohl so nah,
kann niemand erkennen, niemand erlauschen.
Oh, wo ist jener Freund, der die Zeichen kennt
und seine Seele der meinen vereint?

Es ist die Flamme der Liebe, die mich entfacht,
es ist der Wein der Liebe, der mich berauscht.
Willst du erlernen, was Liebende fühlen,
lausche, lausche den Klängen des Rohrs!

Ich erinnere mich, daß ich Derwische weinen sah, weil sie so
sehr von der Schönheit des Göttlichen überwältigt waren.
Einer meiner türkischen Freunde, Kaya, der als Geistheiler in
London tätig war, hat mir einst voller Überzeugung erklärt,
daß ich »türkischer«* als er selbst sei, und meinte sogar, daß
ich in meinem letzten Leben eine Türkin gewesen sein müßte,
weil Spuren dieses Lebens immer wieder in mir zum Durch-
bruch kämen.
Ich halte mich gern in den verschiedensten Ländern auf, aber
tatsächlich ist die Türkei meinem Herzen am nächsten, und
ich spüre in mir eine tiefe Resonanz auf ihre Geschichte, ihre
Kultur und ihre Menschen. Als an jenem Abend in Istanbul
die Musik in eine geschmeidige mittelöstliche Melodie über-
ging und ich mich ohnehin sehr entspannt im vertrauten Kreis
meiner türkischen Freunde fühlte, schloß ich mich ganz spontan den wiegenden Bewegungen meiner Gastgeberin an, die

---

* Lois Bourne könnte in der Tat aufgrund ihres äußeren Habitus für eine
  Türkin gehalten werden. Anm. d. Übers.

gerade einen Bauchtanz vollführte. Hinterher bestätigte mir einer ihrer Söhne: »Sie tanzen ja ganz fantastisch! Die meisten englischen Frauen verrenken dabei ihre Bäuche, als ob sie Joghurt anrühren wollten.«

Aber mir erscheint dieses Ereignis gering im Vergleich zu einem späteren Auftritt, der mich heute noch – nach so vielen Jahren – erröten läßt, denn er fand in aller Öffentlichkeit statt. Es war wiederum in Istanbul, wo ich mit einigen türkischen Freunden einen Nachtklub besuchte. Es waren auch Engländer aus meinem Hotel dabei, und der Wein floß in Strömen. Wenn ich Alkohol trinke, genieße ich ihn wie die selige Lady Astor nur in dem Maße, in dem es ein Genuß bleibt, und so war ich auch hier eher angeregt, als berauscht zu sein. Als die betörenden Rhythmen des kleinen Orchesters mich einigermaßen in Stimmung versetzt hatten, sah ich mich wie in Trance das Parkett betreten und zum Tanz ansetzen, als ob ich besessen wäre.

Ich weiß sogar heute noch, daß ich dabei wie von weit her ein Händeklatschen vernahm und türkische Stimmen, die immerzu »Huuuay« riefen, aber diese Laute drangen mir kaum ins Bewußtsein. Das einzige, was es für mich gab, waren die Musik und der Tanz, und mit verzücktem Blick gab ich mich ganz dem Drang hin, den sinnlichen, wollüstigen Rhythmen der Musik Ausdruck zu verleihen.

Der Bann war erst gebrochen, als das Orchester eine Pause einlegte und ich auf ein Meer von Gesichtern und klatschenden Händen blickte. Ich fragte mich, was um alles in der Welt über mich gekommen war. »Lois, du warst super – es war fabelhaft!« riefen mir meine Freunde in all dem Tumult zu. »Deine Augen waren nur halb geöffnet, und du warst in einer anderen Welt!« Vielleicht hat an jenem Abend der Dämon »Duende« – wie die Spanier ihn nennen – von mir Besitz ergriffen, der sich manchmal der Tänzer und Sänger bemächtigt.

Jedenfalls war es eine sehr ungewöhnliche Situation, die sich hoffentlich nie wiederholt. Als mich später im Hotel die Engländer umringten und mich ausfragen wollten, wo ich das Bauchtanzen gelernt hätte, konnte ich guten Gewissens sagen, daß es mir selbst ein Rätsel sei. Am Ende könnte Kaya doch recht haben, wenn er meint, daß ich in meinem letzten Leben eine türkische Tänzerin war.

Rosemary Brown, die Verfasserin von MUSIK AUS DEM JENSEITS, die mit verstorbenen Komponisten auf parapsychischem Wege kommuniziert, befragte einst Franz Liszt um seine Meinung über Reinkarnation. Er antwortete, daß sie sich etwas von dem, was auf Erden darüber gesagt würde, unterscheide:

> Was wirklich geschieht, gleicht eher dem Ausschlagen eines jungen Triebes auf einem Baum oder einer Pflanze. Ihr auf der Erde haltet euch für komplette Wesen – doch nur ein Teil von euch manifestiert sich als physischer Körper und Verstand. Der Rest verbleibt im geistigen Bereich, ist jedoch mit euch verknüpft und bildet mit euch eine Einheit.

Diese Theorie bestätigt die Auffassungen Dr. Paul Bruntons in seinen verschiedenen Werken über die Bedeutung der Überseele.

Liszt sagte ferner:

> Stelle dir die Struktur eines Atoms vor, dessen Kern aus Protonen und Neutronen zusammengesetzt und von Elektronen umgeben ist. So etwa ließe sich die Seele

erklären. All diese einzelnen Teilchen werden vom Kern – sprich: Seele – zusammengehalten, welche in eurer Welt in Gestalt vieler Einzelpersönlichkeiten erscheinen kann. Vertreter der Reinkarnationslehre sehen in ihnen bloße Inkarnationen, aber sie gehören alle zu einer Seele, und diese kann darüber entscheiden, welche ihrer Teilchen sie manifestieren will.

Die Reinkarnation kann im Diesseits nie wirklich nachgewiesen werden. Dies bleibt – wie auch die Religion – stets eine Sache des persönlichen Glaubens. Die Gegner der Theorie können geltend machen, daß bei Rückführungen lediglich romantische Fantasien produziert werden, die vielleicht auf Kryptoamnesie beruhen – einem Geisteszustand, bei dem irgendwann aufgenommene visuelle Eindrücke (z. B. Filme oder Bücher aus der Kindheit) sich dem Unterbewußtsein einprägen. Andererseits könnten die Aussagen der Rückgeführten sich auf Erinnerungen, die von Ahnen ererbt wurden, gründen. Einblicke in frühere Existenzen, die uns in veränderten Bewußtseinszuständen überkommen, könnten blitzartige Erkenntnisse aus der kosmischen Geisteswelt sein, zu der wir alle in Augenblicken erhöhter Wahrnehmungsfähigkeit Zugang haben.
Die Anschauungen von Liszt sind im Einklang mit esoterischen Lehren, wenn er sagt, daß der Mensch als Geist mit Körper – und nicht als Körper mit Geist – zu verstehen ist. Der Geist manifestiert sich im Körper, um Erfahrungen in der materiellen Welt zu gewinnen, und so ist diese Welt eine Vorbereitung auf das zukünftige Leben. Da nur Teile unserer Gesamtseele in den Körper eingehen, befindet sich unser wirkliches Zuhause jetzt schon im höheren Reich des Spirituellen.

Im 17. Jahrhundert wurde dieser Gedanke von Henry Vaughan, einem Mystiker und Poeten, in folgenden Zeilen ausgedrückt:

> Der Mensch lebt in Müh' oder Tändelei
> ohne Wurzeln und festen Ort,
> stets rastlos, mal hier und mal dort.
> Er hastet und rennt auf Erden umher.
> Er spricht vom Zuhause und kennt es nicht mehr
> und sagt, es wäre so fern,
> daß er den Weg nicht mehr weiß.

Die unaufhörlich fortschreitende Zeit wird uns sicher nach Hause geleiten.

20

Kommunikation mit Verstorbenen

Obwohl ich mich nicht als Expertin für das Jenseits betrachte, habe ich doch im Verlauf der Jahre einiges Wissen erworben, spirituelle Kontakte hergestellt und bestimmte Erfahrungen gemacht, aus denen sich verheißungsvolle Rückschlüsse ziehen lassen. Wenn mir von unheilbar Erkrankten oder auch Hinterbliebenen Fragen nach dem Jenseits gestellt werden, teile ich zunächst meine eigenen Erlebnisse mit ihnen, damit sie Trost daraus schöpfen mögen. Die Trauernden werden ihre Situation ganz anders betrachten, wenn sie wissen, daß der Mensch, der sie scheinbar verlassen hat, in einer Welt fortexistiert, deren Schönheit unsere Vorstellungskraft bei weitem übersteigt, und den Sterbenden kann ich versichern, daß die Veränderung, die wir Tod nennen, nichts ist, vor dem wir uns fürchten müssen. Er ist ein ebenso natürlicher Prozeß wie die Geburt und lediglich der Übergang in ein vollkommeneres Sein.

Insofern meine Informationen korrekt sind, wurden wir jahrhundertelang durch die Anmaßung der institutionalisierten Religionen, alleinige Vermittler des ewigen Heils zu sein, irregeführt und durch ihre Drohungen mit dem Höllenfeuer eingeschüchtert. Für welchen Glauben auch immer wir uns auf Erden entscheiden, ist in der Tat ohne Belang für unser Befinden unmittelbar nach dem Tod. Fünf Minuten nach dessen Eintritt ist ein Mensch immer noch derselbe wie fünf Minuten davor, und auch die Beichte und letzte Ölung ändern überhaupt nichts an seiner zukünftigen Bestimmung, die er bereits durch seine irdischen Aktionen vorprogrammiert. Es ist eine sehr heilsame Vorstellung, daß wir während unserer Lebzeiten Tag für Tag selbst – wenn auch kaum bewußt – an unseren Seinsbedingungen im jenseitigen Leben arbeiten.

Abgesehen von den Mitteilungen, die ich von Mitgliedern meiner eigenen Familie aus dem Jenseits erhalte, haben mich auch eine Reihe wertvoller Informationen von einer vor etwa 15 Jahren verstorbenen Freundin erreicht. June und ich standen uns immer sehr nahe, und als sie im Alter von 40 Jahren an einer Blutkrankheit verstarb, war ich lange Zeit sehr bekümmert und vermißte vor allem die tiefschürfenden Gespräche über so ziemlich alle Dinge zwischen Himmel und Erde. Als kleines Mädchen hatte sie eine schwere Kinderlähmung durchgemacht, von der eine Paralyse und Schrumpfung des linken Arms zurückblieben – eine Behinderung, mit der sie dennoch zu leben wußte.

Eines Tages erschien sie mir während einer Meditation als eine in überirdisches Licht gehüllte Gestalt, die mit klarer Stimme meine Aufmerksamkeit auf sich zog: »Sieh dir meinen Arm an, er ist wieder völlig in Ordnung!« Im übrigen war sie fast dieselbe wie früher, nur ihre auffällig schmale Figur hatte ein wenig mehr Form angenommen. Unverändert waren jedoch ihr Elfengesicht und ihr kurzgeschnittenes Haar.

Seit diesem Tag hat sie sich immer wieder mit mir in Verbindung gesetzt. Unsere Kommunikationen erstreckten sich über mehrere Monate. Manchmal sah ich sie auf hellseherische Weise, gelegentlich bediente sie sich meiner als Medium für automatisches Schreiben – entweder indem sie meine Hand führte oder indem sie eine Methode anwendete, die »Überschattung« (»Overshadowing«) genannt wird, wobei ich nach einem Gebet um Beistand nichts anderes zu tun hatte, als mich vor die Schreibmaschine zu setzen und meine Finger in die richtige Ausgangsstellung zu bringen.

Das sogenannte »automatische Schreiben« ist eine höchst seltsame und schwer zu erklärende Sache. Die Schrift ist sichtbar und lesbar, aber der geistige Informant und Motor, der die Feder oder Schreibmaschinentasten dirigiert, ist mittels der fünf Sinne nicht erfaßbar. Viele Bücher sind bereits auf diese Weise entstanden – zu den bekanntesten Beispielen gehören die Patience-Worth-Serie, deren Medium eine amerikanische Hausfrau aus dem Mittleren Westen war, und die faszinierenden Geschichten des Neuen Testaments, nach Diktat geschrieben von Geraldine Cummins. Auch die amerikanische Autorin Ruth Montgomery erhält nach dem Prinzip des Überschattens auf ihrer Schreibmaschine Nachrichten aus der geistigen Welt.

Die Zweifler an der Möglichkeit derartiger Kommunikationen zwischen Lebendigen und Toten sehen im Unbewußten die Quelle all dieser Informationen, andere in einem höheren, überbewußten Selbst, welches – wie sie glauben – aufgrund einer Art allesdurchdringender außersinnlicher Wahrnehmung Zugang zu jeglichem Wissen hat.

Ich kann – was die Sache mit June betrifft – keiner dieser Theorien beipflichten. Ich bin absolut überzeugt, daß sie es war, die mir wiederholt Botschaften aus dem Jenseits zukommen ließ, auch wenn ich zugeben muß, daß sie manchmal überhaupt nicht mit meinen persönlichen Vorstellungen zu vereinbaren sind. Trotzdem möchte ich sie hier wiedergeben – allein schon aus Gründen der Ehrlichkeit. Ich hoffe, daß ich auf diesem Wege zur Verbreitung so ungewöhnlicher Informationen beitragen und die Aufmerksamkeit wenigstens einiger Leser darauf lenken kann.

Ich habe June allerlei Fragen gestellt, die sie mir nach bestem Wissen beantwortet hat, wobei sie selbst stets die Einschränkung machte, daß ihre Aussagen auf rein subjektiven Erfahrungen und den Meinungen beruhten, die von Personen ihrer Umwelt geäußert worden waren. Einige Dinge wußte sie selbst nur vom Hörensagen, und wenn sie bei der Beantwortung ganz gezielter Fragen darauf Bezug nahm, geschah dies immer unter dem Vorbehalt, daß sie sich über die Korrektheit ihrer Informationen nicht absolut sicher sei.

Junes Tod ereignete sich kurz nach dem ihrer Mutter. Die Beziehung zwischen den beiden war zeit ihres Lebens ziemlich gespannt, und so war es nur natürlich für mich, sie zu fragen, ob sie der zuvor Verstorbenen sogleich begegnet wäre. Sie antwortete:

»Ja, sie war gleich bei meiner Ankunft zusammen mit ihren Eltern, einer Tante und einem Onkel zugegen. Wie du weißt, war ich zuvor ziemlich krank gewesen, und mein geistiger Leib war sehr geschwächt. Es war, als ob ich auf der Stelle eingeschlafen wäre, und als ich wieder aufwachte, wußte ich nicht, wo ich war. Ich fand mich in einem hellen Raum wieder, von Blumen umgeben, die Fenster waren weit offen, und ich konnte auf eine herrliche Landschaft hinausblicken, die bis zum Horizont reichte. Meine Mutter und andere Verwandten saßen bei mir am Bett – zuerst hab' ich sie gar nicht erkannt, denn sie waren viel jünger, als ich sie in Erinnerung hatte. Da erst fiel mir ein, daß meine Mutter ja gar nicht mehr lebte und daß dies alles nur ein Traum sein konnte. Ich fühlte mich noch ein bißchen schwach, aber die Schmerzen waren vorbei, und es ging mir so gut, wie schon lange nicht mehr. Tatsächlich befand ich mich in einer Art Erholungsheim und blieb auch hier, bis ich mich wieder gesund fühlte. Ich muß gleich hinzufügen, daß alle, die hier leben, so ziemlich gleich alt sind. Das hört sich ein wenig komisch an, in Wirklichkeit ist es so, daß, wenn alte Leute hier ankommen, sie nach und nach immer jünger werden, bis sie in die besten Jahre ihres Lebens zurückversetzt sind. Was mich betrifft, so starb ich ja in der Blüte meines Lebens und bin deshalb auch dieselbe geblieben.

Das bedeutet jedoch keineswegs, daß wir alle gleich alt aussehen. Dies ist sehr schwer zu erklären, aber die Erfahrungen der Erdenjahre drücken sich irgendwie in den Gesichtern aus. Ich kann es dir nicht beschreiben, es ist eine sehr subtile Angelegenheit.«

Ich fragte June, was mit den Babys und Kleinkindern oder den Embryos geschieht, wenn sie sterben, und sie antwortete:

»Sobald nur ein Fünkchen Leben in ihnen ist, haben sie auch einen geistigen Leib und werden wie alle Verstorbenen empfangen. Es gibt Frauen, die eigens dafür ausgebildet sind. Babys und Kinder reifen schnell heran, und weil sie kaum von irdischen Verhältnissen geprägt sind, durchlaufen sie die einzelnen Sphären viel schneller. Sie werden mit besonderer Sorgfalt und Liebe großgezogen und ausgebildet.«

Ich fragte: »Und wo genau – von der Erde aus betrachtet – befindest du dich denn jetzt?«

»Wie mir gesagt wurde, gibt es hier sieben Sphären, und von der Erde aus gesehen, bin ich in der zweiten. Wenn ich will, kann ich die erste besuchen, aber nicht die nächsthöhere, dazu bedarf es noch einiger Fortschritte. Zwar gibt es keine realen Grenzen, die mir den Weg versperren würden – man spürt sie einfach auf ganz natürliche Art. Es ist so, daß meine eigenen Schwingungen mit denen der jetzigen Sphäre harmonieren, und die Leute in meiner Umgebung haben alle ähnliche Ansichten, Verhaltensweisen und Neigungen, so daß ich mich hier sehr wohl fühle. Die aus den höheren Sphären können uns hier besuchen und tun es auch. Im Verhältnis zur Erde bin ich weder oben noch unten, und die beiden Welten durchdringen einander, so daß wir euch ganz nahe sind. Doch stehen wir uns gegenseitig auch nicht im Wege, weil wir unterschiedliche Schwingungen haben. In gewissen Augenblicken kannst du mich sogar sehen oder einige Eindrücke meiner jetzigen Welt empfangen, weil du über höhere Schwingungen verfügst – das ist es ja, was dich hellsichtig macht. Man könnte es so erklären: Wenn jemand versuchen würde, die einzelnen Speichen eines Rades zu erkennen, das sich mit hoher Geschwindigkeit dreht, wird ihm das nicht gelingen; das geht erst, wenn die Umdrehungszahl entsprechend reduziert ist.«

Es gab noch so viele Fragen, die ich June stellen wollte, und die nächstliegende war: »Kannst du mir deine unmittelbare Umgebung beschreiben?«
Als June noch am Leben war, hatte sie ihren Wohnsitz in London, und weil ich auf dem Lande lebte, kam sie besonders gerne zu mir. Sie antwortete:

»Ich befinde mich in einer Sphäre, die praktisch grenzenlos ist, und dennoch habe ich ein kleines Häuschen in einer quasi ländlichen Umgebung, ganz so, wie ich es mir auf der Erde erträumt habe. Als ich hier ankam, stand es schon da und wartete auf mich. Ich habe auch einen kleinen Garten, in dem die schönsten Blumen blühen – und das Besondere daran ist, daß sie niemals welken. Und weil ich mich früher immer mit schönen Bildern und Dekorationen beschäftigt habe, fand ich auch diese Wünsche erfüllt. Das alles kann ich behalten, solange ich nur will. Ich lebe allein, aber kann meine Freunde und Verwandten jederzeit sehen. Du weißt, ich war stets auf mich selbst gestellt und habe das auch genossen. In dieser Hinsicht bin ich noch immer dieselbe wie früher. Ich muß nochmals betonen, wie natürlich ich meine neue Umgebung empfinde, sie ist mir so vertraut, wie mein irdisches Zuhause – und mehr noch: Sie ist ohne all die Unzulänglichkeiten eurer Welt. Wir leben hier sozusagen ganz ›normal‹ und tun viele Dinge, an die wir von jeher gewöhnt sind. Ich habe C. gesehen; er ist so beschäftigt wie immer, und hier ist er ganz in seinem Element, da er endlich Zugang zur alten Geschichte hat und die Richtigkeit seiner Forschungsergebnisse überprüfen kann.«

C. war ein Archäologe und unser beider Freund. Er hielt nichts von oberflächlicher Konversation, man sprach mit ihm über altägyptische Kulturen – etwas anderes kam gar nicht in Frage. June erklärte:

»Wir haben hier etwas Vergleichbares für das, was ihr auf Erden ein Museum nennt, und man kann sich dort über die Entwicklung der Menschheit von ihren frühesten Anfängen an informieren. Die Geschichte jedes Volkes spielt sich wahrheitsgetreu vor unseren Augen ab – nicht so, wie die Bücher es darstellen, sondern wie es wirklich geschehen ist.«

Und sie fuhr fort:

»Die Sphäre, in der ich mich befinde, ist relativ nah zur Erde, und wir tragen noch viele alte Gewohnheiten und Erinnerungen mit uns herum. Je weiter wir vorankommen, desto mehr streifen wir davon ab. Doch hier haben wir die Möglichkeit, unsere glücklichsten irdischen Erfahrungen noch einmal nachzuvollziehen – nicht etwa als Traum, sondern ganz real –, und können so die schönsten Stunden neu erleben, die wir mit denen teilten, die jetzt noch auf der Erde sind.«

Ich fragte, wie lange ein Individuum braucht, um in die nächste Sphäre zu gelangen. June sagte:

»Ich weiß, es ist schwer zu begreifen – aber das, was ihr ›Zeit‹ nennt, existiert hier überhaupt nicht, und ich habe schon Leute getroffen, die nach irdischen Maßstäben möglicherweise seit hundert Jahren hier leben – jedenfalls schilderten sie die Erde so, wie sie damals gewesen sein muß. Sie haben hier alles, was sie sich nur wünschen, für sie ist diese Sphäre der wahre Himmel, daher haben sie gar kein Verlangen, weiterzukommen. Hier darf sich jeder nach seinen eigenen Gegebenheiten und ganz ohne Zwang entwickeln.

Doch ich stelle auch fest, daß die eine oder andere

Person eine plötzliche Unruhe entwickelt, weil sie in ihrer Entwicklung vorankommen möchte, und wenn das geschieht, sind auch die Möglichkeiten dazu gegeben.«

»Und wie geht das vor sich?« fragte ich. June antwortete:

»Es gibt Kontakte mit Geistwesen aus höheren Bereichen, die sich uns aber keineswegs aufdrängen. Dorthin können wir Gedanken aussenden, die bei ihnen Gehör finden. Ihr Bereich ist die Welt des Geistes, in der die Gedanken lebendige Wesen sind. Wir sprechen miteinander, doch anders als auf der Erde. Es ist eine telepathische Kommunikation, wo der wahre Inhalt unseres Denkens und Fühlens nicht durch Worte verfälscht werden kann. Wir müssen lernen, unser Denken zu disziplinieren, da die Geister der höheren Sphäre all unsere Gedanken zu lesen vermögen.

Andererseits bleibt auch uns nichts verborgen, was die irdischen Wesen über uns denken und fühlen. Sie können uns durch ihre Liebe und Anhänglichkeit sehr erfreuen, andernfalls aber auch verletzen, wenn sie uns Böses nachsagen. So bestätigt sich die alte Weisheit: ›Rede nie schlecht über die Toten.‹ Genauso sind wir uns ihrer Gebete bewußt, und es ist wichtig, daß sie für uns beten. Es hilft uns auf unserem weiteren Weg, es tröstet uns, zu wissen, daß wir nicht vergessen sind. Auch ich spüre die Gebete, die du für mich sprichst.«

Ich versuchte, etwas über Junes Lebensweise zu erfahren. Sie sagte:

»Wie du weißt, war ich immer am liebsten für mich allein und bin es auch heute noch. Es gibt hier riesige Bibliotheken mit den besten Werken der Weltliteratur. Ich lese und male – besser, als ich es jemals auf Erden konnte. Ich besuche Kunstgalerien und Museen und vergleiche meine unbedeutenden Malversuche mit denjenigen der großen Meister, die auch hier ihre Arbeit fortsetzen. In dieser Sphäre gibt es ferner großartige Gebäude, in denen Vortrags- und Konzertsäle untergebracht sind, die für vielerlei Aktivitäten Verwendung finden. Um im Himmel glücklich zu sein – so hast du einmal zu mir gesagt –, müßte es dort ›Orchesterkonzerte und Rosen‹ für dich geben; beides kannst du hier finden. Außerdem werden hier Vorträge über die verschiedensten Themen von Experten, die sich schon auf der Erde damit befaßt haben, gehalten und Symphoniekonzerte sowohl mit traditioneller Musik als auch mit Kompositionen aus höheren Sphären veranstaltet.

Mein Leben besteht nicht nur aus Ruhe und Entspannung – gewissen Leuten mag das im Augenblick genügen. Doch ich war schon immer eine aktive Person mit unersättlichem Wissensdrang und befinde mich hier in einem regelrechten Lernprozeß. Auch sind mir bestimmte Pflichten auferlegt – zum Beispiel beim Empfang von Neuankömmlingen. Das ist eine schier endlose Aufgabe, für die immer Helfer gesucht werden.

Im übrigen muß ich gelegentliche Reisen in andere Teile meiner jetzigen Sphäre unternehmen, die jeweils verschiedene irdische Orte oder Daseinsaspekte repräsentieren, so daß ich immer hinzulerne und neuen Menschen, aber auch Freunden von früher begegne. Ich habe J. (einen beiderseitigen Freund) getroffen; diese

Welt war für ihn ein ungeheurer Schock, da er – wie du weißt – ausgesprochen areligiös und zeitweise sehr gottlos war und nie an ein Leben nach dem Tod glauben wollte. Es hat ihm große Mühe gekostet, sich hier allmählich zurechtzufinden, aber seine Eltern, die ebenfalls hier sind, haben ihm sehr geholfen.

Erinnerst du dich, wie gerne ich früher auf Reisen gegangen wäre, aber nie die Möglichkeit hatte, all das zu sehen, wohin es mich zog? Nach einiger Praxis gelingt es mir hier, meine Schwingungen so weit zu reduzieren, daß ich – wie auch andere – auf die irdische Ebene herabsteigen und all die Gegenden besuchen kann, die mich interessieren. Für uns Geistwesen ist der Ausspruch, daß man erst nach seinem Tod dazukommt, die Erde kennenzulernen, zu einer reinen Binsenwahrheit geworden! Und wir können es tun, ohne daß uns die Füße schmerzen, und ohne irgendwelche Ermüdungserscheinungen. Diese Sphäre ist so reich an Wundern, daß – wie mir scheint – eine Ewigkeit nicht ausreicht, um sie kennenzulernen. Doch heißt es, daß ich mich selbst ändern werde und mir eines Tages wünsche, in eine höhere Sphäre zu gelangen.«

Ich fragte June, wie sie es anstelle, wenn sie die Erde besuchen wolle.

»Dies hier ist eine rein geistige Sphäre, und du wirst mir kaum glauben, daß ein bloßer Wunsch in Form einer mentalen Anstrengung genügt, um mich an jeden beliebigen Ort der Erde zu versetzen. Sicherlich bedurfte es zunächst eines gewissen geistigen Trainings, um meine Wünsche zu disziplinieren – einer Konzentration auf

Zeit und Ort meines Vorhabens; ein zügelloses Herumschweifen meines Geistes zu Plätzen der angenehmsten Erinnerungen könnte mich im unpassenden Moment an alte Orte meines Erdendaseins bringen.«

»Bewegst du dich immer auf Geisterweise – oder kannst du auch ganz normal zu Fuß gehen?« wollte ich wissen.

»Natürlich gehe ich oft zu Fuß, sonst würde ich ja viele schöne Dinge in dieser Welt niemals genießen können. Ich gehe sogar schwimmen. Es gibt hier viele große und kleine Seen, auch Meere und Ozeane – genauso wie auf der Erde – und auch Boote und Schiffe. Das Wasser ist kristallklar. Und wenn wir nach dem Baden an Land gehen, brauchen wir uns nicht abzutrocknen – das Wasser löst sich einfach vom Körper ab.«

»Gibt es auch Familienfeste?« fragte ich June.

»O ja«, sagte sie, »Familien, die harmonisch zusammenpassen, treffen sich in kleinen Gruppen – manchmal zu einer Feier, oft auch, um ein neues Familienmitglied zu begrüßen, das gerade von der Erde kommt. Verwandte, die sich nicht mögen, leben auch hier getrennt – ihre Antipathie hält sie auf Abstand. Liebe ist der alles entscheidende Faktor. Wo immer sich Leute gern haben, kommen sie auch zusammen und bleiben beieinander, solange es ihnen gefällt. Unglücklich verheiratete Paare gehen sich aus dem Weg, es sei denn, beide Teile hätten den Wunsch zur Aussöhnung und zu einem neuen gegenseitigen Verständnis. Und da ist noch etwas, das dich besonders interessieren wird: Es gibt Menschen, die tatsächlich in der Lage sind, während des Schlafs spirituelle Reisen in unsere Sphären zu unternehmen, die ihnen als Traumfragmente in Erinnerung bleiben. Auf diese Weise können frühzeitig verstorbene Kinder ihre irdischen Eltern hier wiedersehen. Auch umgekehrt werden Kinderseelen von erfahrenen Geistern zu ihren Eltern auf die Erde gebracht – und all dies bewirkt, daß sie bei einer späteren Wiedervereinigung sich nicht als Fremde gegenüberstehen.«

Mir kam plötzlich die Idee des Jüngsten Gerichts in den Sinn, wie sie von orthodoxen Religionen gelehrt wird. Zu meiner Überraschung erhielt ich folgende Antwort:

»Soviel mir bekannt ist – und das gilt zumindest für die Sphäre, in der ich mich jetzt befinde –, gibt es kein Jüngstes Gericht, falls du damit das Erscheinen vor Gottes Thron meinst und das Eingeständnis deiner Sünden. Ich kann nur aus meiner persönlichen Erfahrung sprechen. Jedenfalls ist es jedem Neuankömmling gestattet, sich hier niederzulassen, was eine enorme Anstrengung erfordert, bis ihm die Anpassung gelungen und der Abschied von allem bisher Vertrauten gemeistert ist. Denn nach wie vor erkennt er sich als ein lebendiges Wesen, wenn auch in einem perfekten Körper, befreit von allen Mängeln des irdischen Leibs und gesünder als je zuvor.

Manche Leute, die hier ankommen, bilden sich ein, sogleich vor Gottes Angesicht zu stehen, andere glauben, es müßten ihnen Flügel wachsen und sie könnten von nun an auf einer Wolke sitzen und ihre Zeit mit Harfenspielen verbringen. Für viele ist es ein riesiger

Schock, sich in einer ganz natürlichen Umgebung wiederzufinden, die – wenn auch von großer Schönheit – der irdischen in vieler Hinsicht sehr ähnlich ist, trotz einiger ungewohnter Aspekte. Sie brauchen viel Zeit, um sich hier anzupassen – und ich benütze dieses Wort mit Vorbedacht, da es bei uns keine Uhren gibt. Was mich persönlich betrifft: Ich habe früher weder an ein Leben nach dem Tod geglaubt noch es für völlig undenkbar gehalten. Wie du weißt, war ich nie besonders religiös eingestellt. So war es für mich eine ziemliche Überraschung, den Wechsel, den man mit ›Tod‹ bezeichnet, überlebt zu haben. Und ich war auch erfreut. In unserer Sphäre gibt es höhere Wesen, die uns helfen, beraten und instruieren, und wenn sie der Meinung sind, daß der richtige Augenblick für eine Analyse der irdischen Vergangenheit gekommen sei, nähern sie sich dem Neuankömmling; falls sich beide Seiten in diesem Punkt einig werden, kann der kritische Rückblick beginnen.

Die Erinnerung an das Erdenleben ist im Unterbewußtsein, welches den körperlichen Tod überdauert, gespeichert. Sie ist nach wie vor lebendig und abrufbar und umfaßt alle wichtigen Einzelheiten. Wie ich schon erklärt habe, gibt es eine ganze Reihe höher entwickelter Geister, die uns betreuen, doch stets ist einer dabei, der uns besonders nahesteht – man könnte ihn als das wohlmeinende Spiegelbild all unserer besten Absichten und Sehnsüchte bezeichnen.

Dieser persönliche Schutzgeist und liebevolle Helfer hat uns – wie mir erklärt wurde – bereits beim Eintritt ins Erdenleben zur Seite gestanden. Er ist auch derjenige, der uns begleitet, wenn wir mit dessen Überprüfung beginnen.

Dabei wird uns bewußt gemacht, wie sich unsere Taten und Worte auf die Mitmenschen ausgewirkt haben, wie wir gebotene Gelegenheiten verschenkt, Unnötiges getan und Nötiges unterlassen haben. Jede schlechte Gewohnheit, jedes Laster, jedes habsüchtige, eigennützige und unüberlegte Verhalten wird uns bewußt gemacht – in der Tat, eine ziemlich ernüchternde Bilanz. Jedes gütige Entgegenkommen, jeder hilfreiche Akt und alle selbstlosen Erwägungen erstrahlen dabei wie Juwele und helfen uns, das unvermeidliche, irdische Schuldenkonto zu erleichtern und aufzuwiegen.

Der liebende Geist, der uns durch diese Rückschau hindurchgeleitet, ist kein Richter über Gut und Böse. Das besorgen wir selbst, und da sind wir gar nicht so zimperlich in Anbetracht der hohen Stufe, die wir im Leben hätten erreichen können. Jede Kränkung und jeden Schmerz, den wir anderen zugefügt haben, erfahren wir auf traumatische Weise an uns selbst. Doch alle guten Gedanken, Gebärden und Taten im Dienst der andern sind wie ein Balsam auf diese Wunden, denn wir können ihre Wirkungen nachvollziehen.

Man erwartet von uns keine Reuetränen und nachträgliches Bedauern. Es genügt, wenn wir sagen: ›So war es, und das habe ich getan‹; es genügt, unsere Fehler, unsere Schwächen und unseren wahren Charakter einzugestehen – darüber hinaus läßt sich manches wiedergutmachen. Auch dazu werden wir angeleitet.

Der Durchschnittsmensch, der sein Leben auf gewöhnliche und anständige Weise verbracht hat, braucht keine Verurteilung zu fürchten. Allerdings spreche ich nur von der Sphäre, in der ich mich jetzt befinde. Andernorts mag es anders sein, aber das glaube ich nicht. Wir sind hier in keiner sadistischen Welt, in der uns eine endlose Reue abverlangt würde. Die Erde ist eine Art Schulzimmer, und Schulkinder müssen eben aus Fehlern lernen.

Zu den Schwächen, die mir persönlich bewußt wurden, gehörte ein gewisser Egoismus als Teil meines Charakters. Ich war eine sehr eigenständige Person, die sich nicht besonders um allgemein menschliche Nöte kümmerte und mit anderen Leuten wenig zu tun haben wollte. Ich muß zugeben, daß ich mich manchen verweigert habe, denen ich vielleicht hätte helfen können. Ich habe hier gelernt, wie ich mich aktiv für das Wohl derjenigen Mitglieder meiner Familie einsetzen kann, die sich noch auf der Erde befinden, und werde ihnen nach ihrem Tod den Übergang in dieses Dasein erleichtern. So nütze ich obendrein meiner eigenen spirituellen Entwicklung.«

21

Weitere Kommunikation mit Verstorbenen

Junes Darstellungen des jenseitigen Lebens klangen für mich ermutigend und tröstlich, besonders ihre Passagen über die freundliche Aufnahme des durchschnittlichen Sterblichen. Als ich sie – neugierig geworden – über das Schicksal der hiesigen Übeltäter befragte, erhielt ich folgende Informationen:

»Man hat mir gesagt, daß es auch niedrigere Bereiche gäbe, die eigens für solche Leute bestimmt sind. Übeltäter, Mörder, herzlose Quälgeister und dergleichen schaffen sich schon auf Erden ihre Bedingungen für die jenseitige Welt. Ihre Sphäre ist dunkel und voll Gestank, und sie können es nicht lassen, sich auch hier wie wilde Tiere gegenseitig anzufallen, und machen so weiter, bis sie vielleicht einmal zur Einsicht kommen und ihrer Reue Ausdruck verleihen. Auch zu ihnen steigen eigens ausgebildete Geistwesen aus höheren Bereichen herab, um dort nach einem Funken spiritueller Bedürfnisse Ausschau zu halten. Zeigt sich ein solcher bei dem einen oder anderen, so kann ihnen geholfen werden. Es ist wichtig zu wissen, daß niemand ungeschoren davonkommt. Irgendwann nähert sich die Stunde der Abrechnung – wenn nicht auf Erden, dann in dieser Welt.«

Ich wollte wissen, ob wir in ihrer Welt neue Fähigkeiten entwickeln, die über unsere fünf Sinne hinausgehen. Sie sagte:

»Unser Sehvermögen ist hier in der Tat beträchtlich erweitert und erlaubt uns, sowohl die Zukunft als auch die Vergangenheit zu überblicken, so, wie es dir jetzt schon zu einem gewissen Grad vergönnt ist, da dein Schwingungsniveau höher als normal liegt. Wir können auch die Vorgänge auf der Erde beobachten, und mit unserem Eintritt in neue, größere Dimensionen verstärken sich diese Fähigkeiten. In eurer Welt sind die Energien oder Schwingungen viel schwächer als in der unsrigen, und mit jeder höheren Sphäre geht eine Steigerung einher. Die Existenz des Kosmos ist an die Existenz des Menschen – sein umfassendes Verständnis – gebunden; ohne dieses Begreifen wäre das Universium ein leeres Nichts. Der Schöpfer ist identisch mit Geist und Wille und hat die Schönheit in all ihren Formen hervorgebracht, damit wir sie durch unsere Sinne genießen. Ich bin in meiner Entwicklung noch nicht weit genug fortgeschritten, um die Sphären über mir zu betreten, doch ich kann dir bereits versichern, daß sie nicht aus unantastbarer Heiligkeit bestehen. All die Dinge hier bleiben ganz natürlich – einschließlich Frohsinn und Humor – in einer Art, die uns sehr vertraut ist. In den höheren Sphären erfahren wir mehr über spirituelle Werte. Wir befassen uns stets mit dem uns Gemäßen, mit allem, was wir im gegenwärtigen Augenblick zu begreifen vermögen, und ich bin sehr zufrieden, mich meines jetzigen Daseins in dieser Sphäre erfreuen zu können.«

Ich fragte June: »Wie vollzieht sich der Übergang in eine höhere Sphäre?« Ihre Antwort war:

»Hier sagt man, es wäre eine Art zweiter Tod – doch nur in dem Sinne, daß unser Bewußtsein vorübergehend aussetzt und unser jetziger Leib sich auflöst, um durch einen neuen mit höheren Schwingungen ersetzt zu werden, die uns automatisch in die nächsthöhere Sphäre versetzen.«

»Und was kannst du mir über den Schöpfer erzählen?«

June entgegnete: »Gott ist ein Geist, der weder weiblich noch männlich ist und kraft seiner Allgegenwart in die Herzen und Gemüter all derer eingeht, die bestrebt sind, durch ihre Liebe die Welt der Dunkelheit zu entreißen und sie zu größerer Vollkommenheit zu führen. Somit helfen sie den Aktivitäten des Geistes.«

Nun wollte ich auch noch etwas über Junes Eß- und Schlafbedürfnisse wissen und wurde sogleich eines Besseren belehrt:

»Der ätherische Leib, in dem ich mich jetzt befinde, benötigt weder Nahrung noch Ruhe. Wenn die Verstorbenen hier eintreffen, halten sie noch eine Weile an ihren alten Gewohnheiten fest, bis sie schließlich auf Essen und Trinken verzichten. Ich brauche den Schlaf nicht mehr, doch in regelmäßigen Abständen ziehe ich mich von allen Aktivitäten zurück und entspanne meinen Geist. Das versetzt mich in die Lage, über all das Neue, was ich inzwischen erfahren und gelernt habe, nachzudenken, und ich genieße diese Zurückgezogenheit.«

Als ich June einmal in einer Vision erblickt hatte, trug sie ein langes, einfaches Gewand, das durch einen Gürtel zusammengehalten war. Und nun war ich begierig, mehr darüber zu erfahren, welche Art von Kleidern in ihrer Welt getragen wurden.

»Da wir unter spirituellen Bedingungen leben, sind wir nicht wie die Propheten des Alten Testaments angezogen – wir tragen einfach, was uns bequem erscheint. Wir können unter bestimmten Farben wählen, die die Stufe unserer spirituellen Entwicklung widerspiegeln, und würden uns nicht wohl fühlen in einer Farbe, die einen noch nicht erreichten Status repräsentiert.«

Darauf bat ich June, mir eine Beschreibung ihrer derzeitigen Welt zu geben, und sie tat dies mit folgenden Worten:

»Dies hier ist eine Sphäre von unermeßlicher Schönheit und Harmonie. Man findet hier alles, was die verschiedensten Regionen der Erde an Wundern zu bieten haben – nur tausendmal schöner. Die Angehörigen der einzelnen Völker und Rassen bevorzugen natürlich die Gegenden, die ihrer vertrauten, irdischen Heimat entsprechen. Doch ist es schwierig, die Schönheiten unserer Welt mit irdischen Begriffen zu verdeutlichen.«

»Hast du dir jemals gewünscht, und sei es nur für einen Augenblick, auf die Erde zurückkehren zu können?«

»Nicht eine einzige Sekunde«, sagte June. »Ich fühle mich hier total glücklich und ausgefüllt. Diese Welt umfaßt alles, was ich mir wünsche. Ich habe einen vollkommenen Körper, der nie erkrankt. Ich bin der Notwendigkeit enthoben, mir meinen Unterhalt zu verdienen. Ich kann mich all den Dingen zuwenden, die mich interessieren, und lebe nicht mehr allein. Man lehrt mich, wie ich in meiner Umgebung andern behilflich sein kann. Mein Wissen erweitert sich ständig, und auch mein Einblick in die Tiefen spiritueller Wahrheiten. Erst wenn wir sterben, beginnen wir wirklich zu leben. Ich habe auf der Erde keine intensiven emotionalen Beziehungen gehabt, und es ist wohl anders, wenn jemand geliebte Menschen zurücklassen muß. Dann leidet man unter der plötzlichen Trennung und sehnt sich nach seinen Angehörigen zurück. Doch all diesen wird hier geholfen, sich den neuen Gegebenheiten anzupassen, und auch gezeigt, wie man die Trauernden von hier aus trösten kann. Die Verstorbenen können unter der Führung eines Helfers zur Erde zurückkehren, aber es ist schwer, sich den Irdischen bemerkbar zu machen. Wir würden alle gern mit ihnen kommunizieren. Leider gibt es so wenig Kanäle zu ihnen, und die wenigen werden oft auf egoistische Weise mißbraucht.

Für manche ist es freilich ein überwältigendes Erlebnis, sich auf einmal in einer ganz anderen Welt zu befinden, und sie können dabei das Vergangene völlig vergessen. Die Freude, endlich von Sorgen und Schmerzen befreit zu sein, läßt den Wunsch nach einer Kommunikation mit der vorherigen Welt gar nicht mehr aufkommen. Für diejenigen, die noch unter der Trennung leiden, gibt es hier eine Informationsstelle, wo sie erfahren können, wann der nächste Angehörige voraussichtlich seine Reise ins Jenseits antritt, und es hilft ihnen, zu wissen, wann das ersehnte Wiedersehen stattfinden wird. Du siehst, hier bleibt nichts den Launen des Zufalls überlassen, alles ist organisiert und geregelt.«

Mir ging plötzlich ein Ausspruch Krishnamurtis durch den Kopf: »Immer nur nach dem Sinn des Lebens zu suchen ist nur eine Abart der Flucht vor der Wirklichkeit; was dabei herauskommen könnte, ist der Mühe nicht wert.« Trotzdem fragte ich June, was sie aus ihrer neuen Sicht zu dem Thema zu sagen hätte.
Die Antwort ließ eine Weile auf sich warten, und ich fragte mich schon, ob sich June unversehens entfernt hätte, wie dies zuweilen geschah. Doch dann erfuhr ich:

»Die Frage, um die es hier geht, ist von grundlegender Bedeutung, und ich bin mir gar nicht so sicher, ob ich überhaupt befugt bin, dir dazu etwas zu sagen. Auch wenn ich die nächste Stufe des Daseins ohne Schwierigkeiten erreicht habe, bin ich noch weit davon entfernt, alles zu wissen. Von mir aus gesehen, scheint die Essenz alles Lebendigen in der ständigen Aufwärtsentwicklung zu liegen. Wir müssen unentwegt versuchen, unser Wissen und unsere Erfahrungen zu erweitern und uns stets nach oben und vorn zu bewegen. Das Leben auf der Erde ist nur die Vorbereitung auf diese Welt, und falls wir den uns dort gestellten Aufgaben nicht gerecht werden, müssen wir hier noch einmal von vorne anfangen. Auf der Erde wird unsere spirituelle Entfaltung durch allerlei Irrlehren beeinträchtigt, die die Menschheit seit Jahrtausenden immer wieder auf den falschen Weg führen. Wirklich erhabene Wahrheiten wurden noch immer von der obskuren Macht orthodoxer Doktrinen erdrückt; am bedeutsamsten ist die Tatsache, daß wir den Tod überdauern – ob wir daran glauben oder nicht. Unser Platz in der jenseitigen Welt ist durch unsere irdischen Verdienste bestimmt, und auch kein stellvertretendes Sühneopfer erspart uns die persönliche Wiedergutmachung unserer Versäumnisse im irdischen Leben.

Die Menschheit befaßt sich fast ausschließlich mit materiellen Dingen, die sie für die einzige Wirklichkeit hält, aber sie sind nur die Kehrseite der spirituellen Welt. Dein eigentliches Selbst, das geistige Gegenstück zu deiner fleischlichen Hülle, befindet sich schon jetzt im Kontakt mit der unsichtbaren Welt, und du bist ein Teil derselben. Während du dich noch im irdischen Leib befindest, muß die Entwicklung deiner Spiritualität absoluten Vorrang haben.

Die Erde ist nur ein winziger Baustein unseres Universums, dessen Umfang wir gar nicht ermessen können, und auch letzteres ist bedeutungslos im Vergleich mit all den vielen Universen innerhalb des Weltraums. Jedes von ihnen hat seine eigenen Gottheiten, deren Würde auf Reinheit und Weisheit beruht und die wiederum einem obersten Schöpfer verantwortlich sind, von dem sie ihre kreativen Energien empfangen.

Niemand wird aus reinem Zufall ins irdische Leben entlassen. Jeder Mensch ist ein Mitschöpfer und hat eine Aufgabe innerhalb des gesamten Systems. All diese Einsichten sind mir während meines noch so kurzen Aufenthaltes vermittelt worden, aber selbst jetzt und hier erscheinen mir derartige Dimensionen des Geistigen noch als fast unvorstellbar.«

Ich war von der Fülle dieser Enthüllungen aufs äußerste bewegt. Aber schon sprangen meine Gedanken auf ein weiteres brennendes Problem über, verursacht durch das erst kürzlich erhaltene Schreiben einer Mutter, deren Sohn Selbstmord verübt hatte, und ich fragte June, welches Schicksal solche Menschen im Jenseits erwartet.

»Da sie eigenmächtig ihr Leben beenden, ist für sie kein Platz vorbereitet, und oft irren sie lange in den Nebeln herum, die an die niedersten Sphären angrenzen. Sie suchen in sich selbst nach einem Ausweg und einer Erleuchtung. Glücklicherweise gibt es Helfer, die diese Bereiche kontrollieren und ein großes Mitleid und Verantwortungsgefühl für solche Opfer empfinden. Jeder Fall wird gesondert geprüft. Oft liegen die Ursachen in der Unerträglichkeit gewisser Lebensumstände, aber ein Selbstmord ist insofern besonders tragisch, weil damit die Probleme nicht nur ungelöst bleiben, sondern eine Lösung auch unmöglich wird. Manch einer wünscht sich, er könnte die Tat ungeschehen machen, denn ohne den leiblichen Körper ist die Seelenangst noch viel größer. Es gibt Menschen, die unter dem Einfluß von Drogen oder an geistiger Verwirrung sterben; sie werden für ihren Tod nicht voll verantwortlich gemacht und in Krankenhäusern gepflegt, die auch wir für diesen Zweck eingerichtet haben.«

Ich fragte June, was mit Tieren geschieht, wenn sie gestorben sind, und sie antwortete:

»Auch Tiere überdauern den Tod. Wir haben hier Katzen, Hunde und Pferde – ja sogar Elefanten, Tiger,

Löwen etc., die alle in der ihnen zugeteilten Sphäre ein glückliches Leben führen, natürlich auch eine Unmenge von Vögeln, die sehr zutraulich sind, da die Katzen hier nicht mehr auf Beutefang gehen. Mir wurde sogar erzählt, daß auch Tiere wiedergeboren werden. Doch wir können sie bei uns behalten, solange wir es wünschen – sie machen hier auch eine Entwicklung durch. Wir können mit ihnen auf einer einfachen, telepathischen Ebene kommunizieren. Wenn Haustiere vor ihren Eigentümern hier eintreffen, werden sie von deren Verwandten oder Freunden betreut. Man kann sich die Freude auf den Gesichtern der Neuankömmlinge vorstellen, wenn sie ganz unverhofft von ihrem einstigen Lieblingstier begrüßt werden, das sie schon längst verloren geglaubt hatten. Was wir einmal geliebt haben, kann nie wieder verlorengehen – so lautet das Gesetz.

In unserer Welt ist Liebe eine göttliche Kraft, die alles zusammenhält, was in der Menschheit an dauerhaften, spirituellen Werten vorhanden ist. Wenn immer du für die Toten betest, dann bete für unser glückliches Vorankommen auf dem Weg zu größerer Weisheit und tieferem Wissen, so daß wir uns bald der Liebe und des inneren Lichtes derer erfreuen, die schon darauf warten, uns als geistige Führer dienen zu können. Laß dich von deinem Abschiedsschmerz nicht überwältigen, sondern gib uns auf sanfte Art frei. Denn allzu große Trauer behindert uns auf unserem weiteren Weg – und wir haben noch eine lange Reise vor uns. Mach unsere Gräber nicht zu Pilgerstätten; sie enthalten nichts als unsre sterbliche Hülle, von der wir uns längst abgelöst haben. Wir sind jetzt lebendiger als je zuvor, und uns trennt nichts als eine Tür, die in den nächsten Raum führt.«

Der Tod ist eine offene Tür,
sie führt uns in neue Räume hinein.
Es gibt nur ein einziges Leben allhier,
kein Sterben und auch kein Begrabensein.

Das also ist die Botschaft für die Sterbenden und all die Trauernden, die sich in ihrem Schmerz so oft an mich wenden – eine allgemeingültige Botschaft der Hoffnung und Freude. Eines Tages sind auch wir aufgerufen, diese Tür zu durchschreiten – und vielleicht sollten wir die letzten Worte der schottischen Königin Mary als buchstäbliche Wahrheit beherzigen, die jeden von uns angeht: »In meinem Ende liegt mein Anfang.«

22

Medien und Mystiker

Viele meiner Leser bitten mich um persönliche Interviews, um mit mir über Magie und Hexenkunst zu reden oder mich überhaupt einmal kennenzulernen. Manche haben ernsthafte Probleme und ersuchen mich um meinen Rat, unheilbar Erkrankte um meinen Zuspruch und Hinterbliebene äußern den Wunsch, meine außersinnlichen Fähigkeiten für sie zu verwenden. Doch ist es mir rein physisch unmöglich, so vielen Geplagten eine individuelle Beratung zu gewähren, deshalb empfehle ich ihnen gelegentlich eine gute Bekannte, von deren Ehrlichkeit und parapsychischen Qualitäten ich mich selbst überzeugt habe.

Früher hätte ich sie vielleicht auf die Londoner S.A.G.B. (»Spiritualist Association of Great Britain«) am Belgrave Square verwiesen, da ich mit vielen ihrer Medien persönliche Kontakte hatte und sie für äußerst kompetent hielt – besonders einen gewissen David Young, das hervorragendste Medium seiner Generation. Im Laufe der Zeit haben sich jedoch viele von ihnen zurückgezogen, ihren Wohnsitz verändert oder sind nicht mehr unter den Lebenden. Die Medien, die jetzt noch für diese Gesellschaft arbeiten, sind mir völlig fremd – und schlimmer noch: Eine kürzlich ausgestrahlte

Fernsehsendung über ihre Aktivitäten gab mir allen Grund, an ihren Fähigkeiten zu zweifeln, was mir übrigens durch den folgenden Bericht einer Freundin – die ich hier »Anne« nennen will – bestätigt wurde.

Anne ist Witwe und als solche Mitglied einer Organisation, die sich speziell mit den Nöten und Problemen von Witwen befaßt, deren eine sich ihr mit der verzweifelten Bitte um Kontakt zu ihrem verstorbenen Mann nahte. Um die Hilfe eines Mediums für diese Frau zu gewinnen, setzte sich Anne mit der S.A.G.B. in Verbindung, zu deren Anhängern sie damals noch zählte. Sie setzte alle Hebel in Bewegung, um für ihre Klientin eine Verabredung mit einem bewährten Medium zu erreichen. Mir hat sie damals erklärt: »Ich habe sogar für die Frau gebetet, damit sie ein wirklich gutes Medium und tröstliche Beweise für die Fortexistenz ihres Mannes erhalten würde.«

Die besagte Witwe (deren Namen ich nicht kenne) hatte keine Ahnung von Parapsychologie; sie gehörte der Kirche von England an und war daher kaum an spiritualistischen Vorstellungen interessiert. Dies war ihr erster Kontakt mit einem Medium, und somit konnte sie sich auch keine Vorstellung davon machen, was auf sie zukam.

Nach Beendigung der Séance teilte sie Anne ihre Enttäuschung mit. Das Medium – so sagte sie – schien nach einem anfänglichen überlauten Schnaufen in Trance gefallen zu sein, und eine Stimme – angeblich die ihres verstorbenen Mannes – richtete sich, durch das Medium vermittelt, an sie. Diese kam der Witwe reichlich aggressiv vor und beschuldigte sie unter anderem, den längst Todgeweihten durch ihren Eigensinn und unnötige Hilfsmaßnahmen viel zu lange am Leben erhalten zu haben, womit seine Qualen nur noch vermehrt wurden.

Überzeugende Beweise hätte sie nicht bekommen – und das

wäre ja der eigentliche Sinn der Veranstaltung gewesen. Sie war sehr erschrocken, als das Medium plötzlich zu stöhnen und jammern anfing und in offensichtlicher Todesangst auf seinen eigenen Magen schlug. Daraufhin kniete sich die Witwe an seine Seite und fragte mit fester Stimme: »Kann ich etwas für Sie tun? Ich habe eine Ausbildung in Erster Hilfe!« Als Anne mir dies alles berichtete, brach ich in ein höchst unangemessenes Gelächter aus. Aber sie wies mich zurecht und sagte: »Ich finde das überhaupt nicht lustig – es ist eine echte Tragödie –, es ist ekelhaft, und am liebsten möchte ich mit Spiritualismus nichts mehr zu tun haben!«

Das Medium hatte – wie es bei solchen Sitzungen häufig geschieht – das Leiden des herbeibeschworenen Geistwesens »angenommen« (der Mann war an Magenkrebs gestorben) und ihm durch allerdings maßlos übertriebene Gebärden Ausdruck verliehen.

Aber wie kommt es, daß trotz bester Absichten und vorausgegangener Gebete ein Medium sich im Angesicht einer verzweifelten Klientin derart theatralischer Allüren bedient? Mir sind die Gründe dafür unerklärlich; ich kann nur vermuten, daß es dem Medium – einem jungen Mädchen – in seiner Funktion als »Kanal« an praktischer Erfahrung mangelte und daß man ihr zu früh die Genehmigung zum öffentlichen Auftritt erteilt hatte. Dieses ganze mystische Gehabe rund um solche Séancen halte ich für absolut unnötig, es verleiht dem Medium das falsche Flair etwa eines Konzertpianisten oder Porträtmalers, wo doch statt dessen reine Hingabe und das Bemühen um Lauterkeit zu erwarten wären.

Natürlich sind auch die besten Medien nicht frei von menschlichen Schwächen – jeder Mensch hat seine »Hochs« und »Tiefs« –, doch das Mindeste, was man verlangen kann, sind akkurate Informationen und klare Beweise – so klar wie ein

Kaninchen aus dem Zylinder eines Zauberkünstlers. Immerhin sollte man sich nicht gleich nach einer ersten negativen Erfahrung entmutigen lassen. Es gibt auch integre und mit tiefer Einsicht begabte Persönlichkeiten unter den Medien, und mit denen sollte man es – vielleicht zu einem späteren Zeitpunkt – noch einmal versuchen.

Wie ich zuweilen aus Leserbriefen entnehme, gibt es noch andere typische Erfahrungen auf dem Gebiet der Hellseherei. Ein Zeuge schilderte mir die brillante öffentliche Demonstration eines zweifellos begabten Mediums, die ihn veranlaßte, dieses Medium um eine private Konsultation zu ersuchen. Als es dazu kam, war die Enttäuschung über die »nicht einmal mittelmäßige« Leistung groß.

Die Gründe dafür, denke ich, liegen auf der Hand. Ein großes Auditorium setzt eine Unmenge unbewußter psychischer Energien frei, die sich das Medium – ebenso unbewußt – zunutze macht. In einem privaten Tête-à-tête ist es ganz auf seine eigenen Energien und die des Klienten angewiesen.

Die beste Förderung bei der Entfaltung eigener paranormaler Fähigkeiten erhält man in sogenannten »development circles«* unter der Anleitung von erfahrenen und wirklich verständnisreichen Medien. Leider gibt es nur wenige derartiger Gruppen, und ihre Anschriften sind schwer zu ermitteln. Bei ihren Teilnehmern wird eine kritische Einstellung gegenüber gewissen paranormalen Phänomenen vorausgesetzt – das heißt, ihren etwaigen Wünschen zur Erlernung von Trance oder Zuständen der Besessenheit, die für einen Anfänger eine immense Gefahr darstellen, wird hier kaum entsprochen werden.

---

* »development circle«: wörtlich etwa »Entfaltungszirkel«, ein typisch englisches Phänomen – exklusive, private Initiativen, die m. E. in Deutschland noch seltener sein dürften. Anm. d. Übers.

Oft beklagen sich meine Korrespondenten, daß sie nirgendwo geeignete Persönlichkeiten finden, die ihnen überzeugende Beweise über die Fortexistenz verstorbener Angehöriger liefern können, und sie wenden sich an mich um Hilfe. Hexen sind jedoch keine Geisterbeschwörer – noch weniger als Spiritualisten; was die Verstorbenen weiterhin mit uns verbindet, ist ihre fortexistierende Liebe zu den Irdischen. Falls eine bestimmte Person aus dem Jenseits sich nicht manifestiert, muß vermutet werden, daß eine Kommunikation nicht gewünscht wird.

Aufgrund der zahlreichen Mitteilungen, die mir im Verlauf meines Lebens aus der anderen Sphäre der Realität zuteil wurden, hege ich nicht die geringsten Zweifel an ein Weiterleben nach dem Tode – und dies ist unabhängig von Religion und Hautfarbe. Sind aber meine diesbezüglichen Erfahrungen auch eine Hilfe für so viele Trauernde, die verzweifelt nach einer Tröstung suchen?

Meine verstorbene Freundin June, die mit mir über so viele Details aus der jenseitigen Welt kommunizierte, hob immer wieder die Bedeutung der Liebe als derjenigen Kraft hervor, die das Universum zusammenhält. Nichts, was wir je geliebt haben, sagte sie, geht uns verloren. All diese Wesen warten darauf, im Jenseits von uns wiederentdeckt zu werden.

In meinem Grimoire befindet sich folgende Passage:

»Wahrlich, ich sage euch, wenn eine Seele nach Annurm gelangt, dem Reich des mächtigen Herrschers über die Toten, und kennt die Liebe nicht, dann muß sie dort so lange verharren, bis ihr das geheime Wissen zuteil wird. Oh, ihr Lebendigen auf der Erde, wisset ihr auch, daß jede Liebe, die ihr für andere empfindet, eine Brücke über die vielen Welten zwischen euch und den lange Verlorenen bildet, wenn ihr nach Annurm kommt?

Es gibt eine uralte Sage, die dies unterstreicht: Ein reicher und mächtiger Prinz kam nach seinem Tod in das Totenreich Annurm, aber es wollte ihm nicht gelingen, aus eigener Kraft hindurchzugehen. Daraufhin bedrängte und bestürmte er den mächtigen Beherrscher der Toten, ihn freizugeben. Der aber erwiderte: ›Du darfst Annurm nur dann verlassen, wenn du mir eine Frage richtig beantwortest. Sie lautet: Was ist das Leben?‹ Und wie aus der Pistole geschossen, sagte der Geist des Prinzen, als hätte er es bei den Philosophen gelernt: ›Leben ist der Wille, zu leben.‹ ›Nein‹, sagte der Todesgott, ›das ist purer Hochmut‹, und war schnurstracks verschwunden.

Die Zeit strich dahin, und die Seele des Prinzen grübelte unentwegt nach der richtigen Antwort. Als etwa hundert Jahre vergangen waren, zeigte sich der Gott von neuem und sprach: ›Bevor du mein Reich verläßt, sage mir: Was ist das Leben?‹ Die Seele, die voller Angst war, die richtige Antwort noch immer nicht gefunden zu haben, entgegnete: ›Mächtiger Herr, das Leben ist die Toleranz gegenüber allen Menschen.‹ ›Nein‹, sagte der Herrscher, ›das ist lediglich Gerechtigkeit‹, und war erneut verschwunden.

Und wieder vergingen hundert Jahre, ehe die Seele endlich des Gottes ansichtig wurde, und sie rief sogleich ›Großer Herr, das Leben ist Liebe!‹ Da sprach der mächtige Herrscher des Totenreichs: ›Geh deiner Wege, o Seele, und erfülle dein Werk, denn du hast die Sprache der Götter erlernt.‹«

Etwas, das wir – wie ich glaube – erkennen und beherzigen müssen, ist der Wunsch der Verstorbenen, sie aus unserer

Umklammerung zu entlassen und ihnen somit den Weg für ihre große Reise durch die Sphären des neuen Seins zu ebnen. Wir dürfen getrost sein, daß sie – sobald unsere Zeit auf der Erde zu Ende geht – uns erwarten, um mit uns in einer erweiterten Realität wiedervereint zu sein.

Eine meiner Freundinnen erzählte mir von ihrer Schwester, einer Kriegerwitwe, die mit 20 Jahren nach nur zweijähriger Ehe ihren Mann im Feld verloren hatte und den Verlust trotz Wiederverheiratung nicht verschmerzen konnte. Ihre Gedanken waren ständig bei ihm, und ihr ganzes Leben zehrte allein von der Erinnerung an die kurze, glückliche Zeit der Liebe, bis er ihr eines Nachts im Traum erschien und sie anflehte: »Du mußt mich endlich loslassen – so gib mich doch frei. Du läßt mich ja nicht vorankommen!« Diese Botschaft war deutlich genug und bedrückte die junge Frau sehr. Doch schließlich erkannte sie, daß sie ihn in seinem spirituellen Vorankommen nicht länger behindern durfte.

C. G. Jung berichtet uns eine Geschichte seiner zwei Freunde William James und H. H. Hyslop – beide waren Psychologen wie er –, die eine gegenseitige Abmachung trafen, daß derjenige, der zuerst starb, unter allen Umständen versuchen sollte, dem anderen einen Beweis für seine Fortexistenz im Jenseits zukommen zu lassen. James starb zuerst, und Hyslop wartete zuversichtlich auf eine Nachricht von ihm aus der anderen Welt. Doch Jahre vergingen, und er hatte seine Hoffnung fast aufgegeben, als er eines Tages einen Brief aus Irland erhielt, wohin er keinerlei Beziehungen hatte. Er kam von einem Pärchen, das sich zunächst für seine Aufdringlichkeit entschuldigte, aber ihm dann eine seltsame Mitteilung machte.

Die beiden benutzten regelmäßig ein Ouija-Board*, um mit Geistern aus der jenseitigen Welt in Verbindung zu treten. Seit einigen Monaten trat in ihren Experimenten immer wieder eine Person auf, die behauptete, William James zu heißen, und auf die beiden in dem Sinne einwirkte, daß sie doch einen gewissen Professor Hyslop kontaktieren sollten – einen Menschen, von dem sie noch nie gehört hatten. Der Geist war so hartnäckig und fordernd, daß sie sich schließlich entschlossen, Hyslops Identität und Adresse ausfindig zu machen. Die Botschaft – so schrieben sie – bestünde aus der Frage: »Erinnert er sich an den roten Pyjama?«

Der Professor reagierte zunächst völlig unwirsch; er erinnerte sich weder an rote Pyjamas noch wollte er glauben, daß James ihren feierlichen Vertrag durch eine so banale Botschaft erfüllen würde, aber je mehr er darüber nachdachte, desto klarer wurde es ihm, daß diese Banalität Methode hatte. Zunächst erinnerte er sich plötzlich an ein lange zurückliegendes, gemeinsames Erlebnis in Paris, wo der rote Pyjama tatsächlich eine Rolle spielte. Er hatte ihn damals in einem Laden erstanden, als ihr Reisegepäck noch nicht eingetroffen war, wobei ihn James wegen seiner ausgefallenen Vorliebe für Rot gehänselt hatte. Zum zweiten erkannte er, daß die Wahl dieses besonderen Gegenstandes jeden Irrtum und jede Verfälschung bei der Übermittlung der Botschaft ausschloß.

Das Bemerkenswerteste an der Angelegenheit war jedoch, daß das individuelle Erinnerungsvermögen selbst nach dem Tod nicht aussetzt und zur Kommunikation sogar so belanglose Details wie einen roten Pyjama benutzt.

Auch symbolisch gesehen, ergab sich aus der Wahl dieses

---

* »Ouija-board« (zusammengesetzt aus frz. »oui« = »ja« und dem dtsch. »ja«): ein Gerät zum Empfang von Geisterbotschaften, bestehend aus Brett (board) mit Zeiger und Buchstabenkreis. Anm. d. Übers.

ausgefallenen Gegenstands ein tieferer Sinn. Die Auslandsreise, mit der er verknüpft war, verweist auf ein unbekanntes Land, das sie zuvor nie besucht hatten und das ein neues Stadium ihres gemeinsamen Unternehmens einleitete; das verspätet eintreffende Reisegepäck steht für Hindernisse und Trägheitskräfte, die sich allen Bewegungen und Veränderungen des Lebens im Hier und Jetzt entgegenstellen, und weist außerdem auf Hyslops Vorauseilen in eine andere Welt hin – wo er ohne Gepäck angekommen war.

Auch die Tatsache, daß es sich um einen roten Pyjama handelte, ist symbolisch zu deuten: Pyjamas als Schlafbekleidung bezeichnen zwar den Anbruch der Nacht – einer anderen Ebene des Seins –, und »Schlaf« war von jeher ein Synonym für den Tod, jedoch in Verknüpfung mit dem Symbolgehalt der roten Farbe wird diesem gleichzeitig die Bedeutung von Vitalität und Leben zuerkannt.

Es ist, als ob mit dieser Bezugnahme auf das Bild des roten Pyjamas – des vorzeitig »erworbenen« Tods in Ermangelung des Gepäcks der irdischen Existenz – James seinem Freund Hyslop eine wichtige Botschaft vermitteln wollte. Hyslop brauchte sich nur der tiefen Symbolik dieser Bilder zu bedienen und wußte somit, daß sein verstorbener Freund weiterlebte. Manifestationen wie diese kann man nicht einfach als Trivialitäten abtun und erst recht nicht mit Arroganz übergehen – sie sind eine Herausforderung an die Inspirationskraft des Adressaten, sich der dahinter verborgenen Bedeutung bewußt zu werden. Für Hyslop war diese Nachricht so überzeugend, daß all seine Zweifel dahinschwanden und sein Glaube und Interesse am Jenseits nie mehr schwankten.

Als ehemaliger Professor für Ethik und Logik an der Columbia-Universität, New York, veröffentlichte er zu Anfang des Jahrhunderts eine Reihe von Büchern, in welchen er zu be denken gab, daß zu seiner Zeit Millionen von Dollar für die Erforschung des Nordpols, der Tiefsee oder der Geheimnisse des Protoplasmas verschwendet würden – und das alles, um hinter den Ursprung des Menschen zu kommen –, aber nichts würde getan, um seine eigentliche Bestimmung herauszufinden, und dies sei das einzige, was wirklich zähle. Hyslop war überzeugt, daß das Gebiet der Parapsychologie als Brücke zwischen Religion und Wissenschaft dienen könnte. Nachdem das Atom bekanntlicherweise nun eher der Energie als der Materie gleichzusetzen und daher in die Nähe des Okkulten gerückt sei, fragte er sich, weshalb den Aspekten des Geistigen und der Unsterblichkeit der Seele so wenig Respekt gezollt würde. Die Tatsache, daß viele Wissenschaftler im individuellen Bewußtsein lediglich eine Funktion des Gehirns und nicht etwas Für-sich-Seiendes erblickten, irritierte ihn sehr. Welche Beweise konnten noch erbracht werden, um die Skeptiker zum Schweigen zu bringen? Zwei Dinge erschienen ihm wichtig: Zum ersten mußte eine Möglichkeit gefunden werden, um die vom Körper unabhängige Existenz des Bewußtseins glaubwürdig nachzuweisen, zum anderen bedurfte es kontrollierbarer Beweise der Kommunikation mit Verstorbenen, wobei deren persönliche Identität so genau wie möglich festzustellen wäre. Wir müßten demnach von ihnen selbst so viele Einzelheiten und persönliche Fakten aus ihrem früheren Erdenleben übermittelt bekommen, wie man sie beispielsweise auch übers Telefon oder auf telegraphischem Wege aus größeren Entfernungen erhalten kann. Nur so ließe sich vermeiden, daß die Botschaften nicht mehr als bloße Fantasie des Mediums abgetan würden.

Professor Hyslop sah keinen Grund, auf die Mitwirkung eines seriösen und zuverlässigen Mediums zugunsten direkter Telepathie zu verzichten. Warum sollten die Toten sich nicht des erhöhten Bewußtseins eines Vermittlers bedienen oder sich durch automatisches Schreiben und Ouija-Board verständlich machen? Seine strengen Kriterien, die er diesen Techniken beimaß, hatten sich schon bei einigen der von ihm untersuchten klassischen Fälle erprobt.

Er selber kommunizierte nach seinem Tod im Jahr 1920 über verschiedene Medien und lieferte der Nachwelt Informationen, deren Authentizität so unangreifbar war, daß sie seinen eigenen strengen Kriterien hätte standhalten können. Sein persönlicher Sekretär hat Dutzende dieser Séancen dokumentiert.

All jene Skeptiker, die sich immer noch an der Banalität der aus den geistigen Sphären übermittelten Botschaften stoßen, täten gut daran, sich auch mit den Schwierigkeiten und Hintergründen einer derartigen Kommunikation auseinanderzusetzen.

Unser Leben besteht zum überwiegenden Teil aus ganz alltäglichen Belanglosigkeiten, und wie könnten Verstorbene ihre Identität besser unter Beweis stellen, als sich auf scheinbar unwichtige Dinge zu beziehen, die nur ihnen und ihrem Adressaten bekannt sind? Wenn ich von irgendeinem Freund oder einer Freundin angerufen werde, führen wir bestimmt keine hochgeistigen Debatten, und die »Anrufer« aus der anderen Welt wollen uns auch nur ein Lebenszeichen übermitteln.

Unsere materielle Welt ist im Gegensatz zu der des Geistes unheimlich schwerfällig und zäh, so daß ein Großteil der hellseherischen Eingebung allein bei dem Versuch, die viel feineren Schwingungen aus jenen Bereichen in die uns gemäßen Frequenzen umzusetzen, verlorengeht.

Der eigentliche Kommunikationskanal ist das Unterbewußtsein des Mediums, welches in den meisten Fällen aufgrund jahrelanger Praxis darauf eingestellt ist, in bestimmten Richtungen zu denken, sich auf bestimmte Weise zu artikulieren und sich bestimmter Vorstellungen zu bedienen. Die Geister hingegen sind häufig bestrebt, ihre Botschaften auf immer neuen Wegen dem Empfänger zukommen zu lassen.

So erging es mir mit meiner Mutter, die etliche Jahre nach ihrem Tod über ein Medium mit mir kommunizierte. Dabei bediente sie sich einer Statue der Jeanne d'Arc, die sie dem Medium zeigte. Ich erinnerte mich plötzlich an ein sehr lange zurückliegendes Gespräch zwischen uns beiden über die Frage, ob diese französische Nationalheldin eine Hexe und Anhängerin der Alten Religion gewesen sein könnte. Als das Medium mich fragte, ob mir die Botschaft meiner Mutter verständlich wäre, sagte ich »ja«. Vielleicht hatte meine Mutter in ihrer neuen Welt herausgefunden, daß wir mit unserer damaligen Vermutung im Recht waren, und dies war ihre Art, mich darüber zu informieren; zumindest war dies ein Beweis ihrer Fortexistenz.

Manchmal schreiben mir Leute, die nach dem Verlust eines geliebten Menschen mit ihrer neuen Situation nicht zurechtkommen. Sie fragen mich, was sie tun können, um für eine Botschaft aus dem Jenseits empfänglicher zu werden. Ich gab diese Frage an June weiter, als sie wieder einmal mit mir kommunizierte. Ihre Antwort lautete:

»Die Menschen, die wir lieben und die unsere Liebe erwidern, gehen uns niemals verloren. Sie sind nicht auf irgendein entferntes Gestirn entschwunden, sondern befinden sich noch immer in Reichweite. Wie ich schon sagte, durchdringt sich unsere Welt mit der euren. Manche Verstorbene sind euch näher als andere und versuchen, sich euch bemerkbar zu machen. Doch nur ein entspannter und friedlicher Geist kann ihre Botschaften empfangen. Wenn ihr euch in Ängste und Sorgen verstrickt, errichtet ihr eine Mauer um euch, die es ihnen schwermacht, sich euch zu nähern. Wenn ihr traurig seid, reißt die Flut eurer Tränen sie von euch hinweg. Darum müßt ihr versuchen, gefaßt und heiter zu sein und voll Hoffnung, Vertrauen und Zuversicht, dann werdet ihr stets ihre Nähe spüren.

Wir bemühen uns, euch so nahe wie möglich zu kommen, aber die Nähe hängt auch von eurer Ausstrahlung ab, von eurer Reife und inneren Entwicklung. Wir können euch nicht erreichen, solange ihr taub seid für geistige Schwingungen – dann fehlt uns die vermittelnde Atmosphäre. Doch wo wir auf Hellhörigkeit und eine sich höher schwingende Seele stoßen, sind die Voraussetzungen für enge Kontakte und Gemeinsamkeiten geschaffen.«

Als sich von neuem die Gelegenheit bot, konnte ich ein weiteres Problem an June herantragen. Ich wollte schon lange wissen, weshalb einige meiner wichtigsten Fragen stets unbeantwortet blieben. June erklärte mit daraufhin, daß die Kommunikation zwischen Geistern und Menschen gewissen Regeln unterworfen sei und es Dinge gäbe, die nicht enthüllt werden dürften; die Kluft sei noch zu groß, die Bedingungen zu verschieden, um Mißverständnisse auszuschließen, die eine ernsthafte Verwirrung herbeiführen könnten.

Dies erklärt jene unsichtbare Barriere, die unserem Wirken auf parapsychischer und spiritueller Ebene gesetzt ist, um uns vor unbekannten Gefahren zu schützen.

Auf meinen Reisen in den Nahen und Mittleren Osten wurde ich mehr und mehr mit der Gedankenwelt des Sufismus – der mystischen Schule des Islam – vertraut. Der mohammedanische Glaube duldet keinerlei Spekulation über das Göttliche, denn Allah ist der absolute Gott, der unbedingten Gehorsam gegenüber dem Gesetz verlangt, wie er es seinem Propheten im Himmel diktiert hat. Diese Religion ist reich an Dogmen und Ritualen und für ihre Naturferne und symbolfeindliche Haltung bekannt. Nur ihr oberster Grundsatz von der Einheit des Göttlichen – »Es gibt keine Realität außer Allah« – wird auch von den Sufis anerkannt. Alles andere gehört in die Welt der Erscheinungen und ist deshalb nicht existent.

Die Sufis weigern sich, in Gott ein eigenmächtiges, von allen Dingen getrenntes Wesen zu sehen, das sich nur durch den Propheten offenbart – einen Gott zum Fürchten, vor dem der Mensch nur Staub und Asche und zu bedingungslosem Glauben sowie äußerstem Gehorsam verurteilt ist.

Nach ihrer Vorstellung lebt Gott in allen Dingen und ist die Essenz jeder menschlichen Seele. Für sie gibt es nicht nur »keinen Gott außer Gott«, sondern auch keine Kreatur, kein Leben, keinen Geist, schlechthin nichts, was nicht göttlich wäre, und jeder Mensch kann sein Prophet, ja sogar noch mehr als sein Prophet sein.

Im Sufismus genießen die Frauen ein hohes Ansehen. Der Sufi-Heilige und Mystiker Ibn al Arabi (1164–1240) schrieb: »Gott wird nie als immateriell geschaut, und in der Frau hat man die vollkommenste Vision von ihm.« Mein Interesse am Islam und Sufismus konzentrierte sich schließlich auf die Schriften des Mewlana Dschelal ed-Din Rumi, des großen Philosophen, Gottesgelehrten und Poeten, der 1207 in Balch in Horasan (Afghanistan) geboren wurde und schon in frühem Alter nach Anatolien übersiedelte. Er ist der bekannte Gründer des Mewlewij-Ordens, des Ordens der tanzenden Derwische. In seinen Werken findet sich folgende Aufforderung:

»Komm, komm wieder, wer immer du bist,
ob Moslem, Heide oder unsteter Gast,
das alles zählt nicht.
Wir sind keine Karawane der Verzweifelten.
Komm – auch wenn du dein Versprechen
schon tausendmal brachst,
Komm, komm dennoch wieder, so komm.«

Von ihm stammt auch der Ausspruch: »Die Frau ist Gottes heiliges Licht, nicht seine Geliebte – gleichsam, als ob sie der Schöpfer und nicht irgendein Geschöpf wäre.« Mustafa Kemal Atatürk, Gründer der türkischen Republik, hatte mit Religion nicht viel im Sinn, als er sich für die Modernisierung seines Landes stark machte – im Gegenteil, er ist verantwortlich für die Schließung der Schulen *(Tekke)* der Derwische und das Verbot ihres Heiligenkultes. Er wollte die Türkei von allem Aberglauben befreien und glaubte, in der westlichen Kultur seine Vorbilder zu sehen. Erstaunlich jedoch war seine Einschätzung Mewlanas: »Ihm verdanken wir eine bemerkenswerte Erneuerung des Glaubens – er war ein großartiger Mensch. Jedesmal, wenn ich nach Konia komme, fühle ich meine ganze Person von seiner Spiritualität umhüllt.« Konia, »die heilige Stadt der Türkei«, hat seine Seele nie den Vorstellungen Atatürks preisgegeben, und er wußte das. Seine Statue in Konia wendet den Blick von der Stadt ab.
Über Mewlana schreibt der britische Orientalist E. F. W. Tomlin:

»Obwohl Mewlanas Glaube von hohen Gedanken beflügelt ist, beruht er auf einer ganz konkreten Imagination, die auch durch die Übersetzung nichts an Bildkraft verloren hat. Sie ist leicht faßbar und prägt sich unmittelbar dem Gemüt ein. Der Mensch kann nicht auf direktem Weg in die Welt der Wahrheit gelangen, weil – wie Mewlana in seinem ersten Buch *Mesnewi* es ausdrückt – ›Gott für uns eine Leiter aufgestellt hat, die wir Stufe um Stufe erklimmen müssen‹. Und er fährt fort: ›Es gibt viele gläubige Menschen, aber nur einen Glauben‹, womit er auf die uns allen gemeinsame Realität verweist, die sowohl für seine Landsleute wie auch für die übrige Menschheit besteht. Denn ›wenn ihr all die Gehöfte zählen wolltet, die von der Sonne beschienen werden, geht ihre Zahl in die Hunderte – doch wenn ihr die Mauern einreißt, fließen all die vielen Lichtflecken zu einem einzigen Leuchten zusammen‹.«

Mewlana starb am 17. Dezember 1273 in Konia, und dieser Tag wird noch heute gefeiert – nicht als Jahrestag seines Todes, sondern als Fest der »Heimkehr«, denn Mewlana erkannte im Tod die »Heimkehr zu Gott« und war der Meinung, daß die Nacht, in der sich die Seele vom Körper befreit, wie ein Festtag oder eine Hochzeit gefeiert werden müsse. Die *Türbe* – oder das Grabmal – Mewlanas befindet sich in der *Tekke* (Schule) der Derwische zu Konia, die inzwischen in ein Mausoleum und Museum umgewandelt wurde. Sie ist ein wahres Fest für die Augen, denn diese Fülle an Licht, Farbe und Schönheit ist nicht mit Worten zu schildern. Die *Türbe* selbst ist mit einem gold- und silberbestickten Tuch drapiert und ihre Spitze durch die hohe, kegelförmige Turbankappe des Mewlewij-Scheiks gekrönt. Das Mausoleum enthält auch noch verschiedene reichdekorierte Gräber seiner Nachfolger. Über dem Eingang zum Grabmal ist folgende Inschrift angebracht: »Dieses Grabmal ist die Endstation der Pilgerfahrt des Derwisch, ist seine Kaaba (das Heiligtum in Mekka). Wer es als Darbender betritt, wird geheilt von dannen gehen.«

Als ich diese Grabstätte das erste Mal besuchte, gut vorbereitet durch die Lektüre seiner Schriften, wurde ich von ihrer Ausstrahlung und Heiligkeit dermaßen überwältigt, daß ich mir klein und unwürdig im Angesicht dieses heiligen Mannes vorkam. Die Inspiration und Bewußtseinserweiterung, die mir dort zuteil wurde, entsprang seiner Weisheit und seinen Visionen, und ich war dankbar für alles, was mir von ihm widerfuhr. Ich schloß meine Augen und fragte, ob er mich so, wie ich war, auf meiner demütigen Suche nach Weisheit und höherem Wissen akzeptieren würde.

Während ich so vor seinem Grab verweilte – mit dem murmelnden Singsang eines Moslems, der seine Perlen zählte und betete, in meinen Ohren –, fühlte ich mich von einer wärmenden Glut durchdrungen, als ob ich vor einem Feuer stünde. Diese Wärme nahm ihren Anfang im Zentrum meines Sonnengeflechts, dem Ausgangspunkt all meiner parapsychischen und spirituellen Manifestationen, und breitete sich langsam über meinen ganzen Körper aus – und seltsam, ich wußte, daß er, Mewlana, mich erhört hatte und daß die Wärme, die mich durchströmte, sein Willkommensgruß an mich war.

Seither bin ich schon viele Male an Mewlanas Grabmal gewesen, und jedesmal war ich mir seiner geistigen Präsenz bewußt. Doch damit ist noch nicht alles erzählt. Als ich erfuhr, daß zwei meiner Freunde eine Reise in die Türkei – unter anderem auch nach Konia – planten, bat ich sie, bei ihrem Besuch von Mewlanas Grabstätte ihm eine Botschaft von mir zu übermitteln. Ich erklärte ihnen, daß sie sich lediglich vor seiner *Türbe* konzentrieren und dabei auf mentalem Wege die Worte: »Lois sendet ihre respektvollen Grüße« an ihn richten sollten. Die beiden versprachen mir, dies zu tun.

Bei ihrer Rückkehr fragte ich sie, ob sie den Auftrag ausgeführt hätten. Sie erzählten, daß sie es getrennt und ohne gegenseitige Absprache getan hätten. Erst beim Verlassen des Mausoleums fragten sie einander, ob sie an die Botschaft gedacht hätten. Jeder von ihnen hatte eine seltsame Emanation wahrgenommen, die von dem Grab auszugehen schien, und sie waren noch ganz erregt, als sie mir darüber berichteten. »Es war so eigentümlich«, sagten sie, »es war, als ob Mewlana die Botschaft gehört und auch erwidert hätte!«

Für mich war es nicht neu – und die Derwische nennen dies Phänomen *Baraka* oder »Geist seiner Anwesenheit«. Er ist immer noch spürbar, auch jetzt nach 700 Jahren. Aber schrieb er nicht selbst:

»Komm, komm wieder, wer immer du bist...«

Jeder nachdenkliche Mensch hat das Bedürfnis nach einer persönlichen Philosophie – ob sie nun eklektisch ist, wie die meine, oder selektiv; es ist eine Aufgabe, die uns bis ans Ende des Lebens beschäftigen kann. Denn irgendwann kommt ein Augenblick, wo wir die Ungewißheit nicht länger ertragen und wissen möchten, wozu wir auf der Welt sind und welches Ziel uns bestimmt ist – ob das Leben nichts anderes ist als »die Erfindung eines Schwachsinnigen, ein unbedeutendes Nichts aus Schall und Rauch« oder ob sich nicht doch etwas dahinter verbirgt, irgendeine Bedeutung, die wir nur ahnen können. Manche suchen sie in einer bestimmten Religion, andere bezweifeln, daß das Leben überhaupt einen Sinn haben könnte, und wieder andere lassen sich durch allerlei Aktivitäten so ablenken, daß sie gar nicht erst denken müssen.

Das Unbewußte im Menschen läßt sich nur mit Hilfe des Bewußtseins ergründen, doch die Träumer und Visionäre unter uns bilden eine Art Kanal zum weiblich-göttlichen Bereich des Unbewußten – die vielleicht einzige Brücke zu unserem von weiblicher Vernunft und Liebe geprägten Ursprung, von dem sich unsere moderne Gesellschaft so weit entfernt hat.

D. H. Lawrence sagte einmal: »In dem Staub, in den wir die schweigenden Geschlechter und ihre Ausgeburten verscharrt haben, liegt eine ganze Fülle feinsinnigster Lebensmagie vergraben.« Doch ich glaube, daß diese Magie in der Alten Religion und im Weißen Hexentum wiedergeboren wird und daß die, die ihre Geheimnisse neu zu entschlüsseln versuchen, zugleich diejenigen sind, die die tieferen Zusammenhänge von Geist und Materie erkannt haben. Mehr als die große Masse der Menschen, die zum eigenen Schaden das Ewige und Unendliche ignoriert, sind sie sich dessen Ansprüchen bewußt.

Allen falschen Magiern und Pseudohexen zum Trotz und ungeachtet der Dummheit, Anmaßung und hohlen Allüren so vieler okkultistischer Zirkel gibt es weiterhin eine kleine Gruppe überzeugter Vertreter der Alten Religion, die bestrebt sind, den Dialog mit der unsichtbaren Welt aufrechtzuerhalten und das Leben mit seiner lebendigen Magie wie ein freudiges Fest zu begehen.

In seinem Buch DIE INTEGRATION DER PERSÖNLICHKEIT gibt uns C. G. Jung zu bedenken, daß wir in Wirklichkeit gar nicht fähig sind, irgend etwas aus der äußeren Welt oder der Geschichte uns zu entlehnen oder einzuverleiben. Denn was für uns wesentlich ist, kann nur aus uns selbst kommen.

In einigen Hexentraditionen gibt es eine feierliche Aufforderung, und was die Göttin sagt, entspricht ganz Jungs Gedanken:

»Du, der du meinen Spuren zu folgen glaubst,
wisse um die Vergeblichkeit von Suchen und Sehnen,
solange du nicht mein Geheimnis kennst:

Daß das, was du suchst und nicht in dir hast,
auch nicht außer dir ist.
Sieh, ich war in dir seit Anbeginn und bin,
was du am Ende der Suche erreichst.«

Der, der nicht weiß und nicht weiß, daß er nicht weiß,
ist ein Narr – vergiß ihn.
Der, der nicht weiß und weiß, daß er nicht weiß,
ist ein Kind – lehre ihn.
Der, der weiß und nicht weiß, daß er weiß,
ist ein Schläfer – wecke ihn.
Doch der, der weiß und weiß, daß er weiß,
ist ein Weiser – folge ihm.

ALTES SPRICHWORT

Knaur

Musashi, Miyamoto
Das Buch der fünf Ringe
»Das Buch der fünf Ringe« ist eine klassische Anleitung zur Strategie – ein exzellentes Destillat der fernöstlichen Philosophien. 144 S. [4129]

Rajneesh, Bhagwan Shree
Komm und folge mir
Bhagwan spricht über Jesus. Seine Gedanken über das Leben und die Lehren Jesu enthalten Dimensionen, wie wir sie weder von der Kirche noch von westlichen Denkern kennen. 360 S. mit zahlr. z.T. farb. Abb. [4120]

Dowman, Keith
Der heilige Narr
Das liederliche Leben und die lästerlichen Gesänge des tantrischen Meisters Drugpa Künleg. 224 S. mit 1 Karte [4122]

Brunton, Paul
Von Yogis, Magiern und Fakiren
Begegnungen in Indien. Der amerikanische Journalist Paul Brunton bereiste in den dreißiger Jahren Indien. Seine Erlebnisse eröffnen das ganze Spektrum indischer Spiritualität. 368 S. und 12 S. Tafeln. [4113]

Deshimaru-Roshi, Taisen
Zen in den Kampfkünsten Japans
Deshimaru-Roshi demonstriert, wie die Kampfkünste zu Methoden geistiger Vervollkommnung werden. 192 S. mit 19 s/w-Abb. [4130]

Brugger, Karl
Die Chronik von Akakor
Erzählt von Tatunca Nara, dem Häuptling der Ugha Mongulala. Der Journalist und Südamerika-Experte Karl Brugger hat einen ihm mündlich übermittelten Bericht aufgezeichnet, der ihm nach anfänglicher Skepsis absolut authentisch erschien: die Chronik von Akakor.
272 S., Abb. [4161]

Rawson, Philip
Tantra
Der indische Kult der Ekstase. Diese Methode, die zur inneren Erleuchtung führt, erobert heute in zunehmendem Maße die westliche Welt.
192 S. mit 198 z.T. farb. Abb. [3663]

Rawson, Philip / Legeza, Laszlo
Tao
Die Philosophie von Sein und Werden. Mit ungewöhnlicher Eindringlichkeit und großer Sachkenntnis erschließt sich hier den westlichen Menschen die Vorstellungswelt des chinesischen Volkes. 192 S. mit 202 Abb. [3673]

ESOTERIK